absolute

Simone de Beauvoir

Herausgegeben von Florence Hervé und Rainer Höltschl.
Mit einem biografischen Essay von Florence Hervé.

orange ● press

absolute – eine Reihe von orange-press

absolute Simone de Beauvoir
Hg. v. Florence Hervé und Rainer Höltschl
Freiburg: orange-press 2003

Buchgestaltung: Annette Schneider
Hergestellt in Deutschland

Die im Text angegebenen URLs verweisen auf Websites im Internet.
Der Verlag ist nicht verantwortlich für die dort verfügbaren Inhalte,
auch nicht für die Richtigkeit, Vollständigkeit oder Aktualität der Informationen.

ISBN 3-936086-09-5

orange-press.com

Das andere Geschlecht – 25 Jahre danach

Ein Interview mit John Gerassi in *Society*, 1976

Vor etwa 25 Jahren erschien *Das andere Geschlecht*. Viele, vor allem in den Vereinigten Staaten, sehen darin den Ursprung des heutigen Feminismus. Ist das auch Ihre Meinung?

Nein, der Meinung bin ich nicht. Die aktuelle feministische Bewegung, die in Wirklichkeit erst vor fünf oder sechs Jahren begonnen hat, kannte mein Buch eigentlich gar nicht. Als sich die Bewegung dann ausweitete, fanden manche ihrer führenden Aktivistinnen in dem Buch ihre theoretische Basis. Der größte Teil der Frauen, die sich in der Bewegung aktiv engagierten, waren bei Erscheinen des Buchs 1949 – 1950 zu jung, um davon beeinflusst zu werden. Mich freut natürlich sehr, dass sie es später entdeckten.

Natürlich hatten es einige Frauen älteren Jahrgangs – Betty Friedan zum Beispiel, die mir *Der Weiblichkeitswahn oder die Selbstbefreiung der Frau* widmete – gelesen und sind vielleicht davon beeinflusst worden. Andere dagegen überhaupt nicht. Kate Millet zitiert mich in ihrem Werk zum Beispiel kein einziges Mal.

Sie sind vielleicht aus Gründen Feministinnen geworden, die ich in *Das andere Geschlecht* aufführe, aber diese Gründe haben sie in ihrer persönlichen Lebenserfahrung entdeckt, nicht in meinem Buch.

Sie sagten einmal, Ihr eigenes feministisches Bewusstsein sei erst aus dem Schreiben des *Anderen Geschlechts* entstanden. Wie sehen Sie die Frauenbewegung seit Erscheinen Ihres Buches?

Während ich *Das andere Geschlecht* schrieb, wurde mir zum ersten Mal bewusst, dass ich selbst ein falsches Leben führte, oder besser, dass ich von einer männlich orientierten Gesellschaft profitierte, ohne mir darüber bewusst zu sein. Ich hatte männliche Werte sehr früh in meinem Leben akzeptiert und nach ihnen gelebt. Natürlich war ich beruflich ziemlich erfolgreich, was mich in meinem Glauben bestärkte, dass Männer und Frauen gleichberechtigt sein könnten, wenn die Frauen diese Gleichberechtigung nur wollten. Mit anderen Worten, ich war eine Intellektuelle. Ich hatte das Glück, aus einer Gesellschaftsschicht zu kommen, der Bourgeoisie, in der man es sich nicht nur leisten konnte, mich in die besten Schulen zu schicken, sondern auch, mich in aller Ruhe mit meinen Ideen herumspielen zu lassen. Aus diesem Grund gelang es mir ohne große Schwierigkeiten, mich in der männlichen Welt zu integrieren. Ich hatte bewiesen, dass ich auf gleichem

Niveau wie Männer über Philosophie, Kunst, Literatur usw. diskutieren konnte. Alles besonders Weibliche behielt ich für mich. Mein Erfolg spornte mich an, weiterzumachen, denn ich begriff, dass ich meinen Lebensunterhalt genauso gut verdienen konnte wie jeder andere männliche Intellektuelle auch und dass ich genauso ernst genommen wurde wie meine männlichen Kollegen. Ich lernte, dass ich, wenn ich wollte, alleine reisen konnte, dass ich in Cafés sitzen, schreiben und genauso anerkannt sein konnte wie ein männlicher Schriftsteller. Das alles verstärkte schrittweise mein Gefühl der Unabhängigkeit und Gleichberechtigung. Und somit vergaß ich sehr leicht, dass eine Sekretärin niemals in den Genuss solcher Privilegien kommen konnte.

Schlimmer noch: Ich tendierte dazu, Frauen zu verachten, die nicht fähig waren, ihre finanzielle oder geistige Unabhängigkeit von Männern zu zeigen. Und ohne es mir selbst einzugestehen, dachte ich in Wirklichkeit: »Wenn ich es kann, müssen sie es auch können.«

Als ich *Das andere Geschlecht* schrieb, wurde mir bewusst, dass meine Privilegien aus der Tatsache resultierten, dass ich meine Weiblichkeit – in mancher Hinsicht zumindest – verleugnet hatte.

Würden wir über soziale Klassen reden, wüssten Sie sofort, was ich meine: Ich war zu einer Kollaborateurin der privilegierten Klasse geworden, zumindest das Äquivalent dafür im Geschlechterkampf. Durch *Das andere Geschlecht* wurde mir bewusst, dass dieser Kampf nötig war. Mir wurde bewusst, dass der Großteil der Frauen, im Unterschied zu mir, einfach keine Wahl hatte und dass Frauen von der männlich orientierten Gesellschaft tatsächlich als das andere Geschlecht definiert und behandelt wurden – einer Gesellschaft, deren Strukturen völlig zusammenbrechen würden, wenn man ihre männliche Ausrichtung zerstörte.

Aber Widerstand entwickelt sich, wie bei allen wirtschaftlich und politisch unterdrückten Menschen, nur sehr schwer und langsam. Solche Menschen müssen sich erst einmal darüber bewusst werden, dass sie unterdrückt werden. Dann müssen sie Vertrauen gewinnen in ihre eigene Kraft, etwas zu verändern. Diejenigen, die von ihrer »Kollaboration« profitieren, müssen das Ausmaß ihres Verrates verstehen. Und schließlich müssen diejenigen, die am meisten zu verlieren haben, sobald sie Position beziehen, d. h. Frauen wie ich, die sich eine Karriere aufgebaut haben, bereit sein, etwas zu riskieren – und wenn auch bloß sich lächerlich zu machen –, um so Selbstachtung zu gewinnen. Und sie müssen sich darüber bewusst sein, dass ihre am meisten ausgebeuteten Schwestern die letzten sein werden, die sich ihnen anschließen. Dass die Frau eines einfachen Arbeiters sich die Freiheit nehmen könnte, sich der Frauenbewegung anzuschließen, ist zum Beispiel sehr unwahrscheinlich. Denn sie weiß, dass ihr Ehemann schlimmer ausgebeutet wird als die meisten Führerinnen der Bewegung und dass er auf ihre Rolle als Hausfrau und Mutter angewiesen ist, um selbst zu überleben.

Und deshalb haben Frauen keinen Widerstand geleistet. Natürlich, es gab ein paar nette kleine Bewegungen, die sich für politische Besserungen, für die Beteiligung von Frauen an Politik und Regierung eingesetzt haben. Zu diesen Gruppen fand ich einfach keinen Zugang. Dann kam 1968 und alles wurde anders. Ich weiß, dass es auch vorher schon ein paar wichtige Ereignisse gab. Betty Friedans Buch wurde zum Beispiel vor 1968 veröffentlicht. Die amerikanischen Frauen befanden sich zu diesem Zeitpunkt schon mittendrin in der Bewegung. Aus guten Gründen waren sie sich mehr als alle anderen Frauen über den Widerspruch zwischen technologischem Fortschritt und der traditionellen Rolle der Frau bewusst, welche sie in die Küche verbannte. Der technologische Fortschritt – Technologie definiert als Resultat geistiger und nicht physischer Kraft – führte dazu, dass das männliche Argumentationsmuster, Frauen seien das schwächere Geschlecht und spielten deshalb nur eine sekundäre Rolle, logischerweise nicht länger aufrecht erhalten werden konnte. Da neue Technologien in den USA so weit verbreitet waren, konnten die Frauen die Widersprüche, die sich für sie daraus ergaben, nicht einfach ignorieren. Es war daher ganz normal, dass die feministische Bewegung ihre größte Kraft im Herzen des imperialistischen Kapitalismus fand, selbst wenn diese sich vor allem auf wirtschaftliche Ziele richtete – gemeint ist die Forderung nach gleichem Gehalt für gleiche Arbeit.

Auslöser für echtes feministisches Bewusstsein war jedoch die antiimperialistische Bewegung – in Amerika bei den Demonstrationen gegen den Vietnam-Krieg, in Frankreich und anderen europäischen Ländern als Nachwirkung der 68er-Revolution: Frauen fingen an, ihre Kraft zu spüren. Als sie verstanden, dass Kapitalismus zwangsläufig zur Unterdrückung der Armen auf der ganzen Welt führt, schlossen sich Frauen massenhaft dem Klassenkampf an – selbst wenn sie mit dem Begriff »Klassenkampf« nicht einverstanden waren. Sie wurden Aktivistinnen. Sie nahmen an Märschen teil, an Demonstrationen und Kampagnen, sie schlossen sich Untergrundgruppen oder der militanten Linken an. Sie kämpften, genau wie Männer auch, für eine Zukunft ohne Ausbeutung und Entfremdung.

Aber was geschah dann? Sie entdeckten, dass sie in den Gruppen und Organisationen, denen sie beigetreten waren, genauso das andere Geschlecht waren wie in der Gesellschaft, die sie umstürzen wollten. Hier in Frankreich – und sicher auch in Amerika – waren die Anführer immer Männer. In diesen pseudorevolutionären Gruppen waren die Frauen auch nichts als Tippsen, die Kaffee kochen durften.

»Pseudo« vielleicht nicht – viele Männer der Bewegung waren echte Revolutionäre. Doch sie waren in einer männlich orientierten Gesellschaft aufgewachsen, erzogen und ausgebildet worden, und brachten diese Werte mit in die Bewegung. Verständlicherweise waren diese Männer nicht bereit, ihre Wertvorstellungen freiwillig aufzugeben – ebenso wie die bürgerliche Klasse nicht bereit ist, aus freien Stücken auf ihre Macht zu verzichten. Das heißt, genauso, wie es Sache der Armen ist, sich die Macht der Reichen anzueignen, ist es Sache der Frauen, sich die Macht der Männer anzueignen. Dabei geht es nicht darum, Männer zu unterdrücken. Es geht darum, Gleichberechtigung zu erreichen. So wie der Sozialismus, der echte Sozialismus, die ökonomische Gleichstellung aller Völker anstrebt, hat die feministische Bewegung gelernt, dass sie die Gleichstellung der Geschlechter nur erreichen kann, wenn sie die herrschende Klasse innerhalb der Bewegung, d.h. die Männer, ihrer Macht beraubt. Mit andern Worten: Waren Frauen erst einmal in den Klassenkampf involviert, verstanden sie schnell, dass der Klassenkampf den Geschlechterkampf nicht automatisch eliminierte.

Genau das wurde mir an diesem Punkt klar. Davor war ich überzeugt, dass die Gleichstellung der Geschlechter nur nach dem Niedergang des Kapitalismus möglich wäre und wir konsequenterweise – und genau hier liegt der Fehler – erst den Klassenkampf austragen müssten. Es stimmt, dass echte Gleichberechtigung in einem kapitalistischen System nicht möglich ist. Wenn alle Frauen genauso viel arbeiten würden wie Männer – was würde aus all den Institutionen wie der Kirche, der Ehe, dem Militär oder den Tausenden von Fabriken, Läden, Geschäften, die auf Akkordarbeit, Teilzeitarbeit und Billigarbeitskräften basieren? Es stimmt jedoch nicht, dass eine sozialistische Revolution automatisch die sexuelle Gleichstellung bedeutet. Denken Sie nur an Sowjetrussland oder die Tschechoslowakei (selbst wenn wir uns darauf verständigen, diese Länder »sozialistisch« zu nennen, was ich persönlich nicht tue): Hier gibt es eine tiefgreifende Verwechslung zwischen der Emanzipation des Proletariats und der Emanzipation der Frauen. Irgendwie besteht das Proletariat am Ende doch immer wieder nur aus Männern. Die patriarchalen Wertvorstellungen sind hier wie dort nach wie vor intakt.

Und genau das – nämlich das Bewusstsein der Frauen, dass der Klassenkampf nicht automatisch den Geschlechterkampf beinhaltet – ist neu. Die meisten Frauen in der Bewegung sind sich dessen bewusst. Dies ist der größte Erfolg der feministischen Bewegung – ein Erfolg, der die Geschichte in den nächsten Jahren verändern wird.

Aber dieses Bewusstsein haben doch nur linkspolitisch orientierte Frauen, d.h. Frauen, die sich für die Umstrukturierung der ganzen Gesellschaft einsetzen.

Ja, natürlich, denn die anderen sind Konservative, die bewahren wollen was ist oder war. Frauen aus der Rechten wollen keine Revolution. Sie sind Mütter, Ehefrauen, ihrem Mann ergeben. Oder, wenn sie sich überhaupt für etwas einsetzen, dann nur, um ein größeres Stück vom Kuchen abzubekommen. Sie wollen mehr verdienen, mehr Frauen ins Parlament wählen oder eine Frau als Staatspräsidentin sehen. Grundsätzlich sind sie von der Ungleichheit überzeugt, sie bevorzugen jedoch ganz oben, statt unten auf der Gesellschaftsleiter zu stehen.

Sie passen jedoch gut in das System so wie es ist oder so wie sie es verändern werden, um ihren Ansprüchen zu genügen. Der Kapitalismus kann sich natürlich erlauben, Frauen in die Armee eintreten zu lassen, Frauen in die Polizei aufzunehmen. Der Kapitalismus ist auch intelligent genug, Frauen an der Regierung teilhaben zu lassen. Der Pseudosozialismus kann einer Frau sicher auch erlauben, Generalsekretärin der Partei zu werden. All das sind nur Reformen, genau wie bei der Sozialversicherung oder dem bezahlten Urlaub. Hat das Gesetz für den bezahlten Urlaub an den Ungerechtigkeiten des Kapitalismus etwas geändert? Hat das Recht der Fabrikarbeiterinnen auf gleichen Lohn für gleiche Arbeit irgendetwas an der männlich geprägten Gesellschaft Tschechoslowakei geändert? Das gesamte Wertesystem einer Gesellschaft umzustürzen, den Mythos Mutterschaft zu zerstören: Das ist dagegen revolutionär.

Eine Feministin, ob sie sich als links bezeichnet oder nicht, ist per definitionem eine Linke. Sie kämpft für totale Gleichberechtigung, für das Recht, genauso wichtig und relevant zu sein wie ein Mann. Dieser Kampf beinhaltet automatisch ihre Forderung nach Gleichheit der Klassen. In einer Gesellschaft, in der der Mann die Mutterrolle übernehmen kann, in der, um die Werteargumente nun einmal auf die Spitze zu treiben und verständlicher zu machen, die so genannte »weibliche Intuition« genauso viel Wichtigkeit hat wie das »männliche Wissen« – um die heutige absurde Sprache zu verwenden – in der es besser ist, sanftmütig und weich zu sein als hart und zäh, in einer Gesellschaft also, in der die Erfahrungen jeder einzelnen Person genauso viel wert sind wie diejenigen jeder anderen, gibt es automatisch Gleichberechtigung, d. h. wirtschaftliche, politische Gleichberechtigung und vieles mehr. Also: Geschlechterkampf bedeutet gleichzeitig Klassenkampf, Klassenkampf bedeutet dagegen nicht automatisch Geschlechterkampf. Deshalb sind Feministinnen echte Linke. Sie sind die Linke in dem Sinn, was wir heute traditionell die politische Linke nennen.

Aber indem der Geschlechterkampf hauptsächlich innerhalb der Linken ausgetragen wird – da ja, Sie sagten es selbst, der Geschlechterkampf in anderen politischen Bereichen zumindest im Moment keine Rolle spielt –, schwächen die Feministinnen dadurch nicht die Linke, bzw. stärken sie dadurch nicht diejenigen, die die Frauen und die Armen überall ausbeuten?

Nein – und auf lange Sicht gesehen kann das die Linke nur stärken. Wenn Sie bei Männern an ihre linke Gesinnung, d. h. an ihr Selbstbild als Gegner von Ausbeutung appellieren, sind sie gezwungen, Wasser in ihren Wein zu gießen. Immer mehr Organisationen fühlen sich verpflichtet, das Machoverhalten ihrer männlichen Führer in Schach zu halten. Das ist ein Fortschritt. Die Männer der Linken fangen an, ihre Sprache zu überprüfen …

Ist das wirklich ein Fortschritt? Ich meine, ich, zum Beispiel, habe gelernt, niemals das Wort »Mieze« zu benutzen, in Diskussionsrunden zu Frauen immer besonders aufmerksam zu sein, Geschirr abzuspülen, das Haus zu putzen, einzukaufen. Aber bin ich deshalb in meinem Denken weniger sexistisch? Habe ich deshalb männliche Werte abgelegt?

Sie meinen in Ihrem Innern? Um ganz ehrlich zu sein: Wen interessiert das? Überlegen Sie mal: Sie würden einen Rassisten kennen und wüssten ganz sicher, dass er Rassist ist, weil Sie ihn schon sein ganzes Leben lang kennen. Aber stellen Sie sich vor, dieser Mann sagte nun niemals »Nigger«. Er hörte sich alle Beschwerden der Schwarzen an und täte alles, um ihnen gerecht zu werden. Er würde alles tun, um gegen andere Rassisten anzukämpfen. Er setzte sich für überdurchschnittliche Bildungsprogramme für schwarze Kinder ein, als Kompensation für ihre jahrelange Vernachlässigung. Er würde Schwarzen, die ein Darlehen aufnehmen wollten, gute Referenzen geben. Er unterstützte die schwarzen Kandidaten seiner Gemeinde sowohl mit Geld als auch mit seiner Stimme. Glauben Sie ernsthaft, es würde die Schwarzen auch nur eine Sekunde lang interessieren, ob dieser Mann »in seinem Innern« Rassist ist? Der größte Teil der objektiven Ausbeutung ist eine Frage von Gewohnheiten. Wenn Sie Ihre Gewohnheiten ändern wollen, dann eignen Sie sich wie »natürlich« gerade entgegengesetzte Gewohnheiten an – das ist schon ein großer Schritt. Wenn Sie das Geschirr spülen, das Haus putzen und dabei nicht das Gefühl haben, weniger »Mann« zu sein, dann helfen Sie mit, neue Gewohnheiten einzuführen. Es reicht schon, wenn nur zwei aufeinanderfolgende Generationen meinen, auf keinen Fall rassistisch wirken zu dürfen – die dritte Generation wird wirklich nicht mehr rassistisch aufwachsen. Also, spielen Sie das »Ich-bin-kein-Sexist«-Spiel nur weiter. Und verstehen Sie es ruhig als Spiel. Solange Sie es für sich behalten, können Sie sich ruhig vorstellen, Sie seien Frauen überlegen. Aber solange Sie das Spiel überzeugend spielen, schaffen Sie Präzedenzfälle – besonders solche Männer wie Sie, die ein wenig zu »Machogehabe« neigen.

Das Problem ist, ich nehme es Ihnen nicht ab. Ich glaube nicht, dass Sie auch wirklich tun, was Sie sagen. Mal Geschirr abzuspülen ist eine Sache, eine andere ist, tagein tagaus Windeln zu wechseln.

Naja, ich habe keine Kinder ...

Und warum nicht? Weil Sie sich dagegen entschieden haben. Glauben Sie, die Mütter, die Sie kennen, haben sich dafür entschieden? Wurden sie nicht dazu gedrängt? Hat man sie nicht in dem Glauben erzogen, dass es ganz natürlich und normal und weiblich sei, Kinder zu bekommen? Könnten sie sich nicht aus diesem Grund dafür entschieden haben, Kinder zu bekommen? Aber warum sollte diese Wahl unvermeidlich sein?

Genau das sind Werte, die verändert werden müssen.

Gut. Und deshalb – ich kann das verstehen – bestehen Feministinnen auf der Separation. Aber was die Revolution betrifft, ihre genauso wie meine, können wir denn gewinnen, wenn wir uns in zwei völlig getrennte Gruppen spalten? Kann die feministische Bewegung ihre Ziele überhaupt erreichen, wenn sie die Männer aus dem Kampf ausschließt? Der größte Teil der aktuellen Frauenbewegung, zumindest hier in Frankreich, aber auch in Amerika, ist separatistisch.

Moment mal. Wir müssen erst einmal herausfinden, warum sie separatistisch ist. Ich weiß nicht, wie es in Amerika ist, aber hier in Frankreich gibt es viele Gruppen, Selbsterfahrungsgruppen, die deshalb Männer ausschließen, weil sie ihre Identität als Frauen wiederentdecken, sich selbst als Frauen verstehen lernen wollen. Das geht nur, indem sie sich untereinander austauschen, indem sie sich Dinge voneinander erzählen, die sie ihrem Ehemann, Geliebten, Bruder, Vater oder irgendeiner anderen männlichen Autorität niemals anvertrauen würden. Ihr Bedürfnis nach intensiven und ehrlichen Gesprächen kann nur auf diese Weise erfüllt werden. Und ihre Kommunikation hat eine Tiefe erreicht, die für mich mit 25 Jahren niemals möglich gewesen wäre. Selbst mit meinen engsten Freundinnen wurden damals wirklich weibliche Probleme nie angesprochen. Dank dieser Selbsterfahrungsgruppen und ihrer Auseinandersetzung mit rein weiblichen Problemen, konnten jetzt zum ersten Mal echte Freundschaften unter Frauen entstehen. Ich meine, früher, in meiner Jugend, und bis vor kurzem, konnte sich zwischen Frauen nie eine wirkliche Freundschaft entwickeln. Sie sahen sich als Rivalinnen, ja sogar als Feinde oder zumindest als Konkurrentinnen. Heute, und das größtenteils Dank der Selbsterfahrungsgruppen, sind Frauen nicht nur fähig, wahre Freundinnen zu werden, sie haben auch gelernt, warm, offen und zutiefst zärtlich miteinander umzugehen. Sie lassen echte »Geschwisterlichkeit« Realität werden – ohne ihre Beziehungen von lesbischer Sexualität abhängig zu machen.

Natürlich gibt es viele feministische Streitpunkte mit sozialen Konsequenzen, bei denen die Frauen erwarten, dass die Männer sich ihnen anschließen und viele tun das auch. Ich denke dabei zum Beispiel an den Kampf um das Recht auf Abtreibung hierzulande. Ich erinnere mich noch gut an unsere erste Massendemonstration vor drei oder vier Jahren, an der viele Männer beteiligt waren. Das heißt nicht, dass diese Männer keine Sexisten waren. Etwas zu entwurzeln, das seit unserer frühesten Kindheit tief in unsere Verhaltensstrukturen und unser Wertesystem eingegraben ist, dauert Jahrzehnte. Aber diese Männer waren sich wenigstens bewusst über den Sexismus in unserer Gesellschaft und traten politisch dagegen auf. Bei solchen Gelegenheiten sind Männer sehr willkommen, ja, sie werden ermutigt, sich dem Kampf anzuschließen.

Aber es gibt auch viele Gruppen, zumindest hier in Frankreich, die stolz ihren Separatismus verkünden und ihren Kampf als ausschließlich lesbisch definieren.

Lassen Sie uns das präzisieren. Innerhalb der Frauenbewegung gibt es viele Gruppen, die sich als lesbisch bezeichnen, ja. Viele dieser Frauen können heute dank der Frauenbewegung und der Selbsterfahrungsgruppen offen sagen, dass sie lesbisch sind und das ist großartig. Das war keinesfalls immer so. Es gibt auch Frauen, die aus ihrem politischen Engagement heraus lesbisch geworden sind. Lesbisch zu werden bedeutet für sie, einen politischen Standpunkt einzunehmen – sozusagen ein Äquivalent innerhalb des Geschlechterkampfs zu den Black Power-Befürwortern innerhalb des Rassenkampfes. Und es ist wahr, dass diese Frauen dazu neigen, Männer kompromisslos aus ihrem Kampf auszuschließen.

Das bedeutet jedoch nicht, dass sie die zahlreichen Kämpfe gegen jegliche Unterdrückung, die überall geführt werden, ignorieren. Als Pierre Overney, der junge maoistische Aktivist, von einem Wachmann bei Renault kaltblütig erschossen wurde und die gesamte Linke daraufhin einen Protestmarsch quer durch Paris organisierte, schlossen sich diese ganzen so genannten lesbischen Separatistinnen der Demonstration an und legten Blumen an sein Grab. Damit wollten sie jedoch nicht ihre Solidarität mit Overney als Mann ausdrücken, sondern ihre Identifikation mit einer Protestbewegung gegen einen Staat, der Menschen ausbeutet und missbraucht –Frauen und Männer.

Eine der Konsequenzen der Befreiung der Frau ist, nach aktuellen Studien amerikanischer Universitäten, dass männliche Impotenz sehr stark zugenommen hat, besonders bei jenen Männern, die versuchen, sich mit ihrem Sexismus auseinander zu setzen …

Sie sind selber schuld. Sie versuchen Rollen zu spielen …

Ganz genau. Ihnen ist bewusst geworden, dass sie bestimmte Rollen spielten, dass es einfach war, den Macho zu spielen und den Eindruck zu erwecken, dass sie egoistische, virile Typen wären. Jetzt ist ihnen klar geworden, dass sie sich oft gezwungen fühlten mit einer Frau zu schlafen oder sie zu verführen, weil genau das nun einmal von ihnen erwartet wurde. Heute hingegen …

Seit sie sich der Rolle bewusst sind, die sie spielten und die sie nichtsdestotrotz befriedigte – und das in doppeltem Sinne: Sie war nicht nur sehr einfach zu spielen, sondern gab ihnen auch sexuelle Befriedigung –, heutzutage hingegen müssen sie sich um die Befriedigung der Frau kümmern und finden selbst keine Befriedigung mehr. Zu schade aber auch. Nein wirklich: Wenn sie gegenüber der Frau, mit der sie zusammen sind, echte Zuneigung empfinden würden, wenn sie ehrlich mit sich selbst und ihren Partnerinnen wären, würden sie ganz automatisch beide befriedigen wollen. Sie haben Angst, als Sexisten bezeichnet zu werden, wenn sie die Frau nicht befriedigen und können deshalb gar nicht mehr. Aber es ist immer noch eine Art Leistungsbeweis, nicht wahr? Solche Männer sind impotent aufgrund des Widerspruchs, in dem sie leben. Zu schade, dass gerade diese Gruppe von Männern, die sich über ihren Sexismus bewusst sind, am meisten unter der Frauenbewegung leiden, während alle anderen Männer davon profitieren, um Frauen das Leben noch unerträglicher zu machen …

Davon profitieren?

Vorhin haben wir darüber geredet, wie die Frauenbefreiung Frauen geholfen hat, »Geschwisterlichkeit« und Zuneigung füreinander zu entwickeln, usw. Daraus ist vielleicht der Eindruck entstanden, ich würde denken, Frauen ginge es jetzt besser. Stimmt nicht. Der Kampf beginnt gerade erst und vor allem in den ersten Phasen macht er einem das Leben schwer. Aufgrund des ganzen Rummels liegt das Wort »Befreiung« jedem Mann auf der Zunge – ob er sich über die Frauenunterdrückung nun bewusst ist oder nicht. Die allgemeine Einstellung der Männer ist heute: »Da du jetzt ja befreit bist, können wir auch miteinander ins Bett gehen.« Mit anderen Worten, Männer sind jetzt viel aggressiver, vulgärer, gewalttätiger. Als ich jung war, konnten wir den Boulevard Montparnasse runterschlendern oder in Cafés sitzen ohne ständig belästigt zu werden. Oh ja, man hat uns zugelächelt, zugezwinkert, Blicke zugeworfen. Aber heutzutage ist es für eine Frau unmöglich, alleine in einem Café zu sitzen und ein Buch zu lesen. Und wenn ein Mann sie anspricht und sie ihm ernsthaft zu verstehen gibt, in Ruhe gelassen werden zu wollen, muss sie Bemerkungen einstecken wie »Schlampe« oder »Hure«. Heutzutage gibt es viel mehr Vergewaltigungen. Im Großen und Ganzen ist männliche Aggressivität und Feindseligkeit so weit verbreitet, dass sich in dieser Stadt keine Frau wirklich wohl fühlt – und genauso ist es, wie ich höre, in jeder Stadt in Amerika. Es sei denn, die Frau bleibt zu Hause. Und genau das steckt hinter dieser männlichen Aggressivität: Die Bedrohung, die die Frauenbefreiung für die Männer darstellt, hat deren eigene Unsicherheit, deren Wut darüber zu Tage gebracht – und deshalb verhalten sie sich so, als ob nur Frauen, die zu Hause blieben, »rein« seien, während all die anderen als »leichte Beute« gesehen werden. Und wenn sich herausstellt, dass sie keineswegs leichte Beute sind, ist das für Männer wie eine persönliche Herausforderung. Alles, woran sie denken, ist, die Frau zu »kriegen«.

Aber was ist mit dem Mythos geschehen, der natürlich nie zutraf, von den Franzosen aber immer gepflegt wurde, dass nämlich die Liebe eine Kunst sei, in der sie selber die größten Künstler aller Zeiten seien?

Außer in ein paar sehr reichen, parasitären Gesellschaftsschichten gibt es diesen Mythos nicht mehr. Franzosen benehmen sich heute genauso wie amerikanische oder italienische Männer: Sie wollen nur »einen Treffer landen«, wie man so schön sagt. Und außer einer kleinen Anzahl von Männern, die sich mit ihrem Sexismus auseinandersetzen, haben sie die Einstellung, je mehr eine Frau ihre Freiheit fordert, je mehr sie für ihren materiellen oder beruflichen Erfolg kämpft, desto leichter wird es, sie ins Bett zu kriegen.

In unserer Gesellschaft gründet Freiheit auf Geld und Macht. Haben Frauen, nach fast einem Jahrzehnt Frauenbewegung, heute mehr Macht?

Wenn Sie so fragen, nein. Intellektuelle Frauen, junge Frauen, die das Risiko, marginalisiert zu werden, auf sich nehmen, Töchter der Reichen, die bereit und fähig sind, das Wertesystem ihrer Eltern abzulegen: Diese Frauen haben mehr Freiheit, ja. Dank ihrer Bildung, Lebensweise oder ihrem finanziellen Einkommen können sich diese Frauen aus der rücksichtslosen, leistungsorientierten Gesellschaft zurückziehen, in Kommunen oder sonst wie am Rande der Gesellschaft leben und Beziehungen zu anderen Frauen und Männern aufbauen, die ihre Probleme verstehen. Mit anderen Worten, Frauen als Individuen können sich sehr wohl frei fühlen, sofern sie es sich, in welcher Hinsicht auch immer, leisten können. Aber Frauen, als gesellschaftliche Klasse gesehen, haben keinesfalls mehr Freiheit, eben weil sie, genau wie Sie sagten, keinen wirtschaftlichen Einfluss haben. Heutzutage gibt es alle möglichen Statistiken, die beweisen sollen, dass die Anzahl von Anwältinnen, Politikerinnen, die Anzahl von Frauen in der Medizin oder der Werbebranche gestiegen ist. Aber solche Statistiken sind irreführend. Medizinerinnen? Wie viele davon sind Chirurginnen, Krankenhausleiterinnen? Frauen in der Regierung? Ein paar Alibifrauen. In Frankreich haben wir genau zwei: Zum einen Simone Veil, Gesundheitsministerin, die sehr ernsthaft und hart arbeitet. Zum anderen haben wir Françoise Giroud, Frauenbeauftragte, ein reines Vorzeigestück, deren Aufgabe es ist, das Bedürfnis der bürgerlichen Frauen nach Integration ins System zu befriedigen. Aber wie viele Frauen gibt es, die Staatsgelder verwalten? Wie viele Frauen haben Einfluss auf die Redaktionspolitik großer Zeitungen? Wie viele werden Richterinnen? Wie viele werden Bankdirektorinnen, die die Finanzausstattung von Firmen entscheiden? Nur weil es viel mehr Frauen in mittleren Positionen gibt, wie Journalisten sagen, heißt das noch lange nicht, dass sie Einfluss haben. Und selbst Frauen mit Einfluss müssen das männliche Spiel mitspielen, um Erfolg zu haben.

Das bedeutet nicht, dass ich nicht überzeugt bin von dem Fortschritt, den Frauen durch ihren Kampf gemacht haben. Aber dieser Fortschritt ist das Resultat von Massenaktionen. Das neue Abtreibungsgesetz, ein Vorschlag von Simone Veil, zum Beispiel: Auch wenn Abtreibungen nicht von den Krankenversicherungen übernommen werden und somit reicheren Frauen leichter zugänglich sind als ärmeren, bedeutet das Gesetz doch einen großen Schritt nach vorne. Simone Veil kämpfte mit großer Entschlossenheit für dieses Gesetz, aber der Grund, warum sie es überhaupt einbringen konnte, waren die Tausenden demonstrierenden Frauen in ganz Frankreich, die Tausenden von Frauen, die öffentlich erklärten, abgetrieben zu haben (und somit die Regierung zwangen, sie entweder anzuzeigen oder das Gesetz zu ändern), es waren die Ärzte und Hebammen, die Haftstrafen riskierten, indem sie zugaben, Abtreibungen ausgeführt zu haben und schließlich diejenigen, die verhaftet wurden und den Kampf vor Gericht austrugen. Was ich damit sagen will, ist, dass Frauen als Masse sehr wohl Einfluss haben. Je mehr sich die Frauen über die Notwendigkeit solcher Massenaktionen bewusst werden, desto mehr Fortschritte werden sie erzielen. Und, um auf diejenigen Frauen zurückzukommen, die es sich leisten können, ihre individuelle Art der Befreiung zu suchen: Je mehr sie ihre Freundinnen und Schwestern beeinflussen, je mehr dieses Freiheitsbewusstsein sich ausweitet unter Frauen, die gleichzeitig vom System frustriert sind, desto mehr wird dieses Bewusstsein Massenaktionen hervorrufen.

Natürlich, je mehr sich dieses Bewusstsein ausbreitet, desto aggressiver und gewalttätiger werden die Männer. Aber je aggressiver sie werden, desto mehr Frauen sind nötig, um dagegen anzukämpfen, d. h. desto mehr wird die Notwendigkeit solcher Massenaktionen klar. Die meisten Arbeiter in der kapitalistischen Welt sind sich heutzutage des Klassenkampfes bewusst, ob sie sich nun Marxisten nennen oder nicht, ob sie jemals von Marx gehört haben oder nicht. Genauso muss es im Geschlechterkampf werden. Und das wird es auch.

Letztes Jahr sprachen Sie über ihr Vorhaben, ein weiteres Buch über Frauen zu schreiben, eine Art Fortsetzung des *Anderen Geschlechts*. Stimmt das?

Nein. Erstens müsste ein solches Buch aus einer gemeinsamen Anstrengung heraus entstehen. Und außerdem müsste es eher auf praktischen Erfahrungen basieren als auf theoretischen Erörterungen. In *Das andere Geschlecht* gehe ich genau den umgekehrten Weg – das ist heute nicht mehr so wichtig. Heute kann man in der Praxis beobachten, wie der Klassenkampf und der Geschlechterkampf sich überschneiden oder zumindest wie sie artikuliert werden können. Aber eines gilt für alle gesellschaftlichen Bewegungen heute: Wir müssen unsere Theorien aus der Praxis ableiten, nicht umgekehrt.

Was zur Zeit wirklich Not tut, ist, dass eine Gruppe von Frauen aus vielen verschiedenen Ländern ihre Lebenserfahrungen zusammenträgt und dass wir aus diesen Erfahrungen Lebensmuster filtern, mit denen Frauen überall konfrontiert sind. Diese Informationen sollten darüber hinaus von Frauen aus allen gesellschaftlichen Klassen stammen und das ist besonders schwierig. Trotz allem sind die Frauen, die für ihre Befreiung kämpfen, heute immer noch größtenteils bürgerliche Intellektuelle. Im Großen und Ganzen bleiben Ehefrauen von Arbeitern oder selbst Arbeiterinnen an das Wertesystem der Mittelklasse gebunden. Versuchen Sie zum Beispiel einmal mit Arbeiterinnen über die Rechte von Prostituierten zu reden, und über den Respekt, den man ihnen zollen sollte. Die meisten Arbeiterinnen sind von solchen Ideen schockiert.

Solchen Frauen über ihre eigene Lage die Augen zu öffnen, ist ein langwieriger Prozess, der sehr viel Taktgefühl erfordert. Ich weiß, dass es in der Frauenbewegung Extremistinnen gibt, die versuchen, Frauen von Arbeitern dazu zu bringen, gegen ihre Ehemänner als männliche Unterdrücker zu rebellieren. Das ist, glaube ich, ein Fehler. Die Frau eines Arbeiters wird ihnen, zumindest hier in Frankreich, sehr schnell sagen: »Mein Feind ist nicht mein Ehemann, sondern mein Chef« – auch wenn sie abends die Socken ihres Mannes waschen und ihm die Suppe kochen muss, nachdem sie selbst auch den ganzen Tag in der Fabrik gearbeitet hat. Das ist das gleiche Problem wie in Amerika, wo schwarze Frauen nicht auf die Missionarinnen der Frauenbewegung hörten, weil sie weiß waren. Trotz der Ausbeutung unterstützten diese schwarze Frauen weiterhin ihre Ehemänner, nur weil die Leute, die ihnen diese Ausbeutung klar machen wollten, weiß waren. Allmählich erreicht jedoch auch eine bürgerliche Feministin die Frau eines Arbeiters, genauso wie es in Amerika heute ein paar schwarze Frauen gibt – ein paar wenige, zugegeben – die sagen: »Wir wollen uns nicht unter dem Vorwand von unseren Ehemännern unterdrücken lassen, dass sie schwarz sind und dass wir zusammen gegen die Weißen kämpfen müssen. Nur weil unsere Männer schwarz sind, bedeutet das nicht, dass sie das Recht haben, uns auszuquetschen.«

Der Klassenkampf kann jedoch den Geschlechterkampf in einer ganz konkreten Art und Weise antreiben und weiterentwickeln. In den letzten Jahren gab es in Frankreich zum Beispiel viele Streiks in Fabriken, in denen fast nur Frauen arbeiteten. Ich denke dabei an den Textilstreik in Troyes im Norden oder in den Nouvelles Galeries in Thionville oder an den berühmten Streik bei Lip. In all diesen Fällen gewannen die Arbeiterinnen nicht nur ein neues Bewusstsein ihrer Situation, sondern auch einen neuen und stärkeren Glauben an sich selbst und dieses Selbstbewusstsein erschütterte das Männersystem bei ihnen zu Hause.

Bei Lip besetzten Frauen zum Beispiel die Fabrik und weigerten sich, die Fabrik zu räumen – trotz Drohungen der Polizei, Gewalt anzuwenden. Erst waren die Ehemänner der Arbeiterinnen sehr stolz auf ihre militanten Frauen. Sie brachten ihnen Verpflegung und halfen ihnen, Plakate für die Streikposten anzufertigen. Aber als die Frauen sich entschlossen, genauso vorzugehen wie die wenigen Männer, die auch bei Lip arbeiteten und ebenfalls streikten, fingen die Probleme an. Die Streikenden entschieden, die Fabrik in Schichten vor dem Eindringen der Polizei zu bewachen. Das bedeutete auch Nachtschicht. Und plötzlich waren die Ehemänner der streikenden Frauen in Alarmbereitschaft: »Ihr könnt streiken und Streikposten aufstellen so lange ihre wollt, aber nur tagsüber, nicht nachts. Wie bitte? Nachtwache? Mit Männern zusammen in einem Raum schlafen? Oh, nein!« Natürlich widersetzten sich ihnen die Frauen. Sie hatten für ihre Gleichberechtigung gekämpft, so schnell würden sie nicht aufgeben. Sie engagierten sich also in einem doppelten Sinne: im Klassenkampf gegen die Lip-Chefs, gegen Polizei und Regierung, und im Geschlechterkampf, gegen ihre eigenen Ehemänner. Die Gewerkschaftsführer bei Lip sagten, die Frauen hätten sich nach dem Streik völlig verändert, denn die Frauen sagten sich: »Was das Ganze mir gebracht hat, ist, dass ich meinen Mann zu Hause nie wieder den Chef spielen lassen werde. Ab jetzt bin ich gegen alle Chefs.«

Haben sich Ihre Ansichten über das Altwerden, als Sie ihren Essay über *Das Alter* schrieben, in dem Maße verändert, wie *Das andere Geschlecht* ihr Verständnis des Frauseins verändert hat?

Nicht wirklich. Ich habe viele Dinge entdeckt: Ich lernte viel über alte Leute. Aber ich bekam kein neues Verständnis des Alters. Ich nahm dieses Buch in Angriff, weil mir bewusst wurde, dass ich alt war. Jetzt verstehe ich alte Leute viel besser als vorher. Früher war ich viel intoleranter. Heute weiß ich, dass eine alte Person, die sehr sensibel und egoistisch ist, sich nur versucht zu schützen, eine Art Schutzwall um sich herum zu errichten. Wissen Sie, eine Frau kann ihr Leben leben und dabei völlig ignorieren, dass sie sich, was ihre Werte, Erfahrungen oder ihre Lebenseinstellung betrifft, auf fundamentale Weise von Männern unterscheidet. Aber es ist ziemlich schwierig, sich nicht eines Tages darüber bewusst zu werden, dass man alt wird.

Irgendwann kommt man einfach an einen Punkt, an dem man eine Linie ziehen muss, oder an dem einem bewusst wird, dass man die Linie schon überschritten hat. Heute weiß ich, dass ich niemals wieder zu Fuß durch die Berge wandern, niemals wieder Fahrrad fahren, niemals wieder eine körperliche Beziehung zu einem Mann haben werde. Ich hatte immer ein bisschen Angst vor dem Altwerden oder zumindest ein ungutes Gefühl, bevor ich selbst alt wurde. Und dann, als das Alter kam und als ich wusste, ich hatte die Linie überschritten, war es viel einfacher als ich erwartet hatte. Natürlich muss man aufhören zurückzuschauen. Aber ich finde das Leben von Tag zu Tag viel einfacher, als ich dachte. Mir wurde klar, dass ich diese Linie unabhängig von den Recherchen überschritten hatte, die ich für mein Buch über das Alter machte. Durch die Arbeit an dem Buch habe ich einfach gelernt, alte Menschen zu verstehen und toleranter zu sein.

Sie schreiben, dass Sie ein gutes Leben gehabt und nichts bereut haben. Wissen Sie, dass Ihre Beziehung mit Sartre vielen Paaren als Modell dient, vor allem in der Hinsicht, dass sie nicht eifersüchtig aufeinander waren, dass sie eine so genannte offene Beziehung führten und das über 45 Jahre lang?

Das ist lächerlich, uns als Modell anzusehen. Jeder muss seine eigenen Strukturen finden. Sartre und ich hatten viel Glück, aber unsere Situation war auch sehr speziell und ungewöhnlich. Wir lernten uns kennen, als wir noch sehr jung waren: Er war 23, ich 20. Wir hatten beide noch keine Ausbildung, aber wir waren beide schon Intellektuelle mit ähnlichen Zielen. Die Literatur hatte uns beiden die Religion ersetzt.

Sie hätten auch Konkurrenten werden können …

Stimmt. Ähnliche Persönlichkeiten mit ähnlichen Ambitionen konkurrieren oft miteinander. Aber wir hatten etwas anderes gemeinsam: Wir sind sehr ähnlich erzogen worden. Unsere Kindheit war sehr solide, sehr behütet. Das bedeutete, dass wir weder uns selbst noch einer dem anderen etwas zu beweisen hatten. Wir waren uns unserer selbst sicher. Es war, als wäre alles von vorneherein bestimmt gewesen. Meine Eltern taten, als ob mich nichts in der Welt vom vorgezeichneten Lauf meines Lebens abbringen könnte – eines Lebens als nette kleine Intellektuelle aus der Bourgeoisie. Sartres Großvater, bei dem er aufwuchs – sein Vater starb, als er noch ein Baby war –, verhielt sich genauso: absolut überzeugt davon, dass Sartre einmal Professor werden würde. Und genauso war es. Selbst in Krisensituationen, zum Beispiel, als seine Mutter wieder heiratete – Sartre war zwölf oder dreizehn – oder als ich im Alter von vierzehn oder fünfzehn begriff, dass mein Vater mir nicht mehr die Liebe entgegenbrachte, die ich von ihm erwartete, führte die Stabilität unserer Kindheit dazu, dass wir solche Krisen nach außen projizierten. Die anderen waren es, die sich veränderten, nicht wir. Wir waren zu strukturiert erzogen worden, um unsere Selbstsicherheit zu verlieren. Außerdem stimmten wir, abgesehen von kleineren Abwandlungen, dem Weg zu, den unsere Eltern für uns vorgezeichnet hatten. Sie wollten, dass wir Intellektuelle werden, dass wir Bücher lesen, studieren, unterrichten und wir waren damit einverstanden. Als Sartre und ich uns begegneten, stimmte also nicht nur unsere Erziehung miteinander überein, sondern wir waren gefestigt in unserer Überzeugung, dass wir das waren, zu was man uns gemacht hatte. Mit diesen Voraussetzungen konnten wir einfach keine Rivalen werden.

Als sich die Beziehung zwischen Sartre und mir weiterentwickelte, war ich überzeugt, dass ich in seinem Leben und er in meinem unersetzbar war. Wir zweifelten mit anderen Worten nie daran, dass unsere Beziehung völlig stabil war – wieder einmal »vorherbestimmt«, obwohl wir uns damals über dieses Wort wohl sehr amüsiert hätten. Wenn man über eine solche Sicherheit verfügt, ist es ziemlich schwierig, eifersüchtig zu sein. Hätte ich aber auch nur einmal vermutet, dass eine andere Frau die gleiche Rolle in Sartres Leben spielen könnte wie ich, wäre ich natürlich eifersüchtig gewesen.

Wie sehen Sie Ihr zukünftiges Lebens?

Darüber mache ich mir keine Gedanken. Ich denke, ich werde bald wieder anfangen zu schreiben, aber ich habe noch keine Ahnung, was es sein wird. Ich werde auch weiterhin mit Frauen arbeiten, mit feministischen Gruppen, der »Ligue des droits des femmes«, ich werde mich auch weiterhin für den, sagen wir, »revolutionären Kampf« engagieren.

Und ich weiß, dass ich weiterhin mit Sartre zusammenbleiben werde – bis einer von uns stirbt. Aber, wissen Sie, er ist jetzt 70 Jahre alt und ich 67.

Sind Sie optimistisch? Glauben Sie, dass die Veränderungen, für die Sie gekämpft haben, sich auch wirklich durchsetzen werden?

Das weiß ich nicht. Ich werde das sicher nicht mehr erleben. Vielleicht in vier Generationen. Ich weiß nicht, ob es eine Revolution geben wird. Aber was die Veränderungen betrifft, für die Frauen kämpfen, ja, da bin ich mir sicher, auf lange Sicht werden die Frauen gewinnen.

Biografie I **Kein Leben als relatives Wesen**
(1908 – 1945)

»Eine Frau, deren ganzes Leben vom Schreiben beherrscht wird«, pflegte Simone de Beauvoir von sich zu sagen. Man könnte diesen Satz auch umdrehen, denn es ist ein Schreiben, das ganz dem Leben einer Frau, der eigenen Existenz gewidmet war. Einer Frau, die sich früh gegen die bürgerlichen Konventionen ihrer Zeit auflehnte und von da an energisch und mit großer Ausdauer um ihren eigenen Lebensentwurf kämpfte.

Simone de Beauvoir hatte eine glückliche, geborgene Kindheit. Von der Mutter übernimmt sie den Glauben und die Strenge, vom Vater den skeptischen Rationalismus und eine unstillbare Wissensgier. Sie wächst in Paris in einer bürgerlichen Familie mit adeligem Hintergrund auf – der Vater ist Rechtsanwalt, die Mutter stammt aus Bankierkreisen. Nach dem Ersten Weltkrieg geht ein Teil des Familienvermögens verloren, worauf die Familie zwar gezwungen ist, in bescheideneren Verhältnissen zu leben, dafür jedoch umso mehr auf kulturelle Werte achtet. Simone liebt das Großstadtleben am Montparnasse, erste prägende Theater- und Leseerlebnisse, aber auch die Natur und die ländlichen Entdeckungsreisen, die sie im sommerlichen Urlaub unternimmt, den die Eltern mit ihren Töchtern Simone und Hélène stets im Limousin verbringen.

Die katholische Erziehung am Institut für junge Mädchen Cours Désir ist streng, aber von Qualität. Mit acht Jahren liest die 1908 geborene Tochter aus gutem Hause Romane auf Englisch, lernt Klavier – kurz: ein begabtes Kind, das das Leben und ihre Freundin Zaza liebt. Ihr Mitteilungsbedürfnis und Interesse richten sich als junges Mädchen mehr auf die Moral und das »Leben ihres Inneren« als auf »fernliegende soziale Fragen«. In einem Brief an den US-amerikanischen Schriftsteller und Geliebten Nelson Algren vom 24.1.1948 schreibt Simone de Beauvoir rückblickend: »Ich lernte und las gern, ich hatte eine Freundin, die ich zutiefst liebte (nicht auf sinnliche Weise, aber aus ganzem Herzen und mit ganzer Seele), ich glaubte an Gott und war sicher, dass er mich liebte. Aufenthalte auf dem Lande, Lernen, Bücher, Freunde, Frühling, Herbst, Schlafen, Essen, Beten, ein schönes Feuer, ein schöner Spaziergang – alles bereitete mir Freude. Von 14 bis 21 war es dann nicht mehr so gut. Ich fing an, meinen Vater und meine Mutter zu verachten (sie verdienten es), ich glaubte an keinen Gott mehr, ich wünschte mir mehr als Bücher und Äpfel.«[1]

Zwei Jugenderlebnisse prägen das weitere Leben Simone de Beauvoirs: der Bruch mit der Kirche, als sie 14 ist, und die Erfahrung ihrer Körperlichkeit als Frau mit ihrer ersten Blutung, über die sich der von ihr verehrte Vater nur lustig macht. »Ich hatte mir vorgestellt, dass die gesamte Weiblichkeit solidarisch den Männern diesen geheimen Makel verschwieg: Meinem Vater gegenüber hatte ich mich immer als reines Geisteswesen gefühlt; es graute mir davor, dass er mich plötzlich als organisches Geschöpf betrachtete. Ich kam mir gesunken vor.« Der Vater bemerkt gegenüber seinen Töchtern Simone und Hélène: »Ihr, meine Kleinen, werdet euch nicht verheiraten, ihr müsst arbeiten.«[2]

Mit 18 Jahren fühlt sich die ehemalige Musterschülerin »gezeichnet, verflucht und ausgestoßen«. In dieser Jugendkrise entstehen die Wurzeln für ihre Philosophie der Freiheit. Sie weiß jetzt, dass sie ein Leben für die Familie wie ihre Mutter nie führen wird. Mit fünfzig schreibt sie in den Memoiren einer Tochter aus gutem Hause: »Jeden Tag Mittagessen, Abendessen, jeden Tag schmutziges Geschirr! Unaufhörlich neu begonnene Stunden, die zu gar nichts führten – würde das auch mein Leben sein? … Nein, sagte ich mir, während ich einen Tellerstapel in den Wandschrank schob, mein eigenes Leben wird zu etwas führen.«[3] Eines stand für sie fest: ein Leben als »Zweitwesen«, als »relatives Wesen« kam nicht in Frage.

1925/26 beginnt Beauvoir ein Studium der Philologie am Institut Sainte-Marie in Neuilly und der Mathematik am Pariser Institut catholique, dem sich 1926/27 ein Studium der Philosophie an der Sorbonne anschließt. Sie ist eine fleißige Studentin, trägt einen Scheitel, Jerseypullover und Halskette. Ende der 20er Jahre stößt sie auf den Kreis der jungen Intellektuellen um Jean-Paul Sartre, Maurice Merleau-Ponty und Paul Nizan. Sie verfasst eine Diplomarbeit über Leibniz, und nimmt an Kursen der Sorbonne und der École Normale Supérieure teil. Außerdem bereitet sie sich auf die Lehramtsprüfung (Agrégation) vor – das Prüfungsthema lautet »Freiheit und Bedingtheit«. Ihre politischen Vorstellungen als junge Studentin sind noch recht unklar. Eine der ersten Petitionen, die sie Mitte der 20er Jahre unterschreibt, richtet sich gegen ein Militärgesetz, das die Einführung des Frauenwehrdienstes vorsieht: »Was die Gleichheit der Geschlechter anbetraf, so war ich dafür, und musste man nicht im Falle der Gefahr alles tun, um sein Vaterland zu verteidigen? … Man erklärte mir aber, dass das Gesetz zu einer allgemeinen Mobilisierung der Gewissen führen würde, und das gab den Ausschlag für mich: Die Freiheit des Denkens war mir auf alle Fälle heilig.«[4] Später bekennt sich Beauvoir zum Pazifismus, aber bereits während ihres Studiums ist sie davon überzeugt, dass es dem Menschen allein zustehe, »seinem Leben einen Sinn zu geben, und dass er dieser Aufgabe gewachsen ist« (*Der Lauf der Dinge*). Das Jahr

② ③

1929 ist zunächst ganz vom Tod der Freundin Zaza überschattet: Elizabeth Mabille (»Zaza«) geht am Konflikt zwischen der von der Familie eingeforderten Vernunftehe und ihrem Bedürfnis nach Freiheit zugrunde – ein Ereignis, das Beauvoir lange nicht loslässt: »Zusammen haben wir gegen das zähflüssige Schicksal gekämpft, das uns zu verschlingen drohte, und lange Zeit habe ich gedacht, ich hatte am Ende meine Freiheit mit ihrem Tode bezahlt.«[5] 1929 ist jedoch auch das Jahr der Bekanntschaft und Liebe zu Sartre. Es ist der Beginn einer ungewöhnlichen Paarbeziehung, deren grundlegende Bedingungen in einem Pakt festgehalten sind: absolute Freiheit und absolute Wahrheit. Sartre dazu: »Bei uns beiden handelt es sich um eine notwendige Liebe: Es ist unerlässlich, dass wir auch die Zufallsliebe kennen lernen.«[6] Keine Lügen, rückhaltlose Offenheit. Ein viel bewundertes Lebensmodell, das Generationen von Menschen geprägt hat – als Alternative zu bürgerlicher Moral, Familie und traditioneller Frauenrolle. Aber auch ein schwer zu lebendes Modell mit Drei- und Mehrecksverhältnissen, die zu schmerzhaften Brüchen führen können, oft auf Kosten von Dritten, wie Simone de Beauvoir selbst in ihrem ersten Roman *Sie kam und sie blieb* und später in *Die Mandarins von Paris* einräumt. Doch die Faszination, die von Sartre auf sie ausgeht, und die Möglichkeit, sich mit ihm weiterzuentwickeln, überwiegen: »Sartre entsprach genau dem, was ich mir mit 15 schon gewünscht hatte: Er war das Doppel, in dem ich alle meine Manien ins Extrem getrieben wiederfand. Mit ihm würde ich immer alles teilen ... Auf alle Fälle sollte ich mir das bewahren, was das Schätzenswerteste an mir sei: meinen Hang zur Freiheit, meine Liebe zum Leben, meine Neugier, meinen Willen zum Schreiben. Nicht nur ermutigte er mich bei diesem Unterfangen, er wollte mir sogar dabei helfen.«[7] Sartre seinerseits unterstreicht die Bedeutung von Simone de Beauvoir für ihn: »Ich konnte Simone de Beauvoir gegenüber Gedanken formulieren, die noch nicht ganz zu Ende gedacht waren ... Sie war der ideale Gesprächspartner, ein Partner, wie man ihn kaum jemals findet ... Aber das Einzigartige bei Simone de Beauvoir und mir ist unser Verhältnis absoluter Gleichberechtigung ... In gewisser Beziehung verdanke ich ihr alles.«[8]

Sartre und Beauvoir bestehen die Lehramtsprüfung gemeinsam als Beste und treten in den Schuldienst ein. 1931/1932 ist Simone de Beauvoir Philosophielehrerin in Marseille, danach bis 1936 in Rouen (Sartre hat einen Posten in Le Havre). Beauvoir entdeckt für sich die Phänomenologie Husserls, die Dialektik Hegels und die Schriften von Marx. In diese Zeit fällt auch das Dreieckverhältnis zwischen Beauvoir, Sartre und Olga Kosakievicz, einer Schülerin Beauvoirs, das sie später in ihrem ersten Roman *Sie kam und sie blieb* verarbeitete (geschrieben 1938 – 1941, erschienen 1943): »Die unselige Erfahrung des Trios lieferte mir nicht nur ein Romanthema; sie gab mir, was viel mehr war, auch die Möglichkeit, damit fertig zu werden«, schreibt sie in *In den besten Jahren*. »Olga zwang mich, einer Wahrheit ins Gesicht zu sehen, der ich bisher, wie schon gesagt, mit Erfolg ausgewichen war: Andere existieren genauso wie ich und mit gleicher Evidenz.«[9] Und tatsächlich setzt sich Beauvoir in ihrem Roman vor allem mit dem existenzialistischen Begriff des »Anderen« auseinander: Françoise (Beauvoir), Pierre (Sartre) und Xavière (Olga) experimentieren mit der freien Liebe, bis ein von allen Seiten geführter Machtkampf entbrennt und die sich bedroht fühlende Françoise schließlich Xavière ermordet. Mit dem Mord, schreibt Beauvoir am Ende ihres Romans, hatte Françoise »sich gewählt«.

Beauvoir übernimmt eine Stelle als Lehrerin in Paris, zunächst am Lycée Molière, später am Lycée Camille Sée. 1943, noch unter der Vichy-Regierung, muss sie ihren Beruf als Lehrerin aufgeben – die katholischen Schule entlässt sie, weil sie, so der Rektor, ihren Schülerinnen (und künftigen Lehrerinnen) nicht »das richtige Bewusstsein für die Rolle der Frau in der Gesellschaft« vermittle. Beauvoir wird der Verführung Minderjähriger beschuldigt. Man wirft ihr vor, im Unterricht über Psychoanalyse zu reden und die Lektüre von Proust und Gide zu fördern. Nach ihrer Entlassung wird sie 1943/44 Programmgestalterin bei Radio Nationale, um sich dann vollends dem Schreiben zu widmen, dem Beruf, den sie sich bereits mit 15 Jahren wünschte.

Das politische Zeitgeschehen – das Aufkommen des Faschismus in mehreren Ländern Europas – berührt Beauvoir zunächst wenig. Zwar äußert sie ihre Sympathie für das republikanische Spanien, aber wie zahlreiche Intellektuelle während des Bürgerkriegs selbst in das umkämpfte Land zu gehen, kommt für sie nicht in Frage. Als deutsche Truppen zuerst 1939 Polen besetzen, dann im Juni 1940 auch Paris und die nördliche Hälfte Frankreichs, gibt sie ihre pazifistische, unpolitische und individualistische Haltung auf. »Plötzlich ergriff die Geschichte von mir Besitz, ich zerbarst und fand mich über die ganze Welt zerstreut wieder, mit allen Fasern an alle und jeden gebunden, Ideen, Werte, alles wurde umgestürzt; selbst das Glück verlor seine Bedeutung.«[10] Zudem wird sie auch ganz direkt vom Krieg getroffen: Sartre muss an die Front und landet 1941 in einem Kriegsgefangenenlager.

Trotz der dramatischen Lage in Frankreich sind die Jahre der Besatzung und des Krieges für Beauvoir eine Zeit des intensiven Lebens und Schreibens. Ihr Roman *Sie kam und sie blieb* ist erfolgreich, ihr Freundeskreis wird größer. Die Sängerin Juliette Gréco, der Dichter Jacques Prévert, der Bildhauer Alberto Giacometti,

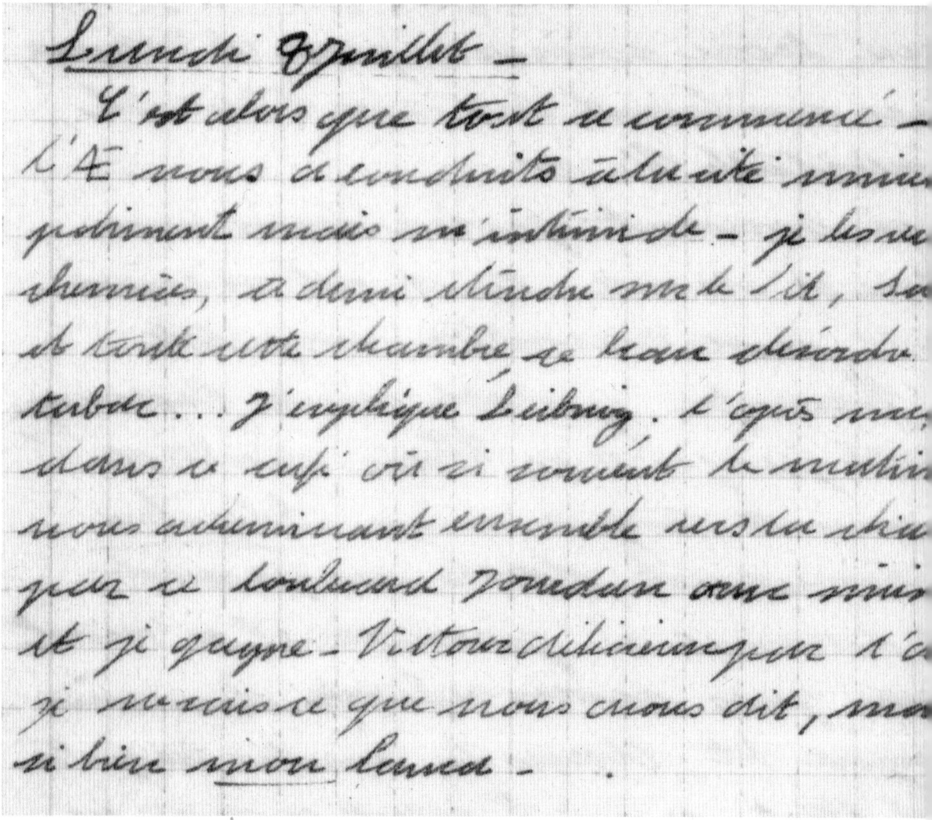

Auszug aus dem 6. Heft der Cahiers intimes, 1928 – 29, in dem Beauvoir ihre ersten Treffen mit Sartre beschreibt.

Camus est venu me chercher et
rie. Stimulité; Sartre m'accueille
intérieurement. Le Camus en bas de
mis en face de moi devant les tête
tions, une surprise, l'odeur des
voir; ainsi que du jeune Montrouvis
vous avons pris quelque chose, et vu
- Le soir Sartre nous accompagne
voques de bois_ Nous roulons de nouveau
e du Maine auprès du Camus.
'il était amical, charmant,

die Schriftsteller Raymond Queneau, Boris Vian und Jean Genêt prägen genauso wie Sartre und Beauvoir das intellektuelle Leben von Saint-Germain-des-Prés. »Wir brauchten nur zusammen zu sein und schon fühlten wir uns einig und stark«, schreibt Beauvoir In *In den besten Jahren*. Man trifft sich im Café Flore, im legendären Le Dôme – dort arbeitet Beauvoir am Manuskript ihres Romans –, in der Coupole, im Les deux Magots oder in den Jazzkellern von Saint-Germain-des-Prés. Dort wird leidenschaftlich diskutiert, philosophiert, gesungen, geliebt und getanzt.

Nach *Sie kam und sie blieb* setzt sich Beauvoir in ihrem philosophischen Essay *Pyrrhus und Cinéas* (1944) über den kriegerischen König Pyrrhus und seinen Berater Cinéas mit der Freiheit als »Fundament aller menschlichen Werte« auseinander, als »einziges Ziel, das die Handlungen der Menschen rechtfertigen kann«. Die Fähigkeit zur Transzendenz, zum Über-sich-selbst-Hinauswachsen ermöglicht das Sein: »Der Mensch kann also handeln, ja, er muss handeln: Nur wenn er sich transzendiert, ist er; Handeln ist für ihn Wagnis und Scheitern. Er muss das Wagnis auf sich nehmen: Indem er sich auf die ungewisse Zukunft hinwirft, begründet er mit Gewissheit seine Gegenwart.«[11]

An der Résistance ist Beauvoir nicht aktiv beteiligt. Über die Judenverfolgung und die Nazizeit schreibt sie später an Sartre: »Ich weiß wohl, dass wir nichts tun konnten, aber immerhin gehören wir zu der Generation, die es hat geschehen lassen ... Ich habe Gewissensbisse, wenn ich daran denke, dass ein anderer für unsere Ohnmacht bezahlen muss ... Indem man sich fernhält, bezieht man Stellung.« Doch Besatzung und Krieg steigern ihr Interesse an sozialen Problemen. In ihren Schriften beschäftigt sie sich nun mit moralischen Fragen, Verantwortung und Freiheit. Es gehe nicht darum, nach dem Sinn des Lebens zu fragen – dies sei sinnlos –, sondern danach, wie man tätig ins Leben eingreifen kann. »Ich wusste jetzt, dass mein Schicksal mit dem aller anderen verknüpft war. Die Freiheit, die Unterdrückung, das Glück und das Leid der Menschen berührten mich zutiefst.« Im Roman *Das Blut der anderen* (1945), der von Besatzung und Résistance handelt, beschäftigen sie existenzielle Fragen wie das eigene Verhältnis zu den anderen, das politische und menschliche Engagement des Einzelnen und der Preis der Freiheit. Der Held des Romans, der Widerstandskämpfer Jean Blomart, muss den moralischen Konflikt austragen, im Kampf um die Freiheit nicht nur das eigene Leben, sondern auch das anderer zu riskieren. Über ihren Helden schreibt Beauvoir: »Ein wirklich moralischer Mensch kann kein gutes Gewissen haben.« Der Roman wird vor allem als Widerstandsliteratur gelesen und erlebt in nur zwei Jahren mehr als dreißig Auflagen.

Auch ihr Theaterstück *Les bouches inutiles* (1945) über Flandern im 14. Jahrhundert handelt von der Verantwortbarkeit von Gewalt und Opfern im Kampf um die Freiheit. *Die unnützen Mäuler* stoßen in Frankreich jedoch nur auf eine geringe Resonanz und werden nie in deutscher Sprache veröffentlicht. 1946 erscheint *Alle Menschen sind sterblich*, ebenfalls ein historischer Roman, dem kaum Erfolg beschieden ist. Fosca, der Held dieses mehr als sechs Jahrhunderte umspannenden Werks, ist unsterblich – da für ihn nichts endgültig ist, ist auch nichts unersetzlich. Die Ewigkeit verurteilt zur Nichtigkeit, die Gleichgültigkeit zur Verneinung von Freiheit. Fosca verzweifelt, als er sieht, wie sich Unglück und Verbrechen in der Geschichte wiederholen.

Die Befreiung Frankreichs wird für Simone de Beauvoir zu einer intensiven, rauschhaften Erfahrung. In einem Brief an Algren schreibt sie: »In gewisser Weise war es der beste Augenblick meines Lebens – mit Sicherheit vom politischen und vom innerfranzösischen Standpunkt aus; wir kümmerten uns nicht allzu sehr um die Zukunft, es war so wunderbar, von der unmittelbaren Vergangenheit befreit zu sein. Ich stelle fest, dass wir uns alle mit einer Art Sehnsucht an die letzten Augenblicke der Besatzung erinnern, an die erste verwirrende Freude der Libération.«[12]

Aber schon bald ist die Zeit überschattet von den Einzelheiten, die über den Holocaust und die Konzentrationslager bekannt werden. In *Der Lauf der Dinge* notiert Beauvoir ihre Gefühle, als sie von den Ereignissen im Warschauer Ghetto erfährt: »Diese brutal entlarvte Vergangenheit erfüllte mich mit Grauen. Die Lebensfreude wich der Scham, dies überlebt zu haben.«[13] Und auch wenn der Krieg nun zu Ende ist – von nun an vertritt sie die Ansicht, dass Schriftsteller moralisch verpflichtet sind, »Partei zu ergreifen und sich in den Kämpfen dieser Welt zu engagieren«.

Sartre gründet 1945 zusammen mit Michel Leiris, Jean Paulhan, Albert Olivier, Maurice Merleau-Ponty, Raymond Aron und anderen die philosophische Zeitschrift *Les Temps Modernes*, unter deren sieben Redaktionsmitgliedern Beauvoir die einzige Frau ist. Schon bald kommt es zum Bruch mit Aron und Merleau-Ponty und auch Camus zieht seine Unterstützung zurück. Der Kalte Krieg setzt ein und spaltet Frankreich in zwei große politische Lager: Gaullisten und Kommunisten. Wer dazwischen steht, wie Sartre und Beauvoir, wird von beiden Seiten bekämpft.

Sartre, der sich in den 50er Jahren während des antikolonialistischen Kampfs den Kommunisten annähert, wird von rechter Seite bereits 1947 wegen seiner Philosophie und seines politischen Engagements scharf attackiert. Der Existenzialismus wird als »Exkrementalismus« und als »Philosophie des Nichts« diffamiert. Simone de Beauvoir schreibt am 23. Oktober 1947 an Algren: »Der arme Sartre erhält jetzt pro Tag zwanzig Briefe, in denen ihm versichert wird, er verdiene, zu Tode geprügelt zu werden. Zwei Dutzend Offiziere, die am nächsten Tag nach Indochina aufbrechen sollten, suchten ihn am Donnerstag in allen Nachtlokalen von Saint-Germain-des-Prés, um ihm eine Tracht Prügel zu verpassen. Wir müssen also Acht geben. Freitag schlief Sartre bei Freunden.« Am 5. November heißt es: »In einem Brief war ein mit Kot beschmiertes Foto von Sartre.«[14] Allein der Titel *Das Sein und das Nichts* wurde als »Ekel erregend« bezeichnet. Beauvoir: »Damals behandelte man den Existenzialismus als eine nihilistische, schwarzmalerische, frivole, lächerliche, desperate, schändliche Philosophie. Es galt, ihn zu verteidigen.« Bereits in ihrem Artikel *Der Existenzialismus und die Volksweisheit* vom Dezember 1945 wies Simone de Beauvoir die deformierenden Allgemeinplätze über den Existenzialismus zurück und hob die für ihn grundlegende Bedeutung von Freiheit und Verantwortung hervor: »Er ist eine Theorie, die die Freiheit an die erste Stelle setzt.« Und: »Wenn der Existenzialismus beunruhigt, liegt das nicht daran, dass er am Menschen verzweifelt, sondern dass er von ihm eine permanente Anstrengung verlangt.«[15]

Beauvoirs wichtigste moralphilosophische Beiträge erscheinen 1947 unter dem Titel *Für eine Moral der Doppelsinnigkeit*. In diesen Aufsätzen, anknüpfend an Sartres Definition des Menschen als »dieses Wesen, dessen Sein darin besteht, nicht zu sein, dieser Subjektivität, die nur als Anwesenheit in der Welt wirklich wird«, begründet Beauvoir ihre Moral des Handelns. »Es ist Sache des Menschen, zu bewirken, dass das Menschsein Bedeutung hat«, erklärt sie. Nichts sei im Voraus entschieden, immer stehe man als Mensch in einer bestimmten »Ambiguität« – ein zentraler Begriff der beauvoirschen Philosophie: in seiner Beziehung zum anderen, getrennt und zugleich abhängig, als Subjekt und Objekt, als Bewusstsein und Körper.

Vier weitere Aufsätze, *Der Existenzialismus und die Volksweisheit*, *Moralischer Idealismus und politischer Realismus*, *Auge um Auge* sowie *Literatur und Metaphysik* werden 1946 in *Les Temps Modernes* veröffentlicht, bevor sie 1948 unter dem Titel *Der Existenzialismus und die Weisheit der Nationen* als Buch erscheinen – die *Temps Modernes* bietet dabei die Möglichkeit, unmittelbar auf aktuelle Auseinandersetzungen zu reagieren und gleichzeitig die Überzeugungen des Existenzialismus zu verteidigen. Später sollte sich Beauvoir vom Idealismus ihrer Aussagen distanzieren, sich selber vorwerfen, die gesellschaftlichen Zusammenhänge vernachlässigt zu haben und die Werke, die sie während der Besatzung und in der Nachkriegszeit geschrieben hatte, kritisch unter dem Begriff »moralische Periode meiner literarischen Laufbahn« zusammenfassen.

Die Rezeption von Simone de Beauvoir in dieser Zeit ist gespalten. Einerseits ist Beauvoir Ende der 40er Jahre eine in Frankreich anerkannte und erfolgreiche Autorin; andererseits wird ihr eigenständiger Beitrag zur Theorie des Existenzialismus geleugnet – sie wird abfällig als «Notre-Dame de Sartre« und »La Grande Sartreuse« bezeichnet. Über ihren Beitrag zur Theorie des Existenzialismus bemerkte sie einmal: »Sartre ist in ideologischen Fragen schöpferisch – ich nicht.« Und doch: »Ich habe keine Idee, keinen Entschluss übernommen, ohne sie zu kritisieren und mir selber Rechenschaft zu geben.«[16] Sartre und Beauvoir sind dabei am ehesten als ein Philosophen- und Schriftstellerteam zu betrachten: Sie stehen in permanentem Dialog, stimmen in vielen Punkten überein, geben sich gegenseitig aber auch viele Anregungen – wobei Sartre Beauvoirs »Erfahrungsintensität« betont, die es ihr ermöglicht, seine philosophischen Gedanken an wichtigen Stellen weiterzuentwickeln.

Anmerkungen

1 *Eine transatlantische Liebe. Briefe an Nelson Algren* 1947 – 1964. Hg. von Sylvie Le Bon de Beauvoir. Reinbek/Hamburg 1999, S. 213.

2 *Memoiren einer Tochter aus gutem Hause*. Reinbek/Hamburg 1997, S. 97 und 170.

3 Ebd. S. 99.

4 Ebd. S. 228.

5 Ebd. S. 345.

6 *In den besten Jahren*. Reinbek/Hamburg 1961, S. 23.

7 *Memoiren einer Tochter aus gutem Hause*, a.a.O., S. 326 ff.

8 *Sartre über Sartre*. Reinbek/Hamburg 1988, S. 248.

9 *In den besten Jahren*, S. 310 und 221f.

10 Ebd. S. 316.

11 *Pyrrhus und Cineas*, in: *Soll man de Sade verbrennen?*, Reinbek/Hamburg 1983, S. 262.

12 *Eine transatlantische Liebe*, a.a.O., S. 156.

13 *Der Lauf der Dinge*. Reinbek/Hamburg 1966, S. 18.

14 *Eine transatlantische Liebe*, a.a.O., S. 126 und 136.

15 In: *Auge um Auge*. Reinbek/Hamburg 1992, S. 50.

16 *Der Lauf der Dinge*, a.a.O., S. 610f.

Kriegstagebuch 21. Januar 1941

Hegel oder Heidegger? Wieso sollte mein individuelles Geschick ein solches Gewicht haben, wo doch das Bewusstsein sich überschreiten kann? Ich gelange zu keinem Schluss. Manchmal scheint mir, dass der universelle Standpunkt Hegel-Marx dem Leben jeden Sinn raubt. Dann wieder, dass vielleicht die Individualität als solche keinen Sinn hat, dass es ein Trug ist, ihr einen geben zu wollen. Sollte der Gedanke persönlichen *Heils* – aber wozu dieser Gedanke? (Kierkegaard, Jacques[1], Kafka usw.) – einen Sinn haben? Wo ist das Wahre? Wo ist der Trug? Brauchen wir bloß den *Gedanken*, dass es einen Sinn hat? Aber wie kann das Universelle einen Sinn haben, wenn das Individuum keinen hat? Das könnte das Thema meines nächsten Romans sein, seit einem Jahr beschäftigt es mich dauernd. Wie meine frühere Vorstellung von Glück mir beschränkt vorkommt! Sie hat 10 Jahre meines Lebens beherrscht, aber ich glaube, ich habe mich fast vollkommen davon gelöst. (Glück, das an ein kontemplatives Weltbild geknüpft ist.)
Mein Roman[2]. Schnell damit fertig werden. Beruht auf einer philosophischen Haltung, die schon nicht mehr meine ist. Der nächste wird von der *individuellen Situation* handeln, ihrer moralischen Bedeutung und ihrer Beziehung zum Sozialen. Bedeutsamkeit der metaphysischen Dimension. Wie die Leute, denen sie fehlt, mir *beschränkt* vorkommen. Es gibt kein lebendiges Verhalten, das nicht einen metaphysischen Sinn hätte, der häufig nicht beachtet wird, aber der für mich so gegenwärtig ist, dass sich im Gegenteil meine psychologischen Reaktionen danach richten. Trotz allem, Gefühl von Überlegenheit gegenüber denjenigen, die diesen Sinn nicht selbst herausschälen können.

Anmerkungen

[1] Ihr Cousin, der ihr in der Kindheit und Jugend nahe stand. Vgl. *Memoiren einer Tochter aus gutem Hause*, S. 140 ff.

[2] *Sie kam und sie blieb.*

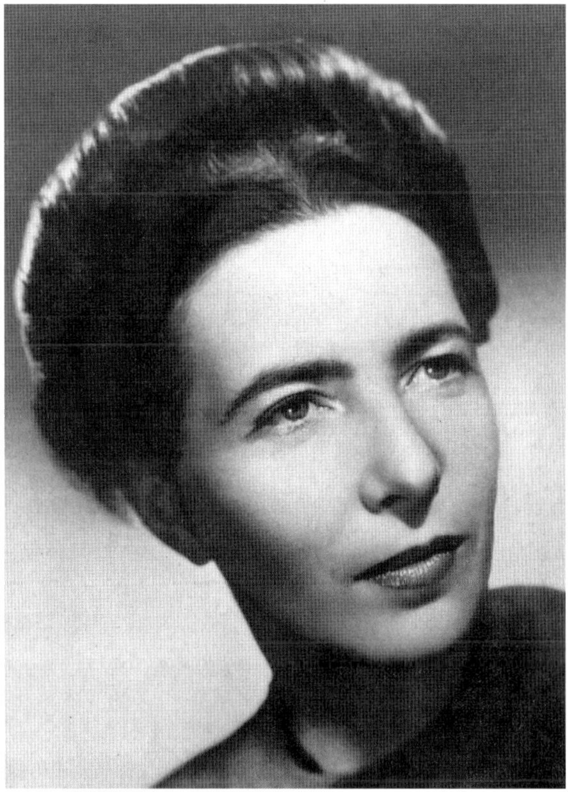

**»La lutte des sexes englobe
la lutte des classes, mais
la lutte des classes n'englobe
pas la lutte des sexes.«**

»Geschlechterkampf bedeutet gleichzeitig Klassenkampf, Klassenkampf bedeutet dagegen nicht automatisch Geschlechterkampf.«

Pyrrhus und Cineas

Plutarch erzählt, wie Pyrrhus eines Tages Eroberungspläne schmiedete. »Zuerst werden wir Griechenland unterwerfen«, sagte er. – »Und dann?«, fragte Cineas. – »Dann werden wir Afrika besiegen.« – »Und nach Afrika?« – »Wir werden nach Asien hinübergehen, werden Kleinasien und Arabien erobern.« – »Und danach?« – »Dann ziehen wir nach Indien.« – »Und nach Indien?« – »Ach«, sagte Pyrrhus, »dann werde ich mich ausruhen.« – »Warum«, meinte Cineas, »ruhst du dich nicht lieber gleich aus?«

Cineas scheint weise zu sein. Wozu aufbrechen, wenn man doch nur wieder zurückkehren muss? Wozu überhaupt beginnen, wenn man doch wieder innehalten muss? Und doch, wenn ich nicht von vornherein beschließen würde, irgendwo innezuhalten, würde mir der Aufbruch noch sinnloser vorkommen. »Ich will nicht A sagen«, sagt der Schüler eigensinnig. – »Aber warum denn nicht?« – »Weil man dann auch B sagen muss.« Er weiß: wenn er erst einmal begonnen hat, wird er niemals fertig werden; auf B folgt das ganze übrige Alphabet, dann kommen die Silben, die Wörter, die Bücher, die Prüfungen und die berufliche Laufbahn; in jeder Minute wird ihn eine neue Aufgabe immer wieder auf eine weitere Aufgabe verweisen. Wozu überhaupt beginnen, wenn es doch nie ein Ende hat? Selbst der Baumeister des Turms von Babel glaubte, der Himmel sei eine feste Decke, die man eines Tages berühren würde. Wenn Pyrrhus die Grenzen seiner Eroberungen über die Erde hinausrücken könnte, über die Sterne und die fernsten Spiralnebel hinaus bis in ein Unendliches, das unaufhörlich vor ihm zurückweichen würde, dann wäre sein Unterfangen nur noch sinnloser; seine Anstrengung würde sich verzetteln, ohne sich jemals in einem bestimmten Ziel zu konzentrieren. Der Reflexion scheint also jeder menschliche Entwurf absurd zu sein, existiert er doch nur, indem er sich Grenzen setzt, und diese Grenzen kann man immer überschreiten, wenn man sich spöttisch fragt: »Warum gerade bis dahin? Warum nicht weiter? Wozu?«

»Ich fand, dass kein Ziel die Mühe einer Anstrengung lohnt«, sagt der Held Benjamin Constants. So denkt oft der Jüngling, wenn in ihm die Stimme der Überlegung erwacht. Als Kind glich er dem Pyrrhus: er lief umher, er spielte, ohne sich irgendwelche Fragen zu stellen, und die Dinge, die er schuf, schienen eine absolute Existenz zu haben, trugen ihren Seinsgrund in sich. Eines Tages entdeckte er jedoch, dass er die Macht hatte, seine eigenen Ziele zu überschreiten: von diesem Augenblick an gibt es für ihn keine Ziele mehr, sondern nur noch sinnlose Beschäftigungen, die er ablehnt. »Die Würfel sind gefälscht«, sagt er und schaut verächtlich auf jene, die älter sind: Wie können sie denn noch an das glauben, was sie unternehmen? Narren sind sie! Manche Menschen haben sich getötet, um dieses lächerliche Spiel zu beenden: in der Tat war dies die einzige Möglichkeit, damit Schluss zu machen. Denn solange ich lebe, quält mich Cineas vergeblich mit seinem: »Und dann? Wozu?« Trotz allem schlägt das Herz, streckt sich die Hand aus, entstehen neue Entwürfe und treiben mich vorwärts. Weise haben in dieser Beharrlichkeit das Zeichen für die unheilbare Torheit des Menschen gesehen: aber kann eine so wesentliche Entartung noch Entartung genannt werden? Wo finden wir das Wahre, das Eigentliche des Menschen, wenn nicht in ihm selbst? Die Überlegung vermag den Schwung unserer Spontaneität nicht aufzuhalten.

Aber auch die Überlegung ist spontan. Der Mensch pflanzt, baut, erobert; er will, er liebt: immer gibt es ein »Und dann?«. Es ist möglich, dass er sich in jedem Augenblick mit stets neuem Eifer in neue Unternehmungen stürzt; so verlässt Don Juan eine Frau nur, um eine andere zu verführen. Aber selbst Don Juan wird eines Tages müde.

Und immer wieder, ohne Ende, beginnt das Zwiegespräch zwischen Pyrrhus und Cineas von neuem.

Indessen muss Pyrrhus sich entscheiden. Entweder bleibt er, oder er bricht auf. Was wird er tun, wenn er bleibt? Bis wohin wird er gehen, wenn er aufbricht?

»Wir müssen unseren Garten bestellen«, sagt Candide. Aber dieser Rat hilft uns nicht viel weiter. Denn welches ist mein Garten? Manche Menschen wollen die ganze Erde bestellen, während anderen ein Blumentopf zu groß erscheint. Manche sagen unbekümmert: »Nach uns die Sintflut!«, aber Karl der Große weinte, als er sterbend die Boote der Normannen sah. Eine junge Frau ärgert sich, weil ihre Schuhe Löcher haben, durch die das Wasser eindringt. Wenn ich zu ihr sage: »Was tut das schon? Denken Sie an die Millionen von Menschen, die im tiefsten China Hungers sterben«, dann entgegnet sie mir zornig: »Diese Menschen sind in China. Und es ist mein Schuh, der durchlöchert ist.« Indessen weint vielleicht eine andere Frau über die Gräuel der chinesischen Hungersnot. Wenn ich zu ihr sage: »Was macht das schon? Sie leiden ja keinen Hunger!«, dann sieht sie mich verächtlich an: »Was liegt schon an meiner eigenen Bequemlichkeit?« Wie kann ich also wissen, was mein ist? Christi Jünger fragten: Wer ist mein Nächster?

Welches ist des Menschen Maß? Welche Ziele kann er sich setzen, und welche Hoffnungen darf er hegen?

Das also ist meine Situation den anderen gegenüber: die Menschen sind frei, und ich bin unter diese fremden Freiheiten in die Welt geworfen. Ich brauche sie, denn wenn ich meine eigenen Ziele überschritten habe, würden meine Akte erstarren und auf sich zurückfallen, wenn sie nicht durch neue Entwürfe auf eine neue Zukunft hingeführt würden. Ein Mensch, der als einziger eine weltweite Sintflut überleben würde, müsste wie Ezechiel bemüht sein, die Menschheit wiederzuerwecken; andernfalls bliebe ihm nur übrig zu sterben. Die Bewegung meiner Transzendenz erscheint mir als vergeblich, sobald ich sie transzendiert habe; wenn jedoch meine Transzendenz durch andere Menschen immer wieder über den Entwurf hinausgeführt wird, den ich im Augenblick schaffe, dann kann ich sie niemals überschreiten.

Meine Transzendenz könnte nur dann absolut nicht transzendiert werden, wenn die ganze Menschheit meinen Entwurf auf Ziele hinführen würde, die die meinen sind: wer könnte sie dann transzendieren? Es gibt keinen Menschen außerhalb der Menschheit, die gesamte Menschheit würde an mir teilhaben: niemand würde über mich zu Gericht sitzen. Aber diese Hoffnung muss man aufgeben, sind doch die Menschen vereinzelt, widerstreitend. Ich muss mich entschließen zu kämpfen. Aber für wen oder um was soll ich kämpfen? Mein Ziel ist es, das Sein zu erlangen. Nochmals sei wiederholt, dass es sich hierbei nicht um Egoismus handelt: die Idee des Eigennutzes beruht auf der Idee eines fix und fertigen Ichs, auf das hin das Subjekt, das ich bin, sich transzendiert, indem es dieses Ich als höchstes Ziel setzt. In Wirklichkeit aber werfe ich mich durch meinen Entwurf auf Ziele hin, die von einem Ich verschieden sind, das nirgendwo als Gegebenheit existiert. Sein wollen ist das Sein wollen, denn Sein gibt es nur durch das Dasein einer Subjektivität, die es enthüllt, und ich werfe mich notwendigerweise in meiner Subjektivität auf dieses Sein. Ich kämpfe also, um zu sein. Ich kämpfe darum, dieses Spielzeug, dieses Geschmeide zu besitzen, diese Reise zu machen, dieses Obst zu essen, dieses Haus zu bauen. Aber das ist noch nicht alles. Wenn ich mich schmücke, wenn ich reise, wenn ich baue, dann tue ich dies stets inmitten der Menschen. Ich kann nicht in hermetischer Abgeschlossenheit leben. Der Irrtum von Theorien wie jener des L'art pour l'art besteht darin, zu glauben, dass ein Gedicht oder ein Bild etwas Nichtmenschliches wäre, das sich allein genügen könnte: vielmehr ist das Gedicht oder das Bild ein vom Menschen für den Menschen geschaffenes Objekt. Gewiss, es ist nicht zur Zerstreuung oder zur Erbauung geschaffen worden, es entspricht keinem Bedürfnis, das im Voraus vorhanden war und durch es befriedigt würde: es

ist eine Überschreitung der Vergangenheit, eine willkürliche, freie Erfindung. Aber da es neu ist, verlangt es danach, verstanden und gerechtfertigt zu werden; die Menschen müssen es lieben, wollen, fortführen. Dem Künstler kann die Situation der Menschen, die ihn umgeben, nicht gleichgültig sein. In den anderen ist sein eigenes Fleisch eingesetzt. Ich kämpfe also darum, dass freie Menschen meinen Handlungen, meinen Werken ihren notwendigen Platz geben.
Aber warum soll man hier zum Kampf Zuflucht nehmen, da doch diese Menschen mich aus freien Stücken bestätigen sollen? Gewiss, es wäre absurd, wollte man eine Liebe, eine spontane Bewunderung mit Gewalt erzwingen: man lacht über Nero, der durch Zwang verführen will. Ich wünsche, dass der andere meine Handlungen als gültig anerkennt, dass er sie sich zu eigen macht, indem er sie seinerseits aufgreift, um sie weiterzuführen. Wenn ich jedoch von vornherein dem Entwurf des anderen entgegenstehe, kann ich mit einer solchen Anerkennung nicht rechnen, denn dann wird der andere in mir nur ein Hindernis sehen. Es ist ein Irrtum, einen Menschen, der sterben möchte, zum Leben zu zwingen unter dem Vorwand, dass ich einen Gefährten bräuchte, der mein Dasein zu rechtfertigen vermag: er wird leben, aber mich verfluchen. Die Achtung vor der Freiheit des anderen ist keine abstrakte Regel, sondern die grundlegende Voraussetzung für den Erfolg meines Bemühens. Die Freiheit des anderen kann ich nur anrufen, nicht aber zwingen; wohl kann ich die dringlichsten Anrufe ersinnen, den anderen zu beschwören suchen: aber was ich auch tue, stets bleibt es der Freiheit des anderen überlassen, auf diese Anrufe zu antworten oder auch nicht.
Damit jedoch diese Beziehung zum anderen hergestellt werden kann, müssen zwei Voraussetzungen erfullt sein. Zuerst einmal muss mir die Moglichkeit gegeben sein, ihn anzurufen. Ich kämpfe also gegen alle, die mich zum Schweigen bringen, die mich daran hindern wollen, mich auszudrücken, zu sein. Um mich den freien Menschen gegenüber seiend zu machen, werde ich oft gezwungen sein, manche Menschen als Objekte zu behandeln. Der Gefangene tötet seinen Wärter, um wieder zu seinen Kameraden zurückkehren zu können; es ist bedauerlich, dass nicht auch der Wärter ein Kamerad sein kann, aber noch bedauerlicher wäre es für den Gefangenen, wenn er überhaupt nie mehr einen Kameraden haben könnte.
Zum Zweiten muss ich mir gegenüber Menschen haben, die für mich frei sind, die auf meinen Anruf antworten können.
Die Freiheit des anderen ist in jeder Situation vollständig, denn die Situation ist nur dazu da, überschritten zu werden, und in jeder Überschreitung ist die Freiheit die gleiche. Ein unwissender Mensch, der bemüht ist, sich zu bilden, ist ebenso frei wie der Gelehrte, der eine neue Hypothese aufstellt. Dieses freie Bemühen,

sich auf das Sein hin zu transzendieren, respektieren wir in jedem Menschen in gleicher Weise; wir verachten nur den Verzicht auf die Freiheit. Die menschlichen Situationen lassen sich in keine sittliche Rangordnung bringen. Was mich angeht, so gibt es lediglich bestimmte Transzendenzen, die ich transzendieren kann und die dann für mich zu Objekten erstarren, und es gibt andere Transzendenzen, die ich lediglich begleiten kann oder die mich überschreiten. Tess d'Uberville liebt Clare; die drei Bauerntöchter, die Clare ebenfalls lieben, transzendieren nicht die Liebe von Tess: mit Tess transzendieren sie sich auf Clare hin. Wenn wir aber die Schwächen von Clare entdecken, wenn wir ihn nicht lieben, dann erkennen wir zwar die Freiheit von Tess an, sehen aber in dieser Liebe nur ein uns fremdes Objekt. Insofern die Freiheit des anderen auf ein mir fremdes oder von mir bereits überschrittenes Ziel hinstrebt, existiert sie von mir getrennt. Ein unwissender Mensch, der seine Freiheit dazu benützt, seinen Zustand der Unwissenheit zu überschreiten, vermag nichts für einen Physiker, der soeben eine komplizierte Theorie entwickelt hat. Der Kranke, der seine Kraft im Kampf gegen die Krankheit verzehrt, der Sklave, der ganz im Kampf gegen die Sklaverei aufgeht, kümmern sich weder um Dichtung noch um Astronomie oder die Vervollkommnung der Luftfahrt; dazu bräuchten sie zuerst Gesundheit, Muße, Sicherheit, die Möglichkeit, frei über sich selbst zu verfügen. Die Freiheit des anderen vermag für mich nur etwas, wenn meine Ziele wiederum dem anderen als Ausgangspunkt dienen können; durch die Benützung des von mir geschaffenen Werkzeugs setzt der andere dessen Existenz fort; der Gelehrte kann nur mit Menschen sprechen, deren Wissensgrad dem seinen entspricht; diesen Menschen legt er seine Theorie als Grundlage für neue Arbeiten vor. Meine Transzendenz kann der andere nur dann begleiten, wenn er sich auf dem gleichen Abschnitt des Weges befindet wie ich.

Damit mein Anruf nicht im Leeren verklingt, müssen in meiner Nähe Menschen sein, die bereit sind, mich zu hören; die Menschen müssen mit mir auf einer Stufe stehen. Ich kann nicht zurückgehen, da mich die Bewegung meiner Transzendenz unaufhörlich weiterführt. Ich kann aber auch nicht allein der Zukunft entgegengehen, weil ich mich dann in einer Wüste verirren würde, in der keiner meiner Schritte mehr eine Bedeutung hätte. Also muss ich bemüht sein, für die Menschen Situationen zu schaffen, die es ihnen ermöglichen, meine Transzendenz zu begleiten und zu überschreiten; es ist für mich eine Notwendigkeit, dass ihre Freiheit die Möglichkeit hat, sich meiner zu bedienen, mich zu überschreiten und mich dadurch zu erhalten. Ich verlange für die Menschen Gesundheit, Bildung, Wohlbefinden, Muße, auf dass ihre Freiheit nicht im Kampf gegen Krankheit, Unwissenheit, Not aufgezehrt werde.

Also muss der Mensch zwei konvergierende Richtungen einschlagen: er begründet Objekte, in denen er die geronnene Widerspiegelung seiner Transzendenz findet, er transzendiert sich in einer Vorwärtsbewegung, die die Freiheit ist; und gleichzeitig ist er bei jedem Schritt bemüht, die Menschen mit sich zu ziehen. Darin gleicht er dem Leiter einer Expedition, der für seinen Zug einen neuen Weg bahnt, immer wieder nach hinten geht, um die Nachzügler zu sammeln, und dann wiederum nach vorn eilt, um die Gruppe weiterzuführen. Nur sind nicht alle Menschen bereit, ihm zu folgen; manche bleiben auf der Stelle oder schlagen andere Wege ein, manche sind sogar bemüht, ihn und seine Gefolgschaft auf ihrem Marsch aufzuhalten. Wenn sich mit gütlichen Mitteln nichts mehr ausrichten lässt, muss man zu seiner Verteidigung zur Gewalt greifen.

In bestimmter Hinsicht ist die Gewalt nichts Böses, da man ja weder für noch gegen einen Menschen etwas vermag: ein Kind zeugen heißt nicht es begründen, einen Menschen töten heißt nicht ihn zerstören: stets können wir nur auf die Faktizität des anderen einwirken. Wenn wir uns jedoch dafür entscheiden, auf diese Faktizität einzuwirken, dann verzichten wir darauf, den anderen als Freiheit gelten zu lassen, und entsprechend beschränken wir die Möglichkeiten für eine Ausweitung unseres Seins: der Mensch, dem ich Gewalt antue, ist nicht auf der gleichen Stufe wie ich; zur Verwirklichung meines Seins brauche ich jedoch Menschen, die meinesgleichen sind. Man greift um so bedenkenloser zur Gewalt, je weniger es möglich scheint, an die Freiheit des Menschen, dem Gewalt geschieht, zu appellieren: skrupellos wendet man gegenüber einem Kind, einem Kranken Gewalt an. Wenn ich aber allen Menschen Gewalt antäte, dann wäre ich allein auf der Welt und damit verloren. Wenn ich aus einer Gruppe von Menschen eine Viehherde mache, dann verringere ich im gleichen Maße die Herrschaft des Menschen über die Natur. Selbst wenn ich nur einen einzigen Menschen unterdrücke, erscheint mir in ihm die ganze Menschheit als bloße Sache. Wenn ein Mensch für mich eine Ameise ist, die man bedenkenlos zertreten kann, dann sind alle Menschen zusammen nur ein Ameisenstaat. Man kann also mit dem Rückgriff auf die Gewalt nicht leichten Herzens einverstanden sein: ein solcher Rückgriff ist das Zeichen eines nicht wiedergutzumachenden Scheiterns. Die allgemeinen Morallehren von Kant und Hegel sind nur deshalb letzten Endes optimistisch, weil sie mit der Individualität auch die Möglichkeit des Scheiterns leugnen. Aber das Individuum ist ebenso vorhanden wie das Scheitern. Ein gewissenhafter Mensch zögert nicht deshalb solange, ehe er eine politische Entscheidung fällt, weil die politischen Probleme schwierig sind, sondern weil sie unlösbar sind. Und doch ist es ebenso unmöglich, untätig zu bleiben: man ist immer tätig. Wir sind zum

Scheitern verurteilt, weil wir zur Gewalt verurteilt sind; wir sind zur Gewalt verurteilt, weil der Mensch in sich geteilt und widersprüchlich ist, weil die Menschen vereinzelt und widerstreitend sind. Durch Gewalt macht man aus dem Kind einen Menschen, aus der Horde eine Gesellschaft. Wenn man auf den Kampf verzichten würde, so würde man auf die Transzendenz, auf das Sein verzichten. Und doch wird der absolute Skandal jedes einzelnen Scheiterns durch keinen Erfolg je ausgelöscht.

Man darf jedoch nicht glauben, dass der Erfolg darin besteht, in aller Ruhe ein Ziel zu erreichen: unsere Ziele sind stets nur neue Ausgangspunkte. Wenn wir den anderen zu diesem Ziel hingeführt haben, dann beginnt alles von neuem: wohin wird er von diesem Ziel aus weitergehen? Ich gebe mich nicht mit dem Gedanken zufrieden, dass er auf jeden Fall irgendwohin gehen wird: auch ohne mich wäre er irgendwo gewesen. Ich will, dass er meinen Entwurf fortführt. Es kommt jedem einzelnen zu, darüber zu entscheiden, wie weit sein Entwurf sich erstreckt, ohne sich zu zerstören: Hätte sich Kant in Hegel wiedergefunden? Hätte er das Hegelsche System als die Verneinung seiner Philosophie betrachtet? Um diese Frage beantworten zu können, müsste man wissen, welches in seinen Augen die wesentliche Wahrheit seiner Philosophie war. Auf jeden Fall reichte sein Entwurf nicht bis ins Unendliche: Wenn Kant nur die reine Philosophie gewollt hätte, dann hätte er nicht zu schreiben brauchen, denn die Philosophie als solche war auf jeden Fall bereits vorhanden; er wollte eine ganz bestimmte Philosophie, durch eine bestimmte, nämlich seine eigene philosophische Entwicklung geschaffen. Wir wollen als Einzelwesen notwendig sein, und das können wir nur durch einzelne Entwürfe. Wir sind von der Freiheit des anderen abhängig: er kann uns vergessen, uns verkennen, uns für Ziele benützen, die nicht die unseren sind. Das ist eine der Bedeutungen des von Kafka beschriebenen »Prozesses«, der durch keinen Urteilsspruch je abgeschlossen wird: wir leben in einem Zustand eines unendlichen Aufschubs. So ist auch der Ausspruch von Blanchot in »Aminadab« zu verstehen: es ist wesentlich, niemals zu verlieren, aber man gewinnt auch niemals. Wir müssen unsere Handlungen im Ungewissen, als Wagnis auf uns nehmen, und gerade das ist das Wesen der Freiheit: die Freiheit trifft ihre Entscheidungen nicht im Hinblick auf ein schon im Voraus gewährtes Heil, sie schließt keinen Pakt mit der Zukunft. Wenn die Freiheit durch das von ihr angestrebte Ziel festgelegt werden könnte, dann wäre sie keine Freiheit mehr. Aber ein Ziel ist niemals ein Endpunkt, ein Abschluss, sondern bleibt auf das Unendliche hin offen: Ziel ist es nur, weil die Freiheit dort innehält und dadurch mein besonderes Sein inmitten der gestaltlosen Unendlichkeit bestimmt. Mir kommt es lediglich zu, mein Ziel zu erreichen;

alles andere hängt nicht mehr von mir ab. Was der andere auf mir begründet, gehört ihm, nicht aber mir. Ich bin nur tätig, indem ich das Wagnis dieser Zukunft auf mich nehme; dieses Wagnis ist die Kehrseite meiner Endlichkeit, und ich bin frei, wenn ich meine Endlichkeit auf mich nehme.
Der Mensch kann also handeln, ja, er muss handeln: nur wenn er sich transzendiert, ist er; Handeln ist für ihn Wagnis und Scheitern. Er muss das Wagnis auf sich nehmen: indem er sich auf die ungewisse Zukunft hinwirft, begründet er mit Gewissheit seine Gegenwart.
Das Scheitern jedoch kann er nicht auf sich nehmen.

Schluss

»Und danach?«, fragt Cineas.
Ich verlange, dass andere Menschen in ihrer Freiheit sich mir zuwenden, um meine Handlungen notwendig zu machen. Aber kann dieser Akt, durch den ich Rechtfertigung suche, nicht seinerseits durch die Reflexion überschritten werden? Mein Werk wird von Menschen gebilligt: ihre Billigung erstarrt zum Objekt; sie ist ebenso eitel wie mein Werk selbst. Muss man nicht daraus schließen, dass alles Eitelkeit ist?
Wenn ich nachdenke, dann erkenne ich, dass jedes Sichentwerfen für eine neue Frage Platz schafft. Hinsichtlich meiner selbst und meines Entwurfs habe ich eine negative Kraft in mir, durch die ich mir als aus dem Nichts Auftauchender erscheine. Dadurch mache ich mich von der Illusion der falschen Objektivität frei; durch sie erfahre ich, dass es in der Welt kein anderes Ziel gibt als meine Ziele, keinen anderen Platz als den, den ich mir bereite. Und auch die anderen Menschen sind nicht im Besitz der Werte, zu denen ich zu gelangen wünsche: wenn ich sie transzendiere, vermögen sie nichts für mich zu tun. Um von ihnen anerkannt zu werden, muss ich sie zuerst anerkennen. Unsere Freiheiten stützen sich gegenseitig wie die Steine eines Gewölbes, das allerdings von keinem Pfeiler getragen wird. Die Menschheit hängt ganz und gar in einer Leere, die sie durch das Nachdenken über ihre Fülle selbst schafft.
Aber da diese Leere nur die Kehrseite von etwas ist, da das Nachdenken erst nach der spontanen Bewegung möglich ist, darf man es nicht als vorrangig betrachten und die menschlichen Entwürfe verdammen, indem man sie der Ruhe des Nichts gegenüberstellt. Das Nachdenken lässt um mich herum das Nichts aufsteigen, aber es vermag sich nicht in die Tiefe dieses Nichts hinabzusenken, darf nicht in

seinem Namen sprechen, nicht von seinem Standpunkt aus über den Zustand des Menschen urteilen. Wo es einen Standpunkt gibt, ist das Nichts nicht. Und ich kann keinen anderen Standpunkt einnehmen als meinen eigenen.

Durch ein und denselben endlichen Entwurf werfe ich mich in diese Welt und auf diese Menschen hin. Wenn ich einen Menschen uneingeschränkt liebe, dann genügt mir seine Zustimmung; wenn ich für eine Gemeinschaft, ein Land tätig bin, dann wende ich mich an meine Mitbürger, an meine Landsleute; wenn ich reale Verbindungen zwischen mir und den kommenden Jahrhunderten schaffe, dann dringt meine Stimme durch die Jahrhunderte. Zwar gibt es auf jeden Fall einen Punkt, an dem meine Transzendenz endet, aber das Denken kann diesen Punkt nicht überschreiten. Ich existiere heute, heute werfe ich mich in eine durch meinen gegenwärtigen Entwurf bestimmte Zukunft: wo der Entwurf endet, da endet auch meine Zukunft, und wenn ich mich aus der Tiefe der Zeit heraus sehen will, in der ich nicht bin, dann ist dies nur eine Täuschung, und was ich sage, sind nur leere Worte. Angesichts der Ewigkeit sind eine Minute und ein Jahrhundert gleich, wie auch angesichts der Unendlichkeit das Atom und der Spiralnebel gleich sind. Ich schwebe jedoch weder im Unendlichen noch in der Ewigkeit, sondern bin in eine Welt gestellt, die durch mein Dasein bestimmt ist. Man transzendiert sich nur auf ein Ziel hin. Wenn ich aber mir mein Ziel gesetzt habe, auf was hin kann ich es dann überschreiten? Auf was hin könnte ich eine absolute Liebe überschreiten, solange ich liebe? Ich werde diese Liebe dann transzendieren können, wenn andere Menschen sich als für mich seiend gemacht haben. Aber die Gesamtheit der Menschen, die mein Entwurf für mich seiend gemacht hat, kann ich auf nichts hin überschreiten.

Man kann einen Entwurf nur dadurch überschreiten, dass man einen anderen Entwurf verwirklicht. Wenn ich eine Transzendenz transzendiere, dann bedeutet dies für mich keinen Fortschritt, da diese beiden verschiedenen Entwürfe voneinander getrennt sind; die transzendierende Transzendenz kann ihrerseits wieder transzendiert werden. Kein Augenblick gelangt zur Ewigkeit; auch Verzückung und Angst haben ihren Platz innerhalb der Zeit, sind selbst Entwürfe: jeder Gedanke, jede Empfindung ist Entwurf. So stellt sich das Leben des Menschen nicht als Fortschreiten, sondern als Zyklus dar. »Wozu?«, sagt er und fährt in seiner Aufgabe fort: der Augenblick des Zweifels oder der Verzückung, in dem mir jeder Entwurf als sinnlos erschien, wird von mir jetzt als ein Anfall von schlechter Laune oder kindlicher Begeisterung angesehen. Wer vermag zwischen zwei bestimmten Momenten eine Entscheidung zu treffen? Ihre Gemeinsamkeit erhalten sie nur durch einen dritten Moment, der seinerseits wieder beurteilt werden muss.

Zweifellos aus diesem Grund misst man dem letzten Willen eines Sterbenden so große Bedeutung bei: hier handelt es sich nicht um eine Willensentscheidung unter vielen anderen, sondern in dieser hat der Sterbende sein ganzes Leben zusammengefasst. Wer das Leben eines lieben Freundes auch gegen den Tod weiterhin behaupten will, verlängert seinen letzten Augenblick und damit dessen Ausnahmecharakter. Erst wenn ich mich vom Toten trenne, um ihn von außen zu betrachten, wird der letzte Augenblick zu einem Augenblick wie alle anderen; dann ist der Tote wirklich tot, und ich transzendiere alle seine Willensentscheidungen in gleicher Weise.

Wir haben die Freiheit, jede Transzendenz zu transzendieren, wir können uns stets in ein »Anderswo« flüchten, aber auch dieses Anderswo ist irgendwo, irgendwo in unserem Menschsein; wir können ihm niemals entfliehen und haben keine Möglichkeit, es von außen her zu sehen, um darüber zu urteilen. Es allein macht die Sprache möglich, es bestimmt, was gut und böse ist. Die Begriffe »Nutzen«, »Fortschritt«, »Furcht« haben nur in einer Welt einen Sinn, in der durch das Sichentwerfen Standpunkte und Ziele geschaffen worden sind. Diese Begriffe setzen den Entwurf voraus und sind auf ihn nicht anzuwenden. Der Mensch kennt nichts außer sich selbst, und sogar wenn er träumt, kann er nur von Menschlichem träumen: womit könnte man ihn also vergleichen? Welcher Mensch könnte über den Menschen urteilen? In wessen Namen wollte er sprechen?

Der Existenzialismus und die Volksweisheit

Wenige kennen die Philosophie, die etwas zufällig Existenzialismus genannt worden ist; viele greifen sie an. Man wirft ihr unter anderem vor, ein Selbstbild des Menschen und seiner Lage zu liefern, das ihn in die Verzweiflung treibt. Der Existenzialismus (wir werden der Einfachheit halber bei diesem Namen bleiben) verkenne angeblich die Größe des Menschen und schildere nur sein Elend; man wirft ihm sogar »Miserabilismus« – ein kürzlich entstandener Neologismus – vor; man sagt, er sei eine Theorie, die Freundschaft, Solidarität und alle Formen der Liebe leugne; sie schließe das Individuum in eine egoistische Einsamkeit ein; sie schneide es von der realen Welt ab und verurteile es dazu, in seiner reinen Subjektivität zu verharren, denn sie verweigere den menschlichen Unternehmungen, den vom Menschen gesetzten Werten und von ihm verfolgten Zwecken jegliche objektive Rechtfertigung. Entspricht der Existenzialismus tatsächlich diesem Bild? Die Kritiker beschäftigen sich nicht eingehender mit dieser Frage, und ihre Leser übernehmen folgsam ihre Interpretationen; das braucht uns nicht zu wundern. Verwunderlich ist, dass dieses richtige oder falsche Bild so viel Skandal erregt. Es gab seit jeher Denkschulen und Autoren, die nicht besonders zartfühlend mit dem Menschen umgingen: sie sind oft wohlwollend aufgenommen worden. Woher stammen die so besonderen Widerstände, denen wir hier begegnen?
/.../
Die öffentliche Meinung begreift nur Verhaltensweisen, deren Beweggrund der Eigennutz ist; über Habsucht, Neid, Verleumdung, Gemeinheit sagt man, sobald man begreift, welchen Nutzen diese Niederträchtigkeiten haben, mit Nachsicht: »Das ist menschlich!« Mit dieser Entschuldigung demonstriert man, dass man es aufgegeben hat, irgendeine Größe oder Großzügigkeit vom Menschen zu erwarten; und dem Naivling, der sich eine weniger schäbige Zukunft erhoffte, antwortet man: »So ist der Mensch nun mal.« Es ist zum Beispiel sehr aufschlussreich, die Chroniken und kleinen Leserbriefsparten aus den Frauenzeitungen durchzusehen, wo idealistische, aber kundige Damen und Herren ihren jungen Leserinnen die Schätze ihrer Erfahrungen darbieten. Sie sagen warnend, alle Männer seien arme Kreaturen, ihr eigener Ehemann bilde keine Ausnahme, sie sollten gegenüber seinen Schwächen Milde walten lassen, mit seiner Eitelkeit umzugehen wissen, seiner kindischen Tyrannei Zugeständnisse machen, seinen Stolz schonen,

ihm mit kleinen Lügen und Winkelzügen begegnen; sie empfehlen ihnen, mit seinen Fehlern geschickt zu spielen und nicht zu versuchen, ihn bessern zu wollen. »Einen Mann zu nehmen wissen« ist die höchste weibliche Weisheit, das heißt, ihn zu behandeln wissen wie eine Maschine, deren Bedienung die Frau beherrscht, ihn in seiner unwiderruflichen Armseligkeit akzeptieren und ihm gleichzeitig die Illusion der Freiheit lassen. Die Menschen lassen sich in satirischen Zeitungen, in so genannten »schmutzigen« Liedern, angeblich witzigen Geschichten, Karikaturen, Komödien bereitwillig als hemmungslos, egoistisch, heuchlerisch, hinterhältig und eitel porträtieren; darüber sagen sie bewundernd: »Wie gut getroffen! Wie menschlich! « Und beeilen sich vielleicht, über diese Porträts zu lachen, aus Angst, sie könnten sonst darüber weinen: jedenfalls lachen sie. Ist eine solche Resignation nicht in Wirklichkeit eine schamhafte Form der Verzweiflung? Eine Psychologie des Eigennutzes wird sich natürlich mit Liebe, Freundschaft, Solidarität nicht allzu sehr beschäftigen. In Hochzeitsreden oder auf Grabinschriften, in Fortsetzungsromanen, Opern oder Filmen nimmt die Liebe eine gleich große Rolle ein wie die menschliche Größe; aber in der Wirklichkeit des Alltags betrachtet man beide allenfalls als rührende Illusion der Jugend oder sträflichen Wahn.

/.../

Die Menschen glauben nicht wirklich, was sie sagen, und das erlaubt ihnen, ohne Schwierigkeiten von einer Wahrheitsebene zur anderen zu springen; in Wirklichkeit legen sie sich aber überhaupt nicht fest. Das Bild vom generösen, heroischen Menschen, das man an öffentlichen Plätzen entwirft, und das Bild vom tierischen, eigennützigen Menschen, das man in der Bitternis des Alltags zeichnet, sind absolut unvereinbar; deswegen sucht man auch nie nach einer Synthese. Je nach Anlass verwendet man das eine oder das andere Bild, aber man glaubt weder an die Wahrheit von Trauerreden und Propagandafilmen noch an die Wahrheit von ernüchternden Sprichwörtern und Allgemeinplätzen, die man weise zum Besten gibt. Das übliche Verhalten der Leute zeigt, dass es ihnen ebenso wesensfremd ist, sich schonungslos aufzuopfern, wie sich ohne jede Großmut zurückzuhalten. La Rochefoucauld pflegte die Freundschaft, Swift vergötterte Stella, der blasierte Skeptiker setzt gegen seine Interessen, gegen seine egoistische Weisheit, gegen den Tod Kinder in die Welt. Würfe man ihnen diese Widersprüche vor, würden sie sicher antworten, die Ausnahme bestätige die Regel, und jeder hält sich für eine Ausnahme. Was aber die Menschen vor allem schockiert, ist die Forderung nach einer vollständigen Kohärenz. Sie wissen sehr wohl, dass ihre Gedanken weder zweckfrei sind noch absolut ehrlich; sie fassen nicht das Ganze ins Auge; es sind umstandsbedingte Gedanken, die praktischen Zwecken unterworfen sind; nimmt man sie beim Wort, regen sie sich auf. Um zu verhindern, dass ihr Sohn sich in eine stupide Ehe stürzt, sagt beispielsweise seine Mutter ihm, Liebe sei nur Trug; aber sie selbst ist davon überzeugt, ihren Mann aus Liebe geheiratet zu haben; der Greis schickt zur Verteidigung seiner Interessen munter Jugendliche in den Tod und behauptet, es gebe kein schöneres Los, als für das Vaterland zu sterben – was ihn persönlich betrifft, so hängt er an seinem Leben. Idealismus und Skepsis sind lediglich Waffen, die die Menschen je nach Bedarf benutzen; allerdings, ihre Reaktion auf eine besondere Situation heute soll keine Folgen für ihre Zukunft bedeuten. Eine der Voraussetzungen dafür, dass man sich mit diesem düsteren Pessimismus arrangiert, ist, dass man ihn sich nicht restlos zu Eigen macht. Und der erste Vorwurf, den man dem Existenzialismus macht, ist, dass er ein kohärentes, strukturiertes System, eine philosophische Haltung sei, die danach verlangt, als Ganzes übernommen zu werden. Übernehmen Menschen eine zu genau definierte Weltanschauung, dann fürchten sie, sich mit allzu schwerer Verantwortung zu belasten.

Denn der Mensch fürchtet die Verantwortung über alles, er liebt keine Risiken, er hat so große Angst davor, seine Freiheit einzubringen, dass er sie lieber leugnet. Und das ist der eigentliche Grund für seinen Widerwillen gegen eine Theorie, die die Freiheit an die erste Stelle setzt. Betrachtet man die Kritik am Existenzialismus, ist man frappiert über einen offenkundigen Widerspruch: diejenigen, die ihn des Subjektivismus beschuldigen, sind die gleichen, die sich an Montaigne, La Rochefoucauld, Maupassant ergötzen; sie sind entschiedene Befürworter einer Psychologie der reinen Immanenz, wo die Entwürfe und Gefühle des Individuums sich letztlich gegen es selbst wenden. Dagegen behaupten die Existenzialisten, dass der Mensch Transzendenz ist; sein Leben ist Engagement in der Welt, eine Bewegung zum Anderen, ein Überschreiten der Gegenwart auf eine Zukunft hin, die auch der Tod nicht begrenzt. Wie kann man ihnen dann vorwerfen, dass sie der Subjektivität zu viel Bedeutung beimessen? Deshalb, weil es eigentlich in der Moral des Eigennutzes kein Subjekt gibt: das Ich, von dem man uns erzählt, ist ein Gegenstand in der Welt; wenn man sein Ich lieben, es als Richtschnur seines Verhaltens nehmen kann, so deshalb, weil es in der Art eines Dinges existiert; man unterstellt ihm Triebe, die man zu befriedigen, Leeren, die man auszufüllen hat; allein auf Grund seiner Existenz zwingt mir mein Ich objektive Zwecke auf, in denen meine Freiheit versinkt; ich habe ihm die Lust zu verschaffen, die es wünscht, es vor Schmerzen zu schützen; damit werden meine Energien ausgelastet; bevor sie überhaupt da sind, ist ihr Einsatz schon festgelegt; es steht überhaupt nicht zur Diskussion, mich zu fragen, wie ich sie lenken soll. Im Existenzialismus dagegen ist das Ich nicht; ich existiere als authentisches Subjekt in einem immer neuen Hervorbrechen, das sich der erstarrten Realität der Dinge entgegenstellt; ohne Hilfe, ohne Führung werfe ich mich in eine Welt, in der ich nicht von jeher einfach auf mich wartete: ich bin frei; meine Entwürfe sind nicht durch schon existierende Interessen bestimmt; sie setzen ihre Zwecke selbst. Innerhalb der Philosophie der Immanenz ist der Endpunkt meiner Handlungen gegeben: wenn ich von ihm zu ihrem Ausgangspunkt zurückgehe, ist er für mich dort schon vorgegeben, er ist gewissermaßen eine Projektion des Ich als Objekt auf die Ebene der Interiorität. Innerhalb der Philosophie der Transzendenz existiert das Subjekt allein als Ausgangspunkt; ich kann seine Gegenwart nicht maskieren; ich kann nicht vor mir selbst verschleiern, dass alle meine Handlungen ihren Ursprung in meiner Subjektivität haben. Der Vorwurf der Subjektivität gegenüber dem Existenzialismus ist in Wirklichkeit der Vorwurf, dass er Subjektivität und Freiheit gleichsetzt.

Den Menschen als Freiheit definieren ist schon immer Sache der optimistischen Philosophen gewesen. Deshalb ist es auch falsch, den Existenzialismus als Theorie der Verzweiflung zu bezeichnen. Er ist weit davon entfernt. Er verurteilt den Menschen nicht zu unheilbarem Elend; wenn der Mensch nicht von Natur aus gut ist, so ist er auch nicht von Natur aus böse; er ist zunächst nichts; ihm allein obliegt es, sich gut oder böse zu machen, je nachdem, ob er seine Freiheit annimmt oder leugnet; Gut und Böse erscheinen erst jenseits der Natur, jenseits alles Gegebenen; deswegen kann man die Realität völlig unparteiisch beschreiben; es besteht kein Anlass, sie zu bejammern, sie ist weder trist noch heiter, Fakten sind Fakten und weiter nichts; was zählt, ist die Art, wie der Mensch seine Situation überschreitet. So ist die Trennung der Bewusstseine ein metaphysisches Faktum, doch kann der Mensch sie überwinden; er kann sich überall in der Welt mit anderen Menschen verbinden; die Existenzialisten sind weit davon entfernt, Liebe, Freundschaft, Solidarität zu leugnen; in ihren Augen kann ein Individuum nur in diesen menschlichen Beziehungen die Begründung und die Erfüllung seines Seins finden; aber sie betrachten diese Gefühle nicht als vorgegeben, sondern sie müssen erobert werden. Der Tod ist ein weiteres Faktum, über das zu klagen oder sich zu freuen ebenfalls kein Anlass besteht; er dementiert die menschlichen Unternehmungen keineswegs, denn diese gewinnen ihren Wert aus der in sie eingebrachten Freiheit; die Freiheit allein setzt die Zwecke, die sie sich setzt, und keine äußere Macht, auch nicht die des Todes, könnte zunichte machen, was sie begründet hat. Der Mensch ist alleiniger und souveräner Herr seines Schicksals, sofern er es nur sein will; das ist es, was der Existenzialismus behauptet: genau das ist Optimismus. Und in Wirklichkeit ist es auch genau dieser Optimismus, der die Leute beunruhigt; wenn man sich über bestimmte unparteiische Beschreibungen der Welt und der Menschen aufregt, so liegt das nicht daran, wie behauptet wird, dass sie deprimierend wären; die Bücher Maupassants sind es viel mehr; es liegt daran, dass das Böse, das sie enthüllen, von der Freiheit des Menschen herrührt; die *Salauds* aus dem *Ekel* haben sich als solche gewählt; es hinge nur von ihnen selbst ab, ob sie luzide und redlich sein wollten und die Lüge verabscheuen, hinter der sie sich verschanzen; die Vorstellung von einer solchen Verantwortung ängstigt den Leser. Dieser anspruchsvollen Moral zieht er einen Pessimismus vor, der dem Menschen zwar keine Hoffnung lässt, aber auch nichts von ihm verlangt.

Wenn die Moral des Eigennutzes, wenn die naturalistische Tristesse sich so großer Gunst erfreut, dann deshalb, weil die darin zum Ausdruck kommende Verzweiflung den Charakter von Wohligkeit und Behaglichkeit besitzt; sie setzt einen Determinismus voraus, der dem Menschen die Last seiner Freiheit abnimmt. Der Mensch ist eine Maschine, deren Hauptantrieb Eigennutz und Lüsternheit sind; seine Gefühle reduzieren sich auf mehr oder weniger subtile Kräftespiele; die Volksweisheit bejaht dieses einzige Postulat in den verschiedensten Formen. Wenn der Mensch sein Wesen nicht verändern kann, wenn er über sein Schicksal keine Macht besitzt, bleibt ihm nur, sich mit Nachsicht so zu akzeptieren, wie er ist: das erspart ihm die Anstrengung des Kampfes. Der Existenzialismus , der dem Menschen sein Schicksal wieder in die eigenen Hände legt, stört seine Ruhe.

Die Menschen denken gern, Tugend sei einfach; in erbaulichen Geschichten sterben junge Männer lächelnd für ihr Vaterland; lächelnd reiben sich Mütter und Väter auf, um ihre Kinder zu ernähren; lächelnd opfern sich Kinder für ihre alt gewordenen Eltern auf. Ebenso finden sie sich mühelos damit ab, dass Tugend unmöglich sei. Doch der Gedanke, dass sie möglich und schwierig ist, widerstrebt ihnen. Wenn man proklamiert, das Leben sei ein wunderbares Abenteuer, ist man jede Sorge los: indem wir essen und schlafen, sind wir schon Halbgötter; jeder Herzschlag lässt uns mühelos am großen Menschenabenteuer teilhaben. Oder man gibt zu, dass das Leben nur eine Farce sei; dann ist nichts von dem, was wir tun, von Bedeutung, wir können unbekümmert schlafen und essen. Wenn aber das Spiel weder von vornherein verloren noch gewonnen ist, muss Minute für Minute gekämpft und riskiert werden: das stört unsere Faulheit. Die Menschen sind höchstens bereit, ein oder zwei Kämpfe zu führen; aber dann wollen sie sich in ihrem Sieg oder ihrer Niederlage ewig ausruhen können. Der Ingenieur, der einen Staudamm baut, und die Frau, die Kinder gebärt: beide möchten, dass der Staudamm, die Kinder ihre Existenz ewig rechtfertigen; sie möchten, dass sich die Zwecke, die sie verfolgen, als absolut nützlich erweisen. Wenn aber ein Mensch in seinen Unternehmungen gescheitert ist, dann wiederholt er gern mit Salomo: alles ist eitel. Wird dagegen behauptet, ich selber begründe durch die Wahl meiner Ziele ihren Wert, dann ist das ein Verzicht auf jedes Alibi. Kein einziger Erfolg erlöst mich: damit er mir weiterhin als Erfolg erscheinen kann, muss ich ihn weiterhin wollen, und dieser Wille muss sich notwendigerweise in neuen Handlungen ausdrücken; und kein Scheitern enthebt mich der Aufgabe, den Kampf fortzusetzen; es gibt keinen mir äußeren Gesichtspunkt, von dem aus ich meine Absichten verachten könnte. Ein Mensch, den die Umstände zum Helden gemacht haben, wird gern glauben, er trüge einen Stern auf der Stirn, er täte alles als Held, ob er isst, trinkt oder schläft; er könne von nun an immer sicher sein, sich in Gefahr und unter Folter seinem heldenhaften Wesen entsprechend zu verhalten; diese Vorstellung erspart ihm die Ängste des wahren Heldentums. Andererseits ist der Feigling gar nicht so unglücklich, ein Feigling zu sein; er ist eben so, er kann nichts dafür; er richtet sich in seiner Feigheit ein mit der Seelenruhe jener Diener der Komödie, die sich dazu beglückwünschen, dass sie keine Ehre zu verteidigen haben. Es ist viel beunruhigender, davon auszugehen, dass Mut immer neu erkämpft werden muss, ohne damit rechnen zu können, ihn jemals zu besitzen.

Wenn der Existenzialismus beunruhigt, liegt das also nicht daran, dass er am Menschen verzweifelt, sondern dass er von ihm eine permanente Anstrengung verlangt. Man kann sich allerdings die Frage stellen: Wozu ein solches Verlangen? Weshalb sich bemühen, Menschen von Positionen abzubringen, in denen sie sich geborgen fühlen? Und das ist tatsächlich eine Frage, die die Kritiker schon oft gestellt haben: Was hat man davon, Existenzialist zu sein?

Diese Frage wird jedem Philosophen seltsam erscheinen. Weder Kant noch Hegel haben sich jemals gefragt, was man davon hat, Kantianer oder Hegelianer zu sein; sie sagten, was sie für die Wahrheit hielten, nichts weiter; sie hatten kein anderes Ziel als die Wahrheit selbst. Aber vielleicht hat der Philosoph Unrecht; vielleicht ist er Opfer einer Berufskrankheit: ist es richtig, die Wahrheit zu sagen? Wenn sie nutzlos oder schädlich ist, muss man sie dann nicht eher verheimlichen? Eine solche Vorsicht hat nur Sinn, wenn man die Wahrheit als etwas der Realität Äußeres betrachtet, als ein Licht von einem fremden Firmament; dann könnte man sich fragen, ob es opportun ist, dass sie unsere Finsternis erleuchtet; aber diese Vorstellung ist radikal falsch; die Wahrheit ist nichts anderes als die Realität; man kann ablehnen, sie über Wörter oder Sätze wahrzunehmen, das heißt, sie systematisch auszudrücken; man kann ihr aber nicht entkommen; selbst die Anstrengung, ihr zu entkommen, ist bereits eine Weise, sie sichtbar zu machen.

/.../

Auch der Existenzialismus will dem Menschen nicht das verborgene Unglück seiner Situation enthüllen; er will ihm nur helfen, diese Situation, die er unmöglich leugnen kann, anzunehmen. Weil der Mensch der Wahrheit nicht ins Gesicht sieht, erschöpft er sich darin, sich gegen sie aufzulehnen. Wir haben gesehen, dass er sich abwechselnd auf zwei Ebenen stellt, die er nicht miteinander vereinbaren kann, aber es gelingt ihm auch nicht, auf einer der beiden Ebenen zu verharren. Von Jugend an lacht er über die zu schönen Bilder der Morallehrer und der erbaulichen Reden; er wird illusionslos, was bedeutet, dass er sich zuerst getäuscht fühlte. Er stürzt sich dann gern in den Zynismus; er ist mit Nachdruck Pessimist, was ihn nicht daran hindert, zu handeln, zu lieben, zu leben; zwischen dem, was er tut, und dem, was er sagt, was er durch sein Handeln behauptet, in Worten glaubt, besteht ein Abgrund. Die meisten Menschen verbringen ihr Leben unter der erdrückenden Last von Allgemeinplätzen. Entschlössen sie sich zu einem klaren Bewusstsein ihrer Situation in der Welt, würden sie sich mit sich und der Realität im Einklang fühlen.

/.../

Genau dies ist das Ziel, das der Existenzialismus verfolgt: er will dem Menschen die Enttäuschung und das missmutige Schmollen ersparen, das der Kult falscher Idole mit sich bringt: er will den Menschen davon überzeugen, authentisch ein Mensch zu sein, und er behauptet den Wert dieser Vollendung. Eine solche Philosophie kann es sich leisten, den Trost der Lüge und der Resignation mutig abzulehnen: sie vertraut dem Menschen.

»Die Pantoffelphilosophie des Kleinbürgers, der, so weit er kann, zu leben vermeidet und den Ereignissen so wenig Bedeutung beimisst, der sich entscheidet, ohne Ambitionen, ohne Liebe, ohne Begeisterung zu sein – diese Philosophie ist für uns die radikale Verneinung der Existenz.«

Für eine Moral der Doppelsinnigkeit

»Zeitlebens arbeiten wir ständig daran, den Tod zu erbauen«, sagt Montaigne und zitiert aus der römischen Literatur: »Prima, quae vitam dedit, hora carpsit« und: »Nascentes morimur.« Tier und Pflanze erleiden lediglich passiv diese tragische Ambivalenz, der Mensch jedoch kennt sie, erfasst sie geistig. Dadurch wird sein Los um ein weiteres Paradox vermehrt: als »vernunftbegabtes Tier«, als »denkendes Schilfrohr« versucht er, dieser seiner naturgegebenen Lage zu entfliehen, ohne sich indessen aus ihr lösen zu können; er ist gleichzeitig Bewusstsein und Bestandteil dieser Welt; er weiß sich als reine Innerweltlichkeit, der keine äußere Macht etwas anhaben kann, und erfährt sich doch gleichzeitig als Sache, auf der schwer das Gewicht der anderen Sachen lastet. In jedem Augenblick vermag er die zeitlose Wahrheit seines Daseins zu ergreifen, und doch ist dieser Augenblick, in dem er da ist, zwischen der Vergangenheit, die nicht mehr ist, und der Zukunft, die noch nicht ist, ein Nichts. Allein dem Menschen ist es gegeben, ein souveränes, einzigartiges Subjekt inmitten einer Welt von Objekten zu sein, und doch muss er dieses Privileg mit allen seinesgleichen teilen; für die anderen wiederum ist er seinerseits Objekt; innerhalb der Gesamtheit, von der er abhängt, ist er nichts als ein Einzelwesen.
Seit es Menschen gibt, seit Menschen leben, haben sie alle diese tragische Ambivalenz ihres Menschseins erfahren; seit es aber Philosophen gibt, seit die Menschen denken, haben sie großenteils versucht, diese Ambivalenz zu vertuschen. Sie bemühten sich, den Geist auf die Materie zurückzuführen oder die Materie im Geist aufgehen zu lassen oder auch Geist und Materie zu einer besonderen Substanz zu vermengen. Jene Menschen, die den Dualismus akzeptiert haben, schufen eine Rangordnung zwischen Leib und Seele, die es ermöglichte, jenen Teil des Ichs zu vernachlässigen, der sich nicht rechtfertigen ließ. Sie leugneten den Tod dadurch, dass sie ihn entweder ins Leben eingliederten oder den Menschen die Unsterblichkeit verhießen; oder sie leugneten das Leben, indem sie es nur als einen trügerischen Schleier betrachteten, unter dem sich die eigentliche Realität des Nirwana verbarg. Die Morallehren, die diese Denker für ihre Anhänger aufstellten, verfolgten stets das gleiche Ziel: die Ambivalenz sollte dadurch aufgehoben werden, dass sich der Mensch entweder vollkommen verinnerlichte oder völlig veräußerlichte; entweder wich man der Sinnenwelt aus oder man tauchte ganz

in sie hinein, entweder strebte man nach Ewigkeit oder gab sich ganz dem reinen Augenblick hin. Hegel war findiger: er trachtete danach, keinen der Aspekte des Menschseins außer Acht zu lassen und sie alle miteinander zu verbinden. Nach seiner Lehre wird in der zeitlichen Entwicklung der Augenblick aufgehoben, die Natur behauptet sich dem Geist gegenüber, der sie gleichzeitig setzt und leugnet, der Einzelne findet sich in der Gesamtheit wieder, in der er sich verliert, jeder Mensch stirbt, aber der Tod wird durch das Leben der Menschheit aufgehoben. So gelangt man zu einem herrlichen Optimismus, für den selbst die blutigen Kriege nur der Ausdruck der fruchtbaren Unruhe des Geistes sind.
Auch heute noch gibt es viele Lehren, die es vorziehen, bestimmte unangenehme Aspekte einer allzu komplexen Situation im Dunkel zu lassen. Aber vergeblich versucht man, uns zu belügen: Feigheit macht sich nicht bezahlt. Diese »vernünftigen« Metaphysiken, diese tröstlichen Morallehren, mit denen man uns ködern will, steigern nur die Verwirrung, unter der wir leiden. Die Menschen von heute scheinen stärker als je das Paradoxe ihrer Lage zu empfinden. Sie erkennen sich als höchstes Ziel, dem alles Handeln untergeordnet sein muss, und doch werden sie durch die Erfordernisse des Handelns dazu gebracht, sich gegenseitig als Mittel oder als Hindernisse zu behandeln. Je mehr Macht über die Welt sie bekommen, desto erdrückender lasten Kräfte auf ihnen, die sie nicht zu kontrollieren vermögen: sie sind die Herren der Atombombe, und doch ist diese nur zu ihrer Vernichtung geschaffen; jeder Mensch spürt auf seinen Lippen den unvergleichlichen Geschmack seines Lebens, und doch fühlt er sich innerhalb der ungeheuren Gesamtheit, die bis an die Grenzen der Erde reicht, unbedeutender als ein Insekt. Wohl zu keiner Zeit wurde die Größe des Menschen deutlicher offenbar, aber noch nie wurde diese Größe grausamer verhöhnt. Trotz so vieler hartnäckiger Lügen kommt in jedem Augenblick, bei jedem Anlass die Wahrheit ans Licht: die Wahrheit des Lebens und des Todes, meiner Einsamkeit und meiner Verhaftung mit der Welt, meiner Freiheit und meiner Knechtschaft, der Bedeutungslosigkeit und der höchsten Bedeutung jedes und aller Menschen. Es gab ein Stalingrad und ein Buchenwald, und keines wird durch das andere ausgelöscht. Da es uns also nicht gelingt, vor der Wahrheit zu fliehen, wollen wir versuchen, ihr ins Antlitz zu sehen. Wir wollen versuchen, unsere wesensmäßige Ambivalenz auf uns zu nehmen. Das Wissen um die wahren Bedingungen unseres Lebens muss uns die Kraft zum Leben und Gründe für unser Handeln geben.

Man darf Doppelsinnigkeit nicht mit Widersinnigkeit verwechseln. Wer die Existenz für widersinnig erklärt, leugnet damit, dass sie sich jemals einen Sinn geben kann; wer sagt, dass sie doppelsinnig ist, behauptet damit, dass der Sinn der Existenz niemals festliegt, dass er unaufhörlich gewonnen werden muss. Die Widersinnigkeit macht jede Moral unmöglich, aber eine Moral hätte auch dann keinen Platz, wenn das Wirkliche verständlich vollkommen fassbar wäre; weil das Menschsein doppelsinnig ist, sucht der Mensch durch das Scheitern und den Skandal sein Dasein zu rechtfertigen. Wenn man also sagt, dass das Handeln in seiner ganzen Wirklichkeit, das heißt im Bewusstsein seiner Widersprüchlichkeit, gelebt werden muss, dann bedeutet das nicht, dass man darauf verzichten soll. Pierrefeu hat in *Plutarque a menti* mit Recht gesagt, es gäbe im Krieg keinen Sieg, der nicht gleichzeitig auch als Misserfolg gewertet werden müsse; denn man strebt die vollständige Vernichtung des Feindes an, und dieses Ziel wird niemals erreicht – trotzdem gibt es gewonnene und verlorene Kriege. So verhält es sich mit jeder Tätigkeit: Scheitern und Gelingen sind zwei Aspekte der Wirklichkeit, die sich a priori nicht voneinander unterscheiden. Deshalb ist das Kritisieren so leicht, die Kunst aber so schwierig: der Kritiker vermag mühelos die Grenzen aufzuzeigen, die sich der Künstler durch seine grundsätzliche Entscheidung setzt; weder bei Giotto noch bei Tizian oder Cézanne ist die Malerei in ihrer Vollständigkeit gegeben. Im Verlauf der Jahrhunderte sucht die Malerei unablässig sich selbst, findet aber niemals zur Vollendung. Ein Gemälde, in dem alle Probleme der Malerei gelöst wären, ist ganz und gar undenkbar. Diese Bewegung auf die eigene Wirklichkeit zu ist die Malerei; es ist also nicht eine vergebliche Bewegung wie die eines sich leer drehenden Mühlrades, sondern in jedem Gemälde verwirklicht sie sich als absolute Existenz. Kunst und Wissenschaft entstehen nicht trotz des Scheiterns, sondern durch das Scheitern, was allerdings nicht ausschließt, dass es Wahrheiten und Irrtümer, Meisterwerke und Schinken gibt, je nachdem, ob die wissenschaftliche Entdeckung oder das Gemälde die Billigung der Menschen zu finden vermocht hat. Anders gesagt: das stets unvermeidliche Scheitern wird in manchen Fällen gerechtfertigt, in anderen nicht.

Es ist interessant, diesen Vergleich weiterzuführen. Natürlich setzen wir die Tätigkeit nicht einem Kunstwerk oder einer wissenschaftlichen Theorie gleich; aber in jedem Fall steht die menschliche Transzendenz vor dem gleichen Problem: sie muss sich begründen, obgleich es ihr versagt ist, sich je zu vollenden. Nun hat aber bekanntlich weder die Wissenschaft noch die Kunst jemals die Rechtfertigung ihres gegenwärtigen Daseins der Zukunft überlassen. Zu keiner Zeit glaubte die Kunst von sich, dass sie erst unterwegs zur Kunst sei: nur in den Augen der Archäologen bereitet die archaische Kunst die klassische Kunst vor, doch der Bildhauer, der die Korenhalle auf der Athener Akropolis schuf, glaubte mit Recht, ein vollkommenes Kunstwerk zu schaffen. Niemals hielt sich die Wissenschaft für etwas Lückenhaftes, Partielles; zwar glaubte sie keineswegs, bereits vollkommen zu sein, aber dennoch wollte sie stets die Welt vollkommen zum Ausdruck bringen, und in ihrer Ganzheit stellte sie sich immer wieder von neuem in Frage. Dies ist ein Beispiel dafür, wie der Mensch seine Endlichkeit auf sich nehmen soll: er darf seine Existenz nicht als etwas Vergängliches, Relatives setzen, sondern muss sie als Widerspiegelung des Unendlichen betrachten, das heißt, muss sie als etwas Absolutes setzen. Kunst gibt es nur, weil sich die Kunst in jedem Augenblick als etwas Absolutes gewollt hat. Ebenso gibt es eine Befreiung des Menschen nur, wenn sich die Freiheit selbst als Ziel setzt und sich in dieser Zielsetzung absolut verwirklicht. Das bedingt, dass jedes Handeln als etwas Vollkommenes angesehen wird, dessen einzelne Momente nicht auf die Unendlichkeit hin fliehen, um dort ihre Rechtfertigung zu finden, sondern sich gegenseitig bestätigen, so dass zwischen Gegenwart und Zukunft, Mitteln und Zielen keine tiefe Kluft mehr besteht.

Wenn aber diese Momente eine Einheit bilden, darf es zwischen ihnen keine Widersprüchlichkeit geben. Da die angestrebte Befreiung nicht eine in fremder Zeit liegende *Sache* ist, sondern eine Bewegung, die sich dadurch verwirklicht, dass sie sich zu erlangen versucht, kann die Befreiung niemals Wirklichkeit werden, wenn sie sich a priori verleugnet. Eine Tätigkeit kann nicht mit Mitteln durchgeführt werden, die den Sinn dieser Tätigkeit aufheben. Daher gibt es für den Menschen in bestimmten Situationen keine andere Möglichkeit als die Ablehnung. Im so genannten politischen Realismus ist für die Ablehnung kein Platz, weil die Gegenwart als etwas Vergängliches angesehen wird; Ablehnung ist nur möglich, wenn der Mensch von der Gegenwart seine Existenz als einen absoluten Wert fordert, denn dann muss er absolut alles zurückweisen, was diesen Wert leugnen würde. Mehr oder weniger bewusst verurteilt man heute im Namen einer solchen Moralauffassung einen Beamten, der im Krieg einen Kommunisten auslieferte, um das Leben von zehn Geiseln zu retten, und mit ihm verurteilt man alle Leute und Anhänger der Vichy-Regierung, die »den Umständen Rechnung tragen« wollten: man durfte nicht die Gegenwart, wie sie durch die deutsche Besatzung aufgezwungen war, vernünftig »bewältigen« wollen, sondern musste sie absolut ablehnen. Die Widerstandsbewegung erhob nicht den Anspruch auf positive

Wirksamkeit; sie war Verneinung, Auflehnung, Martyrium, und in dieser negativen Bewegung fand die Freiheit ihre positive, absolute Bestätigung.
In gewisser Hinsicht fällt es leicht, eine negative Haltung einzunehmen: das abgelehnte Objekt ist unzweideutig gegeben, und damit liegt eindeutig die Ablehnung fest, durch die man sich ihm entgegenstellt. So waren alle antifaschistischen Franzosen während der Besatzungszeit durch ihren gemeinsamen Widerstand gegen einen einzigen Unterdrücker geeint. Dagegen trifft die Rückkehr zum Positiven auf viele Schwierigkeiten, wie man in Frankreich gesehen hat, wo mit dem Wiedererstehen der Parteien auch wieder die Spaltungen und der Hass in Erscheinung traten. Im Augenblick der Ablehnung ist die Widersprüchlichkeit der Tätigkeit aufgehoben, Mittel und Ziel werden eins; die Freiheit setzt sich unmittelbar selbst als Ziel, und indem sie dies tut, wird sie wirklich. Aber sobald die Freiheit wieder Ziele aufstellt, die in ferner Zukunft liegen, taucht die Widersprüchlichkeit erneut auf; dann bieten sich, bedingt durch den Widerstand des Gegebenen, unterschiedliche Mittel an, und manche erweisen sich sogar als den Zielen widersprechend. Sehr oft schon hat man festgestellt, dass nur die Auflehnung rein ist. Jede aufbauende Tätigkeit bringt den Skandal der Diktatur, der Gewalt mit sich. Dies ist eines der Themen von Koestlers *Spartakus*. Wer, wie dieser symbolische Spartakus, nicht vor dem Skandal zurückschrecken und in Ohnmacht versinken will, flüchtet gewöhnlich in die Werte der Ernsthaftigkeit. Deshalb ist, beim Einzelnen wie bei den Gemeinschaften, das negative Moment das echteste. Goethe, Barrès, Aragon brachen in ihrer romantischen Jugendzeit geringschätzig oder aufrührerisch mit den überholten Konformismen und erschlossen damit die Möglichkeit zu einer echten, wenn auch unvollständigen Befreiung; aber später wurde Goethe zum Staatsdiener, Barrès zum Diener des Nationalismus und Aragon zum Diener des stalinistischen Konformismus. Man weiß auch, dass der christliche Geist, der Ablehnung des toten Gesetzes und durch den Glauben und die Liebe eine subjektive Beziehung des Einzelnen zu Gott bedeutete, durch den Geist der Ernsthaftigkeit der katholischen Kirche abgelöst wurde. Die Reformation war eine Auflehnung der Subjektivität, aber der Protestantismus verwandelte sich dann seinerseits in einen objektiven Moralismus, in dem die Ernsthaftigkeit der Werke an die Stelle der Ruhelosigkeit des Geistes trat. Auch der revolutionäre Humanismus akzeptiert nur selten die mit der Befreiung verbundene immerwährende Spannung: er schuf eine regelrechte Religion, in der man durch den Eintritt in die Partei sein Heil erkaufen kann, wie man es in anderen Religionen durch die Taufe und den Ablass erkauft. Wir haben jedoch gesehen, dass dieser Rückgriff auf die Ernsthaftigkeit eine Lüge ist, denn er hat zur Folge, dass der Mensch dem

Ding und die Freiheit der »Sache« geopfert wird. Die Rückkehr zum Positiven ist nur dann echt, wenn die Negativität mit einbezogen ist, wenn die Widersprüchlichkeit zwischen Mittel und Ziel, Gegenwart und Zukunft nicht vertuscht, sondern als ständige Spannung gelebt wird. Vor dem Skandal der Gewalt darf man weder zurückschrecken noch ihn leugnen oder – was auf das Gleiche hinausläuft – ihn leichtfertig hinnehmen. Kierkegaard hat gesagt, dass der Gegensatz zwischen dem Pharisäer und dem wirklich sittlichen Menschen darin besteht, dass der erste in seiner Angst ein sicheres Unterpfand für seine Tugendhaftigkeit sieht; da er sich fragt: Bin ich Abraham?, schließt er: Ich bin Abraham. Aber nur der Schmerz einer nie endenden Selbstbefragung ist echte Sittlichkeit. Das Problem, mit dem wir es zu tun haben, ist nicht das gleiche wie bei Kierkegaard: wir wollen wissen, ob unter den gegebenen Umständen Isaak getötet werden soll oder nicht. Ferner unterscheidet sich nach unserer Auffassung der Tyrann vom Menschen guten Willens dadurch, dass der erste sich seiner Ziele sicher ist und in dieser Gewissheit Ruhe findet, während der zweite sich unablässig fragt: Arbeite ich tatsächlich auf die Befreiung der Menschen hin? Wird dieses Ziel nicht durch die Opfer, durch die ich es anstrebe, in Frage gestellt? Wenn die Freiheit sich ihre Ziele setzt, muss sie diese gleichsam in Klammern setzen, muss sie die Ziele in jedem Augenblick dem absoluten Ziel (das sie, die Freiheit selbst ist) gegenüberstellen, muss sie in ihrem eigenen Namen die Mittel in Frage stellen, die sie einsetzt, um sich selbst zu erlangen.

Man wird vielleicht einwenden, dass diese Überlegungen reichlich abstrakt sind. Was ist praktisch zu tun? Welches Handeln ist gut, welches schlecht? Wer eine solche Frage stellt, verfällt seinerseits in eine naive Abstraktion. Man fragt ja auch nicht den Wissenschaftler: Welche Hypothesen sind wahr?, und den Künstler: Nach welchen Verfahren schafft man ein Werk, das garantiert schön ist? Rezepte liefert die Morallehre ebenso wenig wie die Wissenschaft oder die Kunst. Man kann lediglich bestimmte Methoden vorschlagen. In der Wissenschaft ist das Grundproblem die Übereinstimmung zwischen der Idee und ihrem Inhalt, zwischen dem wissenschaftlichen Gesetz und den Tatsachen. Der Logiker stellt fest, dass, wenn der Druck des Gegebenen den zu seinem Verständnis aufgestellten Begriff sprengt, man sich eben entschließen muss, einen anderen Begriff einzuführen; wann aber dies geschieht, kann er ebenso wenig vorhersehen wie den neuen Begriff selbst. Entsprechend kann man sagen, dass man, wenn der Inhalt eines Tuns seinem Sinn entgegengesetzt ist, nicht den Sinn verändern darf, der ja absolut gewollt ist, sondern den Inhalt abwandeln muss. Indessen lässt sich über die Beziehung zwischen Sinn und Inhalt eine abstrakte, allgemeine Entscheidung nicht treffen; es bedarf in jedem einzelnen Fall eines Versuchs und einer Entscheidung. Wie aber der Physiker, ohne von solchen Überlegungen eine fix und fertige Lösung zu erwarten, es für nützlich hält, über die Bedingungen der wissenschaftlichen Erfindung nachzudenken, und der Künstler über die Bedingungen der künstlerischen Schöpfung nachdenkt, so ist es für den Menschen des Handelns nützlich, sich Gedanken zu machen, unter welchen Bedingungen seine Handlungen gültig sind.

Das Wohl eines Menschen oder einer Gruppe von Menschen ist es wert, als absolutes Ziel unseres Handelns gesetzt zu werden; wir haben jedoch nicht das Recht, a priori über dieses Wohl zu entscheiden. Eigentlich sind wir a priori niemals zu einer bestimmten Verhaltensweise berechtigt, und somit ist es eine der konkreten Folgerungen aus der existenzialistischen Ethik, jede vorgängige Rechtfertigung, die sich aus der Zivilisation, dem Alter oder der Kultur ableiten lässt, zu verwerfen. Damit wird jedes Autoritätsprinzip verworfen. Positiv lautet die Vorschrift, dass man den anderen als Freiheit zu betrachten hat, die auf sich selbst hinzielt (wir befassen uns hier nur mit dem Fall, dass der andere allein betroffen ist). Wenn man nach dieser Richtschnur handelt, muss man in jedem Einzelfall das Wagnis auf sich nehmen, eine einmalige Lösung zu finden. Aus Liebeskummer nimmt ein junges Mädchen eine Überdosis Schlaftabletten; sie wird am nächsten Morgen, mit dem Tod ringend, von Freunden aufgefunden, die einen Arzt rufen, sodass sie gerettet wird; später heiratet sie und wird glücklich: ihre Freunde haben recht daran getan, ihren Selbstmordversuch als unüberlegte, leichtfertige Handlung zu betrachten und ihr die Möglichkeit zu geben, diese Handlung frei abzulehnen oder zu wiederholen. Hingegen sieht man in den Nervenheilanstalten Gemütskranke, die zwanzigmal versucht haben, ihrem Leben ein Ende zu setzen, die ihre Freiheit dazu verwenden, eine Möglichkeit zu suchen, ihren Wärtern zu entfliehen und mit ihren unerträglichen Ängsten Schluss zu machen; der Arzt, der ihnen freundschaftlich auf die Schulter klopft, ist ihr Folterknecht, ihr Tyrann. Ein dem Alkohol oder dem Rauschgift verfallener Freund bittet mich um Geld, damit er sich das für ihn lebensnotwendige Gift verschaffen kann. Ich ermahne ihn zur Umkehr, führe ihn zu einem Arzt, versuche, ihm leben zu helfen. Wenn Aussicht besteht, dass ich ihn retten kann, dann handle ich richtig, wenn ich ihm das erbetene Geld nicht gebe. Wenn es mir aber die Umstände unmöglich machen, auf irgendeine Weise die Lage zu verändern, in der er sich abquält, dann kann ich nur seinem Wunsch willfahren; wenn ihm sein Gift für einige Stunden vorenthalten wird, werden seine Qualen nur noch schlimmer, und möglicherweise greift er dann zu extremen Maßnahmen, um sich das zu verschaffen, was ich ihm nicht gebe. Mit diesem Problem hat sich Ibsen in der *Wildente* befasst. Ein Mensch lebt

in einer auf Lüge aufgebauten Situation, lebt durch seine »Lebenslüge«. Nun bedeutet aber die Lüge Gewalt, Tyrannei: soll ich die Wahrheit sagen, um das Opfer zu befreien? Zuerst müsste eine Situation geschaffen werden, in der die Wahrheit erträglich ist, in der der betrogene Mensch auch dann noch Grund zur Hoffnung hat, wenn er seiner Illusionen beraubt wird. Das Problem wird dadurch kompliziert, dass die Freiheit eines Menschen fast immer mit der Freiheit anderer Menschen verkettet ist. Beispielsweise besteht ein Ehepaar hartnäckig darauf, in einer Elendsbehausung zu leben. Wenn es nicht gelingt, in diesen Menschen den Wunsch zu wecken, in einer gesünderen Wohnung zu leben, muss man sie tun lassen, was sie wollen. Verändert ist die Situation dann, wenn Kinder da sind: die Freiheit der Eltern würde ihren Kindern zum Verderben gereichen, und da Zukunft und Freiheit auf Seiten der Kinder stehen, muss in erster Linie auf diese Rücksicht genommen werden. Wir haben es also fast stets mit einer Vielzahl von Menschen zu tun, und dadurch werden neue Probleme aufgeworfen.
Zuerst einmal könnte man sich fragen, für wen eigentlich wir die Freiheit, das Glück wollen. So gestellt, ist die Frage abstrakt, und dementsprechend wird die Antwort willkürlich sein; Willkür ist aber stets mit Skandal verbunden. Wenn eine Frau, die sich wohltätigen Aufgaben verschreibt, so leicht zur Zielscheibe des Hasses wird, so ist das keineswegs allein ihre Schuld: da sie nur beschränkt über ihre Zeit und ihre Mittel verfügen kann und daher zögert, ehe sie diesen oder jenen damit beschenkt, erscheint sie in den Augen der anderen als reine Außenweltlichkeit, als blinde Faktizität. Im Gegensatz zur formellen Strenge der Kantischen Morallehre, für die eine Handlung um so verdienstvoller ist, je abstrakter sie ist, sind wir der Auffassung, dass die Freigebigkeit um so begründeter und damit um so echter ist, je weniger sich der andere von uns unterscheidet und je mehr wir damit, indem wir ihn zum Ziel erwählen, uns selbst verwirklichen. Dies ist der Fall, wenn ich dem anderen verpflichtet bin. Die Stoiker lehnten die familiären, freundschaftlichen und nationalen Bindungen ab; für sie gab es nur die allgemeine Gestalt des Menschen. Aber der Mensch ist Mensch durch bestimmte Situationen; das Allgemeine ist nicht der Mensch, sondern die Tatsache, dass jede dieser Situationen einmalig ist. Manche Menschen erwarten von ganz bestimmten Mitmenschen Hilfe, und durch diese Erwartung werden dem Handeln zu bevorzugende Bahnen vorgezeichnet. So soll der Schwarze für den Schwarzen kämpfen, der Jude für den Juden, der Proletarier für den Proletarier, der Spanier für Spanien. Allerdings darf das Eintreten für diese ganz bestimmten Solidaritäten nicht einer angestrebten universellen Solidarität zuwiderlaufen: jedes begrenzte Unternehmen muss auf die Gesamtheit der Menschen hin offen sein.

Ist eine solche Morallehre eine individualistische Ethik? Wenn man unter Individualismus eine Einstellung versteht, die dem Menschen einen absoluten Wert beimisst und ihm allein die Macht zuerkennt, seine Existenz zu begründen, dann ist die existenzialistische Ethik individualistisch. Sie ist ebenso individualistisch, wie die Weisheit der Antike, die christliche Heilslehre, das Kantische Tugendideal diese Bezeichnung verdienen; sie steht im Gegensatz zu den totalitären Doktrinen, die über den Menschen das Trugbild der Menschheit stellen. Sie ist jedoch kein Solipsismus, denn nach Ansicht des Existenzialismus verwirklicht sich der Mensch nur durch seine Beziehungen zur Welt und zu seinen Mitmenschen, existiert er nur, indem er sich transzendiert, und nur durch die Freiheit der anderen kann seine Freiheit wirklich werden. Er rechtfertigt sein Dasein durch eine Bewegung, die wie das Dasein selbst in ihm ihren Ursprung hat, aber außerhalb seiner endet.

Ein solcher Individualismus führt jedoch nicht zur Anarchie der Willkür. Der Mensch ist frei, aber in seiner Freiheit findet er sein Gesetz. Zunächst einmal muss er die Freiheit auf sich nehmen, darf ihr nicht entfliehen wollen. Er nimmt sie auf sich, indem er konstruktiv tätig wird – man existiert nicht, ohne zu schaffen –, aber auch durch ein negatives Verhalten: er lehnt die Unterdrückung für sich und für seine Mitmenschen ab. In beiden Fällen geht es darum, der zufälligen Geworfenheit des Daseins die Freiheit abzuringen, das heißt, die Gegebenheit, die zunächst grundlos *da ist*, als vom Menschen gewollt neu zu erfassen. Eine solche Eroberung ist niemals abgeschlossen. Die Zufälligkeit bleibt bestehen, und um seinen Willen zu bestätigen, ist der Mensch sogar gezwungen, den Skandal dessen, was er nicht will, in der Welt erscheinen zu lassen. Aber dieses partielle Scheitern ist eine Bedingung des Lebens; man kann sich eine Aufhebung dieses Scheiterns nicht vorstellen, ohne gleichzeitig an den Tod zu denken. Das bedeutet nicht, dass man mit dem Scheitern einverstanden sein muss, sondern man muss vielmehr bereit sein, ohne Unterlass dagegen anzukämpfen.

Aber ist dieser Kampf ohne Sieg nicht eine bloße Selbsttäuschung? Manche Menschen werden behaupten, dass es sich hier nur um einen Trug der Transzendenz handle, die sich ein Ziel vorsetzt, das unaufhörlich in die Ferne rückt, die also gleichsam in einem endlosen Auf-der-Stelle-Treten sich selbst nachläuft. Existieren bedeute für die Menschheit auf der Stelle bleiben, und sie betrüge sich nur selbst, indem sie dieses wilde Stagnieren als Fortschritt bezeichne. Unsere ganze Moral bestärke die Menschen bloß in diesem verlogenen Unternehmen, fordere sie doch von jedem, für alle Menschen das Dasein als Wert zu bejahen. Schafft diese Moral zwischen den Menschen nicht lediglich eine Gemeinschaftlichkeit, die es ihnen erlaubt, an die Stelle der gegebenen Welt ein System von Illusionen zu setzen?

Wir haben bereits versucht, diesen Einwand zu widerlegen. Er lässt sich nur dann vorbringen, wenn man sich auf den Standpunkt einer nichtmenschlichen und infolgedessen unechten Objektivität stellt. Die Menschen innerhalb der Menschheit kann man betrügen, das Wort »Lüge« hat einen Sinn nur als Gegensatz zu der von den Menschen selbst festgelegten Wahrheit; indessen lässt sich nicht die ganze Menschheit betrügen, da sie es ist, die die Kriterien »wahr« und »falsch« schafft. Bei Platon ist die Kunst ein Betrug, weil es den Himmel der Ideen gibt; aber auf der Erde ist jede Verherrlichung dieser Erde wahr, sobald sie wirklich ist. Wenn die Menschen den Worten, den Formen, den Farben, den mathematischen Lehrsätzen, den physikalischen Gesetzen, den sportlichen Leistungen, dem Heldentum Wert beimessen, wenn sie sich gegenseitig in der Liebe, der Freundschaft Wert beilegen, dann *haben* die Dinge, die Geschehnisse, die Menschen diesen Wert, und sie haben ihn absolut. Natürlich kann ein Mensch sich weigern, irgend etwas auf der Erde zu lieben; er beweist und vollendet diese Weigerung durch den Selbstmord. Wenn ein Mensch jedoch lebt, dann bleibt er, was er auch sagen mag, dem Dasein doch noch irgendwie verhaftet; die Art dieser Verhaftung entscheidet über die Art seines Lebens, und dieses ist insofern gerechtfertigt, als es eine echte Rechtfertigung der Welt darstellt.

Diese Rechtfertigung wird stets endlich sein, wenngleich in Raum und Zeit auf die ganze Welt hin offen. Was man auch tun mag, man wird stets nur etwas erschaffen, das ebenso begrenzt ist wie das Dasein selbst, das sich durch dieses Geschaffene zu begründen versucht und das seinerseits durch den Tod begrenzt ist. Diese Bejahung unserer Endlichkeit verleiht zweifellos der von uns im Vorstehenden skizzierten Morallehre ihre Strenge, die in mancher Augen als Trostlosigkeit erscheinen wird. In der Tat, wenn man ein System nur theoretisch und abstrakt betrachtet, stellt man sich auf die Ebene des Universellen, also des Unendlichen. Deshalb ist es so tröstlich, die Schriften über das Hegelsche System zu lesen: ich erinnere mich, dass ein tiefer Frieden sich in mir ausbreitete, als ich im August 1940 im unpersönlichen Rahmen der Pariser Nationalbibliothek die Schriften Hegels las. Aber sobald ich wieder auf der Straße stand, wieder mein Leben zu leben hatte, außerhalb des Systems unter einem wirklichen Himmel war, nützte mir das System nichts mehr: im Gewande des Unendlichen hatte mir Hegel die Tröstungen des Todes geboten, aber ich wollte noch leben, leben inmitten lebendiger Menschen. Hingegen glaube ich, dass der Existenzialismus dem Leser die Tröstungen einer Flucht ins Abstrakte nicht gewährt: der Existenzialismus tritt für keine Flucht ein. Im Gegenteil: man erfährt die existenzialistische Ethik in der Wirklichkeit des Lebens, und dort erscheint sie als die einzige Möglichkeit zum Heil, die man einem Menschen aufzeigen kann. Der Existenzialismus greift Descartes' Auflehnung gegen den bösen Geist, den Stolz des denkenden Schilfrohrs angesichts des Universums, von dem es erdrückt wird, wieder auf, er behauptet, dass es jedem Menschen trotz seiner Begrenzungen und durch seine Begrenzungen zukommt, sein Dasein als etwas Absolutes zu verwirklichen. Trotz der schwindelerregenden Größe der uns umgebenden Welt, trotz der Last unserer Unwissenheit, trotz der Risiken zukünftiger Katastrophen und unserer eigenen Schwäche innerhalb der riesigen Gesamtheit bleibt die Tatsache bestehen, dass wir heute und immerdar frei sind, wenn wir uns dafür entscheiden, unser Dasein in seiner auf das Unendliche hin offenen Endlichkeit zu wollen. Jeder Mensch, der einmal wirklich geliebt, sich wirklich aufgelehnt, wirklich gewünscht, wirklich gewollt hat, weiß ganz genau, dass man, um seiner Ziele sicher zu sein, keiner Garantie von außen bedarf; der eigene Schwung auf diese Ziele hin schafft die Gewissheit. Ein sehr altes Sprichwort lautet: »Tu, was du sollst, mag kommen, was will.« Dadurch wird mit anderen Worten gesagt, dass das Ergebnis des Tuns nicht außerhalb des guten Willens liegt, der dadurch wirklich wird, dass er dieses Ergebnis anstrebt. Wenn jeder Mensch das täte, was er soll, dann wäre das Dasein eines jeden gerechtfertigt, ohne dass man von einem Paradies träumen müsste, in dem alle Menschen im Tod ausgesöhnt wären.

Mein Vater wiederholte oft, man müsse Ideale haben, und obwohl er die Italiener nicht leiden konnte, beneidete er sie doch, weil Mussolini sie mit solchen versorgte: mir indessen versuchte er keines zu bieten. So weit aber gingen auch meine Ansprüche ihm gegenüber nicht. In Anbetracht seines Alters und der Lage, in der er sich befand, fand ich seine Haltung normal, ich hätte mir nur gewünscht, dass er auch die meine achtete. Über viele Punkte – den Völkerbund, den Linksblock, den Krieg in Marokko – hatte ich gar keine Meinung und stimmte allem bei, was er mir darüber sagte. Unsere Meinungsverschiedenheiten kamen mir derart harmlos vor, dass ich zunächst nichts unternahm, um sie zu vermindern.
/.../
Meine Kindheit, meine Jugend hatten sich ohne Störung vollzogen. Von einem Jahr zum anderen hielt ich an meiner Einheit fest. Jetzt schien es mir mit einem Mal, dass ein entscheidender Bruch in meinem Dasein stattgefunden habe. Ich erinnerte mich an den Cours Désir, an den Abbé, an meine Kameradinnen, aber ich vermochte mich nicht mehr in die gelassen Lernende zurückzuversetzen, die ich vor einigen Monaten noch gewesen war: Jetzt interessierte ich mich für meine Seelenzustände weit mehr als für die Außenwelt. Ich begann ein Tagebuch zu führen; ich setzte ihm die Worte voran: »Wenn irgend jemand diese Seiten liest, verzeihe ich es ihm nie. Er würde eine hässliche, schlechte Tat begehen!« Ich trug in dieses Buch Stellen aus meinen Lieblingsbüchern ein, ich richtete Fragen an mich selbst, ich analysierte mich und gratulierte mir zu der Wandlung, die sich in mir vollzogen hatte. Worin bestand sie eigentlich? Mein Tagebuch erklärt sie nur mangelhaft. Ich übergehe dort viele Dinge mit Schweigen, es fehlte mir wohl auch an Abstand dazu. Doch wenn ich es wieder lese, springen mir trotzdem ein paar Tatsachen in die Augen.
»Ich bin allein. Man ist immer allein. Ich werde immer allein sein.« Dieses Leitmotiv zieht sich durch das ganze Heft. Niemals hatte ich das gedacht. »Ich bin anders«, hatte ich mir zuweilen wohl nicht ohne Stolz gesagt. Aber ich sah in meiner Verschiedenheit von den anderen das Unterpfand einer Überlegenheit, die eines Tages die ganze Welt anerkennen würde. Ich hatte nichts von einer Empörerin. Ich wollte es zu etwas bringen, etwas tun, den mit meiner Geburt eingeleiteten Aufstieg bis ins Unendliche fortzuführen suchen. Ich musste also die ausge-

fahrenen Bahnen, die abgenutzten Gewohnheiten überwinden, aber ich hielt für möglich, die bürgerliche Mittelmäßigkeit hinter mir zu lassen, ohne mich von der bürgerlichen Gesinnung selbst zu trennen. Die Verehrung der Bourgeoisie für universale Werte war, so glaubte ich damals, ehrlich. Ich hielt mich für autorisiert, Traditionen, Gewohnheiten, Vorurteile, alle privaten Vorbehalte zum Besten der Vernunft, des Schönen, des Fortschritts zu liquidieren. Wenn es mir gelänge, ein Dasein, ein Werk zu gestalten, das der Menschheit Ehre machte, würde man mir dazu gratulieren, dass ich den Konformismus mit Füßen getreten hatte. Wie Mademoiselle Zanta würde man mich akzeptieren, mir Bewunderung zollen. Jäh entdeckte ich, dass ich damit einer Täuschung erlegen war: Weit davon entfernt, mich zu bewundern, akzeptierte man mich nicht einmal. Anstatt mir Kränze zu winden, tat man mich in Acht und Bann. Angst erfasste mich, denn es wurde mir klar, dass man mehr noch als meine gegenwärtige Haltung in mir die Zukunft missbilligte, die ich als Ziel vor mir sah. Diese Art von Ostrazismus aber würde nie enden. Ich stellte mir nicht vor, dass es von den meinen grundverschiedene Kreise gab. Einige Individuen hoben sich hier und da aus der Masse heraus, aber ich hatte wenig Aussicht, einem davon zu begegnen. Selbst wenn ich eine oder zwei Freundschaften schloss, würden sie mich dennoch über die Ächtung nicht trösten, unter der ich jetzt schon litt. Ich war immer verwöhnt, umhegt und beachtet worden. Ich liebte es, dass man mich liebte. Die Härte meines Geschicks erschreckte mich.

Besonders durch meinen Vater wurde sie mir kundgetan. Ich hatte auf seine Unterstützung, seine Sympathie, seine Billigung gezählt und wurde aufs Tiefste enttäuscht, denn er versagte sie mir! Eine Kluft lag zwischen meinen ehrgeizigen Perspektiven und seiner morosen Skepsis. Seine Moral drang auf Achtung vor den bestehenden Institutionen; die Einzelwesen hatten seiner Meinung nach nichts anderes zu tun auf Erden, als Verdruss zu vermeiden und so gut wie möglich ihr Dasein zu genießen.

Unsere Meinungsverschiedenheiten spitzten sich zusehends zu; hätte sich mein Vater etwas toleranter gezeigt, wäre ich in der Lage gewesen, ihn so zu nehmen, wie er war; ich aber war noch nichts, traf jedoch Entscheidungen darüber, was ich werden wollte: es kam ihm vor, als ob ich dadurch, dass ich mir Meinungen und Geschmacksneigungen, die den seinen zuwiderliefen, zu eigen machte, ihn ausdrücklich verleugnete. Andererseits erkannte er sehr viel deutlicher als ich, in welche Richtung ich mich treiben ließ. Ich lehnte die Hierarchien, die Werte, die Zeremonien ab, durch welche die Elite sich auszeichnete: ich selbst war der Meinung, dass meine Kritik einzig darauf gerichtet sei, sie von eiteln Überlebtheiten zu befreien, tatsächlich aber zielte sie auf ihre Entthronung. Nur das Einzelwesen kam mir wirklich und wichtig vor, zwangsläufig aber würde ich dazu kommen, der Gesellschaft in ihrer Gesamtheit vor meiner Klasse den Vorrang einzuräumen. Alles in allem war ich diejenige, die die Feindseligkeiten eröffnet hatte, doch ich wusste es nicht; ich begriff nicht, weshalb mein Vater und meine gesamte Umgebung mir ablehnend gegenüberstanden. Ich war in eine Falle gegangen: die Bourgeoisie hatte mir die Überzeugung beigebracht, ihre Interessen seien mit denen der Menschheit identisch; ich glaubte im Zusammengehen mit ihr zu Wahrheiten gelangen zu können, die für alle galten: kaum aber näherte ich mich diesen, so stellte sie sich gegen mich. Ich fühlte mich schmerzlich bestürzt und verstört. Wer hatte mich in die Irre geleitet? Warum? Und mit welchen Mitteln? Jedenfalls war ich das Opfer einer Ungerechtigkeit, und allmählich wandelte sich mein Groll in offene Rebellion.

Niemand nahm mich so, wie ich war, niemand liebte mich: ich selbst werde mich genügend lieben, beschloss ich, um diese Verlassenheit wieder auszugleichen. Früher fühlte ich mich zwar im Einklang mit mir, doch ich war wenig darum bemüht, mich selber kennen zu lernen; jetzt war ich darauf aus, mich zu spalten, mich von außen zu sehen. Ich erforschte mich: in meinem Tagebuch unterhielt ich mich mit mir selbst. Ich trat in eine Welt ein, deren Neuheit mich überwältigte. Ich lernte, wodurch innere Not sich von Melancholie unterscheidet, und was Verdorren von Abgeklärtheit trennt; ich lernte das Zagen des Herzens kennen, seine Entzückungen, den Glanz der großen Verzichte und die unterirdisch raunende Stimme der Hoffnung. Ich genoss noch einmal einen Rausch wie an jenen Abenden, an denen ich hinter den blauen Hügeln den verfließenden Himmel betrachtete; ich war die Landschaft und der Blick, ich existierte nur durch mich und für mich. Ich beglückwünschte mich zu einem Exil, das mich so hohen Freuden entgegengetrieben hatte; ich verachtete diejenigen, die von ihnen nichts wussten, und staunte, dass ich so lange ohne sie hatte leben können.

Indessen beharrte ich bei meinem Vorsatz zu dienen. Gegen Renan wendete ich in meinem Tagebuch ein, dass auch der große Mensch nicht ein Zweck an sich ist: er erhält seine Daseinsberechtigung nur dadurch, dass er beiträgt, das geistige und moralische Niveau der Menschheit im Ganzen zu heben. Der Katholizismus hatte mir die Überzeugung eingeimpft, dass man kein Einzelwesen, und wäre es noch so elend, übersehen darf: alle hatten das gleiche Recht, das, was ich ihre ewige Essenz nannte, zu verwirklichen. Mein Weg war klar vorgezeichnet: mich vervollkommnen, mich innerlich bereichern und mich in einem Werk ausdrücken, das den anderen zu leben helfen würde.

Biografie II **»Man kommt nicht als Frau zur Welt, man wird es«**
(1946 – 1949)

Ende der 40er Jahre hat der Kalte Krieg auch die Intellektuellen erreicht. Frankreich ist in zwei große politische Lager geteilt. Es ist eine schwierige Zeit der Hoffnungen und Enttäuschungen, wie Beauvoir im *Lauf der Dinge* feststellt – so empfindet sie den »Zusammenbruch der Résistance« als »persönliche Niederlage«, als »siegreiche Wiederkehr des bürgerlichen Regimes«.

Die Schriftstellerin Beauvoir will nun die Welt »gründlich kennen lernen« – sie reist leidenschaftlich gerne und ist beseelt von dem Wunsch, die Welt in ihren eigenen Worten zu beschreiben. Als Kulturbotschafterin Frankreichs unternimmt sie zahlreiche Reisen nach Portugal, Tunesien und in die Schweiz. Von Januar bis Mai 1947 hält sie sich anlässlich einer Vortragsreise in den USA auf. Dort verliebt sie sich in den amerikanischen Schriftsteller Nelson Algren und reist mit ihm in den darauf folgenden Jahren durch die USA und Mexiko. Beauvoir schafft den Spagat, Liebe und Freiheit miteinander zu vereinbaren – die intensive Liebesbeziehung zu Algren dauert bis 1951, ihre außergewöhnliche Beziehung zu Sartre wird dennoch nicht in Frage gestellt. Sie fühlt sich »begabt für das Glück«.

Zu den USA hat Beauvoir ambivalente Gefühle: Kunstszene, Jazz, Literatur und Film faszinieren sie, auf den Antikommunismus der McCarthy-Ära reagiert sie mit Entsetzen. Ihre Eindrücke verarbeitet sie in dem Buch *Amerika – Tag und Nacht* (1948): eine Reisereportage, die auf der Grundlage ihres Tagebuchs entsteht.

Parallel dazu arbeitet sie an ihrem Buch *Das andere Geschlecht*. Als sie im Oktober 1946 mit der Niederschrift beginnt, ist sie vierzig Jahre alt. Auslösendes Moment ist ein Gespräch mit Sartre über das Thema »Was ist eine Frau?«. »Ich überlegte mir, dass die erste Frage lauten müsste: Was hat es für mich bedeutet, eine Frau zu sein? Anfänglich hatte ich geglaubt, schnell damit fertig zu werden. Ich hatte nie an Minderwertigkeitskomplexen gelitten, niemand hatte zu mir gesagt: ›Sie denken so, weil Sie eine Frau sind …‹ Dass ich eine Frau bin, hat mich in keiner Weise behindert. ›Für mich‹, sagte ich zu Sartre, ›hat das sozusagen keine Rolle gespielt.‹ ›Trotzdem sind Sie nicht so erzogen worden wie ein Junge: Das muss man genauer untersuchen.‹ Ich untersuchte es genauer und machte eine Entdeckung: Diese Welt ist eine Männerwelt, meine Jugend wurde mit Mythen gespeist, die von Männern erfunden worden waren, und ich hatte keineswegs so darauf reagiert, als wenn ich ein Junge gewesen wäre.«[1]

⑥ ⑧

Noch ist das Konzept für die »mutige Pionierarbeit« unklar, denn Simone de Beauvoir hat sich bisher nicht mit Frauenfragen, mit der Geschichte von Frauenkämpfen oder mit feministischen Strömungen beschäftigt – die unzureichende Darstellung der Frauenbewegung in Vergangenheit und Gegenwart ist denn auch eine Schwäche des Buchs. Beauvoir fängt sozusagen bei Null an und entdeckt erst einmal die Brisanz der Fragestellung. In ihrer Autobiografie *In den besten Jahren* bemerkt sie später, dass die eigenen Probleme in ihren Augen von bloß individueller und nicht genereller Bedeutung waren: »In vielen Dingen war mir klar geworden, wie sehr ich vor dem Krieg aus meiner abstrakten Einstellung heraus gesündigt hatte. Jetzt wusste ich, dass es nicht gleichgültig war, ob man Jude oder Arier ist. Aber ich war noch nicht auf die Idee gekommen, dass es Frausein gibt. Plötzlich kam ich mit vielen Frauen zusammen, die die Vierzig überschritten hatten und die bei aller Verschiedenartigkeit ihrer Voraussetzungen und Verdienste doch die gleiche Erfahrung gemacht hatten: ein Leben als ›relatives‹ Wesen.«[2]

Erst allmählich wird Beauvoir sich der Probleme bewusst, mit denen die meisten Frauen konfrontiert sind, doch dann geht sie mit Gründlichkeit und Leidenschaft ans Werk. Sie beschäftigt sich zwei Jahre mit dem Text und arbeitet die gesamte bereits erschienene Literatur durch, ob Psychologie, Marxismus oder Biologie. Nur eine einzige Unterbrechung erlaubt sie sich: ihre bereits erwähnte Reise in die Vereinigten Staaten. Am 2. Dezember 1947 bemerkt sie in einem Brief an Nelson Algren, sie möchte gern ein ebenso wichtiges Buch schreiben wie das von Myrdal über die Schwarzen: »Myrdal weist auf sehr interessante Analogien zwischen dem Status der Neger und dem der Frauen hin – ich hatte das bereits geahnt.«[3]

In den ersten Wochen nach ihrer Rückkehr aus Amerika leidet sie zunächst unter Depressionen. Nelson Algren hat ihre geordnete Welt ziemlich durcheinandergewirbelt – was sie nicht daran hindert, gleich mehrere Projekte zu verfolgen: Sie vollendet ihr Manuskript *Amerika – Tag und Nacht*, bearbeitet nebenbei Sartres Theaterstück *Die schmutzigen Hände* und entwirft außerdem bereits das Konzept für die *Mandarins von Paris*, einen Roman über die Intellektuellenszene der Nachkriegszeit. Vor allem aber geht Beauvoir ganz in ihrer Arbeit für *Das andere Geschlecht* auf, für das sie aufwändige Recherchen und eine akribische Materialsammlung betreibt – mal begeistert, mal des Buchs überdrüssig und so kaputt, dass sie Aufputschmittel nimmt. In einem Gespräch mit ihrer Biografin Deirdre Bair erzählt sie 1985, welche Spuren die Strapazen der Arbeit bei ihr hinterließen: »Eines Tages blickte ich in den Spiegel, ich sah furchtbar aus. Die Augen waren gerötet vor Anstrengung. Im Gesicht hatte ich Pickel wie seit der Pubertät nicht mehr ... Ich war dick, mein Bauch war vom vielen Alkohol, den Tabletten und der schlechten Ernährung aufgebläht. Tja, sagte ich mir, dieses Buch bringt mich um.«[4]

Die Briefe an Algren spiegeln ihre Stimmungen wider: »Mein Leben ist zur Zeit sehr maßvoll. Ich gehe jeden Morgen für etwa vier Stunden in die Bibliothèque Nationale, dann esse ich mit Freunden zu Mittag, nachmittags arbeite ich in Sartres Arbeitszimmer, wir essen in irgendeinem Restaurant zu Abend und trinken einen Scotch mit Soda in einer Bar. Ich gehe um Mitternacht schlafen, und alles beginnt wieder von vorne« (13. Januar 1948). Am 20. Januar 1948 heißt es, sie habe »ein paar seltsame Bücher gelesen. Diese australischen, indianischen und afrikanischen Stämme haben wirklich komische Verhaltensweisen gegenüber Frauen.« Am 26. Juli 1948: »Für mein Buch frage ich alle Frauen, die ich treffe, nach ihrer Geschichte.« Und am 3. August 1948: »Es ist ein dickes Buch, an dem ich schreibe, ich brauche noch ein ganzes Jahr, wenigstens, ich möchte, dass es wirklich gut ist, dass Sie stolz auf Ihre Frau sind.« Und am 8. November 1948 meint sie trocken: »Habe ... die Romane von Lawrence noch einmal gelesen. Ziemlich öde: immer dieselbe Sex-Story, die Frau, die von einem Geliebten, der Lawrence selbst ähnelt, unterwürfig gemacht wird, muss ihr eigenes Ich auslöschen, damit beide glücklich sein können.«[5]

Warum wählt Beauvoir den Titel *Le Deuxième Sexe* – wörtlich *Das zweite Geschlecht* – und nicht *Das andere Geschlecht* wie in der deutschen Übersetzung? Der Titel entsteht 1948 in der Falstaff-Bar: »Eines Abends hatten Sartre, Bost und ich in meinem Zimmer stundenlang mit Worten jongliert – als ich vorschlug: ›Das andere Geschlecht?‹ Nein. Da machte Bost den Vorschlag: ›Das zweite Geschlecht‹ – und nach reiflicher Überlegung fanden wir diesen Titel angemessen.«[6] An Nelson Algren schreibt sie: »Ich werde mein Buch *Le deuxième sexe* nennen. Auf französisch klingt es gut. Die Schwulen werden ja immer das ›dritte Geschlecht‹ genannt, aber nie wird erwähnt, dass die Frauen an zweiter Stelle kommen und den Männern nicht gleichgestellt sind. Doch steckt das immer implizit mit drin.«[7]

In der Einleitung des ersten Bandes heißt es: »Als ich über mich schreiben wollte, wurde mir klar, dass ich die Lage der Frauen beschreiben musste.« Indem Beauvoir in aller Offenheit über sich selbst spricht, beschreibt sie auch die Lage der anderen – eine Methode, die 500 Jahre vorher schon Montaigne erfolgreich anwandte. Das 900-Seiten starke Buch wird zu einem wissenschaftlichen und zugleich engagierten Essay auf Grundlage ihrer in den Jahren zuvor entwickelten existenzialistischen Philosophie der Freiheit. *Das andere Geschlecht* durchleuchtet die

Situation der Frau im Laufe der Jahrhunderte und analysiert systematisch die Faktoren, welche für die Unterdrückung der Frau verantwortlich sind. Im ersten Teil »Fakten und Mythen« setzt sie sich mit dem auseinander, was sie das Schicksal nennt – die Reproduktionsfunktion der Frau – und nimmt die wichtigsten Erklärungsversuche unter die Lupe: biologistische Thesen, den historischen Materialismus und die Psychoanalyse.

Auch wenn Beauvoir von der Notwendigkeit des Sozialismus für die Befreiung der Frau überzeugt ist, so ist sie auch der Ansicht, dass die marxistische Klassenanalyse nicht ausreicht, um die Situation der Frau zu erklären: »Die Ausbeutung der Frau als Hausfrau ist nicht die gleiche wie die des Arbeiters.« Außerdem bestreitet sie die These von Engels, es habe in der Urgesellschaft ein Matriarchat bestanden. Beauvoir ist im damaligen Frankreich eine der ersten, die das Frauenbild von Freud und seine Theorien des Penisneides, der Kastrationsangst und des Ödipus-Komplexes kritisiert, und sie zeigt, wie er die weibliche Libido immer nur abhängig von der männlichen Libido untersucht. Die psychoanalytischen Erklärungen für die Unterdrückung der Frau, die den Menschen aus seiner Vergangenheit heraus und nicht »in Bezug auf seine Zukunft« analysieren, weist sie als unzureichend zurück – man müsse eben auch die ökonomische und soziale Struktur, kurz die existenzielle Gesamtsituation berücksichtigen.

Sehr früh stößt Beauvoir auf die Parallele zwischen der Unterdrückung von Schwarzen und Frauen, die beide in die »altérité« gedrängt werden. Zweifelsohne spielen für diese Einschätzung die Gespräche mit Richard und Ellen Wright, die sie in den Vereinigten Staaten kennen lernte, eine große Rolle. Richard Wright ist ein bekannter schwarzer Schriftsteller, der sich in seinen Romanen, wie beispielsweise in *Black Boy*, mit der Rassentrennung auseinander setzt. Beauvoir vergleicht das »Farbigenproblem« in Amerika, das eigentlich ein Problem der Weißen ist, mit dem »Frauenproblem«, das stets nur ein Problem der Männer gewesen ist. Im Unterschied jedoch zu den Schwarzen, die sich als Subjekt setzen, verstehen sich die meisten Frauen als die Anderen: »Als bürgerliche Frauen sind sie solidarisch mit den bürgerlichen Männern und nicht mit den Frauen des Proletariats, als Weiße mit den weißen Männern und nicht mit den schwarzen Frauen.«[8] Ein Gedanke, den die Bürgerrechtskämpferin Angela Davis in ihrem Buch über Rassismus und Sexismus weiter ausführte.

Ein wichtiger Abschnitt beschäftigt sich mit dem Bild der Frau in Mythologie und Literatur. Mythen umstellen die Frau mit Mystifizierungen, die von Verklärung bis Verachtung reichen: »Schatz, Beute, Spiel und Risiko, Muse, Führerin, Richterin, Mittlerin, Spiegel – die Frau ist das Andere, ... das sich einverleiben lässt, ohne aufzuhören, das Andere zu sein. Dadurch ist sie für die Freude des Mannes und für seinen Triumph so notwendig, dass man sagen kann: Gäbe es sie nicht, hätten die Männer sie erfunden.«[9] Zu einem ähnlichen Ergebnis kommt sie bei der Analyse des Frauenbildes solcher Schriftsteller wie Henri de Montherlant, D.H. Lawrence und Paul Claudel.

Beauvoir hat durchaus Hoffnung, dass der Mythos der Weiblichkeit, der die Menschheit in zwei Kategorien von Individuen unterteilt, in Frage gestellt und außer Kraft gesetzt werden könnte. Sie beschreibt aber auch die Schwierigkeiten für die Frau, ihre Unabhängigkeit zu behaupten: Ihr Schicksal ist die Ehe und die Unterordnung unter den Mann. So beginnt sie den zweiten Band des *Anderen Geschlechts*, »Gelebte Erfahrung«, mit dem berühmt gewordenen Satz: »Man kommt nicht als Frau zur Welt, man wird es. Keine biologische, psychische oder ökonomische Bestimmung legt die Gestalt fest, die der weibliche Mensch in der Gesellschaft annimmt.«[10] Dieser Satz »On ne naît pas femme: on le devient« wurde in Deutschland verschiedentlich übersetzt und ausgelegt. Aus dem »man wird es« wurde »man wird dazu gemacht« (Alice Schwarzer), was eine ausschließliche Unterdrückung durch die Gesellschaft unterstellt, während Beauvoir auch auf eine selbstverschuldete Unmündigkeit hinweist. Sie sieht die Frau nicht nur als Opfer, sondern als Mittäterin, die in Hörigkeit einwilligt und deren Passivität zur eigenen Unterdrückung beiträgt.

Beauvoir schildert das Schicksal, das die Frau erwartet: die Einführung in die Sexualität oder der Status der vom Mann abhängigen Ehe- und Hausfrau. Dieses Kapitel hatte übrigens großen Einfluss auf spätere Feministinnen wie die US-Amerikanerin Betty Friedan. Sie verwendete Beauvoirs Thesen zur Haus- und Familienarbeit sowie zu den Weiblichkeitsideologien in ihrem Standardwerk *Der Weiblichkeitswahn* (1963): die Abhängigkeit der Hausfrau, die sich in Dinge entfremdet, die Sinnlosigkeit der Hausarbeit, deren Produkt verbraucht werden muss und der Frau keine Autonomie verleiht. »Von der Frau, deren Verrichtungen sich erst in der Zerstörung vollenden, wird ein dauernder Verzicht verlangt.«[11]

Beim Thema Selbstständigkeit der Frau knüpft Simone de Beauvoir an Virginia Woolfs *Ein Zimmer für sich allein* an, das sie ausgiebig zitiert. Sie begründet die ökonomische Unabhängigkeit als Voraussetzung intellektueller Freiheit – die bürgerlichen Freiheiten bleiben abstrakt, solange sie nicht mit ökonomischer Unabhängigkeit einhergehen. Doch materielle Unabhängigkeit allein reicht nicht aus: »Eine Frau, die sich ökonomisch vom Mann unabhängig macht, befindet sich noch lange nicht in der gleichen sittlichen, sozialen und psychologischen Situation wie er. Die Art und Weise, wie sie in ihren Beruf einsteigt und wie sie sich ihm widmet, hängt von ihrem gesamten Lebenszusammenhang ab.«[12] Dennoch bleiben ökonomische Unabhängigkeit und Geburtenkontrolle für Beauvoir wesentliche Voraussetzungen für die Befreiung der Frau.

Am Ende des Buches zieht sie Bilanz. Sie stellt fest, dass die Entwicklungsmöglichkeiten der Frau bisher erstickt wurden und so ihre Fähigkeiten der Menschheit verloren gingen. »In ihrem eigenen Interesse wie auch im Interesse aller ist es höchste Zeit, dass sie ihre Fähigkeiten endlich ausschöpft.« Die Frauen müssen die ihnen gesteckten Grenzen ablehnen und versuchen, sich Wege in die Zukunft zu erschließen. »Der Frau bleibt kein anderer Ausweg als an ihrer Befreiung zu arbeiten.«[13]

Simone de Beauvoirs Utopie bleibt die Gleichberechtigung und Solidarität der Geschlechter. Weiblichkeit und Männlichkeit sind für sie Teil der Menschlichkeit. Sie entwickelt keine konkreten Strategien zur Frauenbefreiung, sondern skizziert Möglichkeiten für die Zukunft. *Das andere Geschlecht* ist kein Kampfbuch der Frauenbewegung, sondern eine fundierte theoretische Analyse der Lage der Frau.

Als der erste Band Ende Mai 1949 erscheint, löst *Das andere Geschlecht* eine Welle der Empörung aus. Der christliche Schriftsteller François Mauriac meint: »Wir haben buchstäblich die Grenzen der Widerlichkeit erreicht.« Einem Mitarbeiter der *Temps modernes* gegenüber erklärt er: »Ich habe alles über die Vagina und die Klitoris Ihrer Chefin erfahren.« Albert Camus empfindet ihr Buch als »Beleidigung des romanischsprachigen Mannes«, der kommunistische Schriftsteller André Wormser zeigt sich »entrüstet« über das »obszöne Buch« und »die Anhäufung von Unflätigkeiten«, und die kommunistische Linke spricht von einem »traurigen Produkt einer bourgeoisen Literatur der Dekadenz«.[14]

Ähnliche Reaktionen auch außerhalb Frankreichs: Kaum erschienen wird das Buch auf den Index gesetzt. Im katholischen Quebec wird es als »gefährliches, gegen die guten Sitten gerichtetes Buch« stigmatisiert, im Spanien Francos und in der Sowjetunion landet es auf der Liste der verbotenen Bücher, in Bulgarien wird es erst 1983 übersetzt, und in der DDR ist es erst ab Dezember 1989 im Buchhandel erhältlich.

Über das französische Echo schreibt Simone de Beauvoir in *Der Lauf der Dinge* 1963: »Man hat mir vorgeworfen, ich sei anstößig, man nannte mich unbefriedigt, eiskalt, ständig erregt, nymphomanisch und lesbisch; man sagte, ich hätte hundertmal abgetrieben und sei sogar heimlich Mutter.«[15] Sie wird als Suffragette der Sexualität, als Amazone des Existenzialismus diffamiert. In ihrem Stammlokal *Les deux Magots* wird sie einmal mit Pfiffen empfangen, man fordert sie im

Chor zu einem Striptease auf. Simone de Beauvoir verzichtet sogar auf einen mit Sartre geplanten Skiurlaub, weil sie befürchtet, auch dort verfolgt zu werden.

Beauvoirs Ausführungen über die Mutterschaft im zweiten Band (erschienen im Oktober 1949) lösen einen Skandal aus, da hier Mutterschaft erstmals nicht als etwas Gegebenes und Natürliches hingestellt wird. Besonderen Anstoß erregt die Tatsache, dass Beauvoir diesen Abschnitt mit über zehn Seiten zum Thema unfreiwillige Schwangerschaften und Schwangerschaftsabbruch beginnt. Das ist ein Skandal in der Nachkriegszeit des Babybooms, in der Familienplanung und Schwangerschaftsabbruch verboten sind.

Am 15. Oktober 1949 schreibt Beauvoir an Nelson Algren, nachdem ein Auszug zum Thema Schwangerschaftsabbruch in *Les Temps modernes* als Vorabdruck erschienen war: »Seitdem ich einen Artikel zugunsten der Legalisierung der Abtreibung geschrieben habe, hat die arme Sekretärin der *Temps modernes* eine schwere Zeit: Viele Frauen wollen mich sprechen, weil sie abtreiben wollen. Jeden Tag kommt irgendjemand und sagt, ich *müsse* helfen, und neulich ging es ihr so auf die Nerven, dass sie auf einen kleinen schwarzen Wandschrank zeigte und sagte: Dort *machen* wir es!«[16] Beauvoir erntet Beschimpfungen und Verleumdungen, weil sie überdies die Tabuthemen Sexualität und lesbische Liebe anpackt.

Wie sind solche Reaktionen zu erklären in einem Land, wo es nach der Befreiung vom Faschismus erste positive Ansätze in Richtung Gleichstellung der Geschlechter gab? Die Frauen erhalten in Frankreich 1944 (nicht zuletzt wegen ihrer bedeutenden Rolle in der Résistance) das Wahlrecht sowie das in der Verfassung von 1946 garantierte Recht auf Arbeit, Gleichberechtigung und gleiche Entlohnung. Die Beteiligung von Frauen am öffentlichen Leben ist nach dem Krieg im Vergleich zu Deutschland ebenfalls beachtlich. Und doch: Das katholische, konservative und prüde Frankreich herrscht weiter. Die Regierung betreibt eine Politik der Geburtenförderung, die mit der Diskriminierung der alleinstehenden berufstätigen Frau und der Verherrlichung der Mutterschaft einhergeht. Die repressive Gesetzgebung zur Familienplanung und zum Schwangerschaftsabbruch bleibt bestehen.

Vielleicht gerade wegen des Skandals, den das Buch auslöst, werden in Frankreich 1949 22.000 Exemplare innerhalb einer Woche verkauft. Von der englischen Übersetzung werden im Laufe der ersten Jahre zwei Millionen abgesetzt – in den USA bietet man das Buch mit einer nackten Frau auf dem Cover an, und in Drugstores mit dem Hinweis: »Wie Sie Ihren Sex verbessern können.« In Japan steht es ein Jahr lang an der Spitze der Verkaufslisten und wird in den folgenden

Jahren in alle Sprachen der Welt übersetzt. Immer weiter erregt *Das andere Geschlecht* die Gemüter: Im März 1969 wird es von der griechischen Militärregierung als jugendgefährdend verboten, im Iran 1984 von den Mullahs.

In der Bundesrepublik der 50er und 60er Jahre spielt das Buch kaum eine Rolle. Erst im Zuge der neuen Frauenbewegung Ende der 60er Jahre wird ihm von einigen Frauengruppen Aufmerksamkeit geschenkt, und erst nach dem Tod Simone de Beauvoirs 1986 werden ihre Werke in den Medien gewürdigt.[17] In der DDR stößt es aus politischen und ideologischen Gründen auf Ablehnung: Das Leben der Arbeiterinnen käme gar nicht vor, es handle bloß von bürgerlichen Frauen. Erst Mitte der 80er Jahre beginnen Frauengruppen über das Buch zu diskutieren. Sie üben Kritik am »sozialistischen Patriarchat« (Günter de Bruyn) sowie an der »Muttipolitik«. Das Buch erscheint in der DDR am 3. Dezember 1989, als sich 1.000 Frauen zur Gründung eines unabhängigen Frauenverbandes in der Berliner Volksbühne treffen.[18]

Inzwischen ist *Das andere Geschlecht* eines der in der Frauenbewegung meist zitierten Werke. Zum 25. Jahrestag seines Erscheinens 1974 gibt es Kolloquien in der ganzen Welt. In einer Fernsehsendung umschreibt der Publizist Jean-Jacques Servan-Schreiber die historische Rolle dieses Textes folgendermaßen: »So wie *Das Kapital* von Marx den Kommunisten als ideologische Referenz dient, berufen sich heute die Feministinnen der ganzen Welt auf *Das andere Geschlecht*.« Das Buch beeinflusst in der Tat ganze Generationen von Frauen. In den Vereinigten Staaten wird es zur ›Bibel‹ des Feminismus. Gloria Steinem bemerkt in der *New York Times* 1986: »*Das andere Geschlecht* war es, das mir politische Verantwortung beibrachte, mich von der autoritären Ideologie befreite und mir eine Analyse des Frauenlebens erlaubte.« Und Betty Friedan meint: «Wenn man einem einzigen Menschen das Verdienst zuschreiben kann, die gegenwärtige internationale Frauenbewegung inspiriert zu haben, dann ist das Simone de Beauvoir.« Toril Moi, eine der Beauvoir-Biografinnen, stellt 1994 fest: »Das Buch veränderte das Leben Tausender von Frauen. Ich wüsste nicht, dass ein anderes Werk im 20. Jahrhundert eine vergleichbare Wirkung hatte. Historisch gesehen erinnern mich Rezeption und Wirkungen des *Anderen Geschlechts* an die Reaktionen auf Harriett Beecher-Stowes *Onkel Toms Hütte* … An der Schwelle zum 21. Jahrhundert macht Beauvoir es uns nach wie vor leichter, unser Leben ohne Rücksicht auf patriarchale Konventionen nach eigenen Vorstellungen zu leben.«[19]

In der Gender Debatte der 90er Jahre spielt Beauvoir eine wichtige Rolle – so bezieht sich beispielsweise die US-Amerikanerin Judith Butler in ihrer Theorie zur sozialen Rekonstruktion der Geschlechter auf *Das andere Geschlecht*.[20] Gleiches gilt für die

Auseinandersetzung zwischen den Vertreterinnen eines Differenzfeminismus und den Vertreterinnen eines Egalitätsfeminismus (im Anschluss an Beauvoir).

Eine weitere Kontroverse prägt die Beschäftigung mit Beauvoirs Werk: Ist Beauvoirs Philosophie die Inspirationsquelle von Sartre und ist damit Sartre der Plagiator von Beauvoir (Thesen, die von Edward und Kate Fullbrook, Simone de Beauvoir: A critical Introduction, Oxford-Malden, USA 1998, vertreten werden) oder begründet Beauvoir ihre Frauenbefreiungstheorie auf Sartres Philosophie?

Anlässlich des 50. Jahrestags der Erstausgabe fanden weltweit zahlreiche Frauenkonferenzen statt. Alljährlich werden in Oxford Treffen der »Simone de Beauvoir Society« abgehalten, deren Berichte seit 1983 in Kalifornien erscheinen.

Ist *Das andere Geschlecht*, wie manche behaupten, heute überholt? In den 70er Jahren befand Simone de Beauvoir selbst, *Das andere Geschlecht* sei zu idealistisch und individualistisch. Heute wirken manche Passagen, die im Kontext der 50er Jahre ihre Bedeutung hatten, zum Teil überarbeitungsbedürftig, so die Kapitel über Biologie, Mutterschaft oder Geschichte. Eine neue, kritische Auseinandersetzung ist zweifellos erforderlich.[21] Die Gedanken zur Entmystifizierung der Weiblichkeit – es gibt kein auf Ewigkeit festgelegtes Männliches und Weibliches, sondern »nur« etwas, das durch Kultur und Geschichte konstruiert wird –, die Gedanken zur Autonomie der Frau, die ihr Leben selbst bestimmen kann, und zur existenziellen Freiheit der Menschen haben von ihrer Modernität nichts verloren.

Anmerkungen

1 *Der Lauf der Dinge*, a.a.O., S. 436.

2 *In den besten Jahren*, a.a.O., S. 489.

3 *Eine transatlantische Liebe*, a.a.O., S. 164. Der Schwede Gunnar Myrdal war Nationalökonome, Hochschullehrer und Schriftsteller. 1970 wurde er zusammen mit seiner Frau Alva mit dem Friedenspreis des Deutschen Buchhandels ausgezeichnet.

4 zit. in Deirdre Bair, *Simone de Beauvoir. Eine Biografie*. München 1990, S. 490.

5 *Eine transatlantische Liebe*, a.a.O., S. 205ff, 295ff, 341, 373.

6 *Der Lauf der Dinge*, a.a.O., S. 167.

7 *Eine transatlantische Liebe,* a.a.O., S. 366.

8 Das andere Geschlecht. Sitte und Sexus der Frau. Neuübersetzung, Reinbek/Hamburg 1998, S. 10.

9 Ebd., S. 245.

10 Ebd., S. 334.

[11] Ebd. S. 566.

[12] Ebd. S. 844.

[13] Ebd. S. 780.

[14] Vgl. Simone de Beauvoir, *Der Lauf der Dinge*, a.a.O.; Vgl.auch Ingrid Galster, »›Les limites de l'abject‹. La réception du Deuxième Sexe en 1949«, in: *lendemains*, Berlin 24. Jg. 1999/94.

[15] *Der Lauf der Dinge*, a.a.O., S. 185.

[16] *Eine transatlantische Liebe*, a.a.O., S. 423.

[17] Kristina Schulz: Vom Buch zur »Bibel« der Frauenbewegung: »Das andere Geschlecht« in der Bundesrepublik Deutschland. In: *Frankreichjahrbuch* 1999.

[18] Irene Selle: Zur DDR-Rezeption von *Das andere Geschlecht*. Ein Erfahrungsbericht. In: *Die Philosophin*, 20/1999.

[19] Toril Moi: *Simone de Beauvoir. Die Psychographie einer Intellektuellen*. Frankfurt/M. 1996, S. 21 und 401.

[20] Judith Butler, Sex and Gender in Simone de Beauvoir's Second Sex. In: *Yale French Studies*, Winter 1986, 72, S. 35 – 49; dies. *Das Unbehagen der Geschlechter*, Frankfurt/M. 1991.

[21] Ingrid Galster / Hélène Rouche (eds.): Pour une édition critique du *Deuxième Sexe*. [Akten des interdisziplinären Eichstätter DFG-Kolloquiums 10. – 13. November 1999]. Erscheint in der Reihe *Bibliothèque du féminisme* bei L'Harmattan, Paris; dies. (ed.): Beauvoir. *Le Deuxième Sexe* [Sammlung der frühen Kritiken 1949/50], erscheint in der Reihe *Mémoire de la critique* der Presses Universitaires de Paris-Sorbonne].

»Wenn der Existenzialismus beunruhigt, liegt das nicht daran, dass er am Menschen verzweifelt, sondern dass er von ihm eine permanente Anstrengung verlangt.«

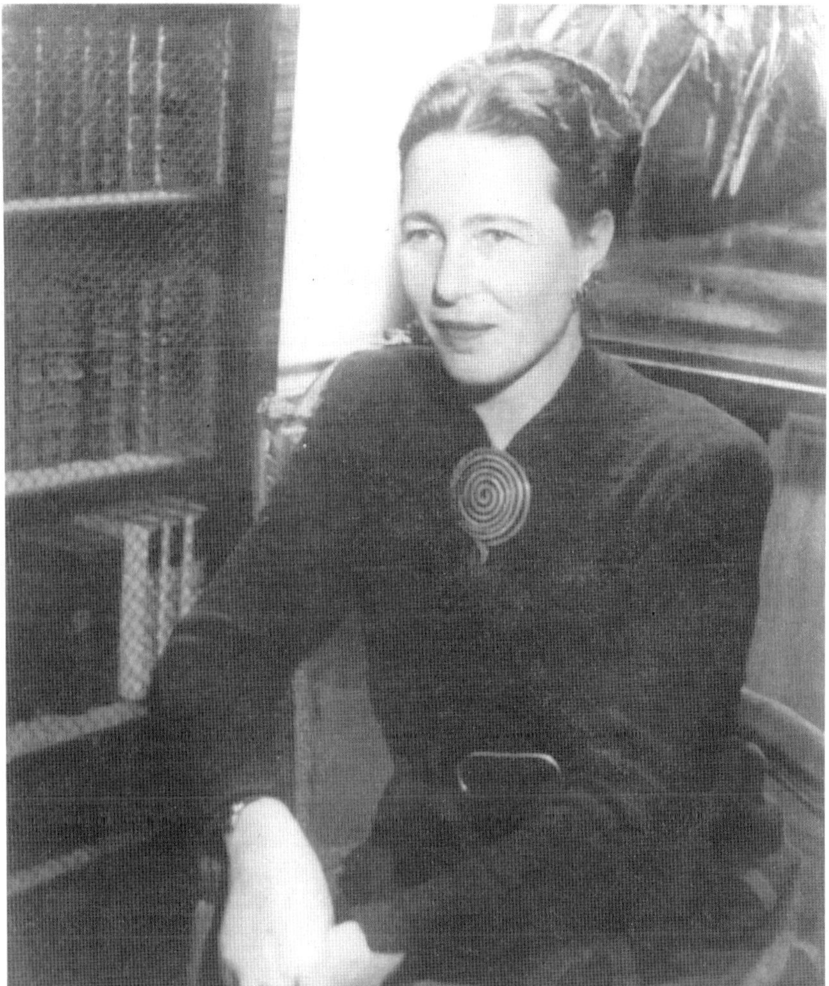

Amerika – Tag und Nacht

19. Mai 1947
Der Abend sinkt auf New York, mein letzter Abend. Das Land, an dem ich so oft irre geworden bin – es fällt mir bitter schwer, es jetzt verlassen zu müssen. Man hat mich oft in jüngster Zeit gefragt: »Lieben Sie Amerika?« und ich hatte die Gewohnheit angenommen zu antworten: »Halb und halb« oder »Zu 50 Prozent«. Diese mathematische Formel besagt wenig, ist nur der Ausdruck meiner eigenen Unsicherheit. Es ist kaum ein Tag vergangen, an dem Amerika mich nicht entzückt, und kaum ein Tag, an dem es mich nicht enttäuscht hätte. Ich weiß nicht, ob ich hier glücklich sein könnte; ich weiß nur, dass es mir unsagbar schwer wird, das Land zu verlassen.
Colombus Circus, Broadway, Times Square. Vier Monate sind vergangen. Es ist immer noch die gleiche Menge, es sind die gleichen Taxis, Wagen und Lichtkaskaden. Die *drugstores* und Wolkenkratzer haben nichts von ihrer Magie verloren. Ich weiß, warum ich sie liebe. Über die Ungezwungenheit dieser Zivilisation und über ihren reichen Überfluss hinaus sehe ich das faszinierende Zauberbild einer Existenz, die sich nicht darauf beschränken würde, sich lediglich zu erhalten, sondern die es ermöglichen könnte, über sich selbst hinauszuwachsen. Essen, reisen, sich kleiden, das alles geschieht hier ohne Anstrengung und Zeitverlust: darüber hinaus ist jedes Neubeginnen möglich. Amerika, wo noch der Geist der Pioniere umgeht, hat für mich deswegen eine so ungeheure Anziehungskraft, weil es das Reich der Transzendenz zu sein scheint: unvergleichlich in Zeit und Raum gestellt, ist seine Geschichte die Geschichte der Weltschöpfung. Das ist es, was mich beim Anblick der Wolkenkratzer erregt: sie rufen es laut, dass der Mensch nicht in seinem Sein verharrt, sondern dass er Unternehmung, Expansion und Eroberung ist. In dem verschwenderischen Überfluss der *drugstores* liegt eine ebenso reiche Poesie wie in einer Barockkirche: der Mensch hat die Dinge im Rohzustand nach seinen Wünschen geformt, die Macht seiner Phantasie hat die Materie besiegt. New York und Chicago beweisen die Existenz dieses Weltschöpfers mit den gebieterischen Träumen, und aus diesem Grunde sind es die menschlichsten und aufregendsten Städte, die ich kenne. Hier ist kein Platz für die trübe Weisheit des Spießbürgers in Pantoffeln, der kein anderes Ziel hat, als »friedlich zu Hause zu sitzen und auf den Tod zu warten«, wie es zum Beispiel in dem

berühmten Sonett vom Glück heißt. Dieses Warten ist schon der Tod. In diesem Sinne sind die Amerikaner quicklebendig: sie leben nicht im Hinblick auf den Tod, Tatenlosigkeit ist nicht ihr Fall; man beurteilt einen Menschen nach seinen Taten, und wer leben will, muss schaffen. Die großen Stahlbrücken, Central Station, Park Avenue, die Flughäfen, Straßen und Minen sind die Bestätigung dieses Glaubens.

Nur schwer werde ich mich von dieser grandiosen Vision der Hoffnung losreißen können; aber ich kenne auch die Kehrseite. Auch hierzulande erschöpft sich das Leben darin, sich zu behaupten. »Seit sechs Uhr morgens bin ich unterwegs«, sagte mir gestern gegen zehn Uhr abends ein Taxichauffeur, »was glauben Sie, wie gern ich heim möchte!« Ich denke an den Sturm auf das *ferry boat* von New Jersey. Alle meine Freunde erzählten mir, wie hart der Arbeitstag in dieser Stadt mit ihren ungeheuren Entfernungen ist. Vor allem die berufstätigen Frauen, die auch noch den Haushalt zu versorgen haben, sind am Abend restlos erledigt: ich sah viele, die so mitgenommen waren, dass sie es ablehnten auszugehen. Ich habe auch Verständnis dafür, dass es nicht nur eine Manie ist, wenn man so viel trinkt: man hat am späten Nachmittag einfach das Bedürfnis sich aufzupeitschen. Und am Herztod sterben die meisten Menschen in New York.

Aber das ist nicht alles. Man hat den erregenden Eindruck, dass alles noch beginnen könnte. Aber was kann beginnen? Was macht man mit der Zeit, die man gewonnen, mit dem Geld, das man verdient hat? Gewiss, ich habe die herrschende Klasse nicht kennen gelernt, die studiert, erfindet, unternimmt, kämpft: aber sie stellt nur eine bescheidene Minorität dar. In ihrer Mehrzahl sind die Amerikaner denen gleich, die meinen Weg kreuzten. Ihr Leben dreht sich im Kreise. Sie haben keinen Sinn für ein kollektives Leben und auch keinen Geschmack daran; sie kümmern sich auch nicht um ihr individuelles Geschick. Daher kommt die Niedergeschlagenheit, die ich so oft bei ihnen gefunden habe. Diese Welt, so reich an Versprechungen, erdrückt sie. Und ihr Glanz erscheint unfruchtbar, weil es an Menschen fehlt, sie zu beherrschen. Alle Zivilisationen bringen für die Menschen die Flucht in die »Banalität des Alltagslebens« mit sich, bemerkenswert aber ist, wie hier diese Flucht systematisch organisiert ist. Weder seine Erziehung noch das Milieu, in dem er sich entwickelt, sind dazu angetan, den Menschen auf den Gedanken seiner Inferiorität zu bringen. Er wird seiner bewusst nicht nur als eines Körpers von Fleisch und Blut, sondern als eines Organismus, den ein ganzes Arsenal von mechanischen Apparaten umgibt und beschützt: er fährt im Lift von einer Etage zur anderen, er nimmt die U-Bahn, spricht durchs Telefon, schreibt Maschine, benutzt den Staubsauger; Konservenfabriken, Kühlschränke und elektrische Küchen liegen vermittelnd zwischen den Nahrungsmitteln und seinem Magen; zwischen seinen Geschlechtstrieb und dessen Befriedigung schiebt sich ein ganzer Plunder von moralischen Vorschriften und hygienischen Vorkehrungen. Von Kindheit an schließt ihn die Gesellschaft ein. Er lernt es, außerhalb seiner selbst, bei anderen, das Vorbild seines Verhaltens zu suchen: das ist die Ursache für das, was man den amerikanischen Konformismus nennt. Tatsächlich sind in der Neuen Welt die Individuen genau so verschieden wie in der Alten, aber sie haben es leichter, ihrer Individualität zu entfliehen und das Gefühl einer »originellen Hilflosigkeit« zu vermeiden. Sie kennen, wie alle Welt, Ärger, Unzufriedenheit, Zweifel, aber sie versuchen, ihre innere Zerrissenheit zu rationalisieren, indem sie ihre »Probleme« stellen: anstatt sich auf ihre Einsamkeit zu stützen und zu versuchen, sie zu vertiefen und so über sie hinauszuwachsen, klammern sie sich hartnäckig an das Gegebene; die Quelle der Werte und der Wahrheit sehen sie in den Dingen und nicht in sich selbst. Ihr eigenes Dasein ist nichts als ein Zufall, dem sie keine besondere Bedeutung beimessen wollen. Deshalb interessieren sie sich für das nackte Resultat und nicht für den geistigen Vorgang, der es zuwege bringt, wie die Studenten des Professors T., die es ablehnten, sich eine Formel erläutern zu lassen. So glauben sie auch, den Teil vom Ganzen isolieren zu können, wie das die Vorliebe für die Spezialisierung beweist, auf die man überall in Technik, Wissenschaft und Kultur stößt. Um mit Hegel zu reden, kann man sagen, dass die Negation des Subjekts zum Triumph der Vernunft über den Geist, das heißt zum Triumph der Abstraktion führt. Das ist auch der Grund, weshalb mir in diesem Lande, das dem Konkreten so entschieden zugekehrt scheint, das Wort Abstraktion so oft über die Lippen kam; das zum Idol erhobene Objekt verliert seine menschliche Wahrheit und wird ein Abstraktum, denn die konkrete Wirklichkeit ist die, welche gleichzeitig ein Objekt und ein Subjekt in sich schließt. Hier liegt das Paradoxe aller Positivismen und Pseudo-Realismen, die sich vom Menschen abkehren, um das Ding zu bejahen: sie verfehlen das Ding und gelangen nur zu Begriffen.

So oft habe ich, wenn ich ihren Jazz hörte oder mit ihnen sprach, das Gefühl gehabt, dass die Zeit selbst, in der sie leben, abstrakt ist. Sie achten die Vergangenheit, aber nur so weit sie ein einbalsamiertes Monument ist; der Gedanke einer lebendigen, in die Gegenwart übergreifenden Vergangenheit ist ihnen fremd. Sie wollen nur eine Gegenwart anerkennen, die vom Ablauf der Zeit abgeschnitten ist, und die Zukunft, die ihnen vorschwebt, ist die, welche mechanisch dem Zeitablauf folgt, und nicht die, deren langsames Reifen oder deren brüske Explosion unvorhersehbare Risiken in sich schließt: sie glauben an die Zukunft einer Brücke, eines Wirtschaftsplanes, aber nicht an die Zukunft einer Kunst oder einer Revolution. Ihre Zeit ist die »Zeit des Physikers«, eine reine Äußerlichkeit wie die des Raumes. Und so wie sie die Dauer negieren, negieren sie auch die Qualität: es ist nicht nur auf wirtschaftliche Gründe zurückzuführen, wenn es in Amerika kein »Handwerk« gibt. Selbst im häuslichen Leben ist man nicht auf einen qualitativen Erfolg aus: ob man Nahrungsmittel kochen oder Früchte reifen lässt, es muss so schnell wie möglich geschehen. Auf allen Gebieten muss man sich beeilen, aus Angst, dass das Resultat schon überholt sein könnte in dem Augenblick, wo man es erreicht. Von Vergangenheit und Zukunft abgeschnitten, ist die Gegenwart ohne Dichte: nichts ist den Amerikanern fremder als der Gedanke, den Augenblick als einen Abriss der Zeit, einen Spiegel des Ewigen zu betrachten, und sich in ihm zu verankern, um unvergängliche Wahrheiten oder Werte aus ihm zu schöpfen; der Inhalt des Augenblicks erscheint ihnen misslich wie der Augenblick selbst. Da sie nicht begreifen, dass Wahrheiten und Werte *werden*, können sie sie auch nicht in der Bewegung bewahren, die über sie hinausgeht: sie leugnen sie ab. Die Geschichte ist hier ein großer Friedhof: Menschen, Werke, Ideen sterben, kaum dass sie geboren sind. Und jede Einzelexistenz riecht ein wenig nach Tod: von einer Minute zur anderen wird die Gegenwart nur noch eine »Vergangenheit ehrenhalber« und unaufhörlich muss man sie aufpulvern, um diesen Fluch zu kaschieren, den sie in sich trägt. Deswegen liebt man die Geschwindigkeit, den Alkohol, die *thrillings*, die Sensationsnachrichten; fieberhaft verlangt man Neues und immer wieder Neues, denn nirgendwo findet man Ruhe. Da aber das Leben, hier wie anderswo, sich Tag für Tag wiederholt, amüsiert man sich mit *gadgets* und aus Mangel an wirklichen Zielen mit *hobbies*; Sport, Kino und *comics* sind Ablenkungen. Aber letzten Endes landet man wieder an dem Punkte, dem man gerade entfliehen wollte: der dürre Grund des amerikanischen Lebens ist – Langeweile.

Langeweile. Auch Einsamkeit. Man hat es tausendfach gesagt, und es ist wahr: die Menschen, denen ich begegnete, sind einsam. Weil sie ihre eigene Einsamkeit, weil sie sich selbst überängstlich fliehen, haben sie sich selbst nicht fest in der Hand. Wie also könnten sie sich geben, wie könnten sie empfangen? Dabei sind sie offen und gastfreundlich, können zärtlich, leidenschaftlich, gefühlvoll, herzlich sein; selten aber sind sie einer tiefen Liebe, einer dauerhaften Freundschaft fähig. Sie sind durchaus nicht trocken, und doch bleiben ihre Beziehungen oberflächlich und kalt. Es fehlt ihnen nicht an Vitalität, Schwung, Großzügigkeit, und doch können sie ihr eigenes Leben nicht gestalten; und zwar aus dem nämlichen Grunde. Julien Sorel oder Rastignac zu sein, das verlangt, dass man sein Leben fest in die eigenen Hände nimmt und sich nicht von sich selbst abkehrt. Hierzulande gibt es wenig wirklich Ehrgeizige: Helden bereitet man einen (etwas launenhaften) Kult, aber für sich selbst verlangt man nicht mehr, als auf der Stufenleiter der sozialen Hierarchie ein oder zwei Sprossen weiterzukommen; und wenn ein junger Mann sich auszeichnen will, dann als Bürger und nicht als Mensch. Er wird nicht davon träumen, sich über die Welt des Gegebenen zu erheben – ein Traum, wie ihn jener Baum symbolisiert, den Julien Sorel erklimmt, oder jene Anhöhe, von der aus Rastignac Paris so wundervoll beherrscht. Dieser Traum von Größe ist die Quelle mancher Enttäuschungen, und oft enthüllt er kleinliche Mängel, die den Amerikanern fremd sind; sie haben die Tugenden, die in der Indifferenz zu sich selbst ihren Ursprung haben: sie sind nicht verbittert, nicht böswillig, nicht neidisch, nicht egoistisch. Aber sie haben kein inneres Feuer. Sie haben sich an das Objekt verloren, und nun finden sie sich ohne Objekt wieder. Sie erleben in einer anderen Form jene »originelle Hilflosigkeit«, die ihre Zivilisation zu maskieren sich bemüht. Gerade dieser Kontrast zwischen ihrer uneingestandenen Zerbrechlichkeit und ihren stolzen Bauten macht sie so pathetisch.

Es scheint mir, als ob es auf die abstrakte Atmosphäre, in der sie leben, zurückzuführen ist, wenn das Geld hierzulande eine so außerordentliche Bedeutung erlangt hat. Die Menschen sind weder geizig noch kleinlich, im Gegenteil, diese Mängel werfen sie gerade den Franzosen vor. Sie wollen auch das Geld nicht anhäufen, sie geben gern aus, für andere ebenso wie für sich selbst; es liegt in ihrer Natur, zu geben. Sie sind auch nicht etwa Genießer, erstreben den Reichtum nicht, um extravagante Wünsche zu befriedigen. Wenn das Geld für viele das einzige erstrebenswerte Ziel ist, dann deswegen, weil alle anderen Werte auf diesen gemeinsamen Nenner gebracht worden sind und weil es zum Wertmesser aller menschlichen Erfüllungen wurde, während es doch nur ein abstraktes äußeres Zeichen des Reichtums ist. Und nur weil sie es nicht verstehen, konkrete Werte zu schaffen und zu behaupten, begnügen sich die Amerikaner mit diesem leeren Symbol. In Wahrheit begnügen sie sich nicht damit: von den Großkapitalisten abgesehen, wissen sie mit ihren Dollars ebenso wenig anzufangen wie mit ihren Mußestunden. Das ist, wie ich vermute, einer der Gründe, aus denen die amerikanische Frau zum Idol erhoben wurde: der Dollar ist eine zu düstere Gottheit. Der Mann sieht es nicht ungern, wenn er die Früchte seiner Arbeit einem Wesen aus Fleisch und Blut darbieten kann. Aber der Frauenkult ist ebenso wie der Dollarkult nur ein Ersatz. Die Bestimmung des amerikanischen Menschen hätte nur dann einen Sinn, wenn es ihm gelänge, dieser abstrakten Wesenheit einen konkreten Inhalt zu geben: nämlich seine Freiheit. Auch hier stehen wir wieder einem teuflischen Kreislauf gegenüber, denn um dieser leeren Freiheit einen Inhalt zu geben, müsste er die politischen und sozialen Bedingungen ändern, unter denen er lebt, aber gerade diese sind der Grund seiner Passivität. Gewiss, viele Tausende von Amerikanern sind bemüht, diesen Kreislauf zu durchbrechen, und auf viele Tausende von Amerikanern treffen die Überlegungen, die ich hier anstelle, ganz und gar nicht oder doch kaum zu. Aber so weit man sich einmal eine Verallgemeinerung erlauben darf, ist die große Mehrheit der Amerikaner Opfer dieses Kreislaufes. Die Flucht vor Langweile und Einsamkeit schließt sie in Einsamkeit und Langweile ein. Sie haben in der Welt aufgehen wollen, und nun haben sie jeden Kontakt zu ihr verloren.

Ein Zug, der mich am meisten unter allen frappiert hat, ist ihr Widerstreben, die Welt und sich selbst in Frage zu stellen. Sie haben ein Bedürfnis daran zu glauben, dass das Gute und das Böse zwei scharf getrennte Dinge sind, und dass das Gute sich leicht verwirklichen lässt. Von den ersten Tagen meines Aufenthaltes an hatte ich das gefühlt, aber in jüngster Zeit ist es mir in eklatanter Weise bestätigt worden. So zum Beispiel habe ich einen Skandal bei allen Studenten in Columbia, Yale und Harvard provoziert, als ich ihnen von jenem Gewissenskonflikt erzählte, von dem Rousset in seinem Buche *Les jours de notre mort* berichtet. Nach welchem Kriterium sollen die Verantwortlichen wählen, die die Möglichkeit haben, in einem Deportiertenlager zwei oder drei Kameraden zu retten? Immer wieder haben sie mir geantwortet: »Niemand hat das Recht, über Menschenleben zu verfügen«, oder »Wer gab ihnen das Recht, eine Wahl zu treffen?« Wenn man ihnen entgegnete, dass nicht-wählen niemanden gerettet hätte, und dass unter allen Umständen die Rettung von zwei Menschenleben wertvoller war als ein mörderischer Verzicht zu wählen – dann verschlossen sie sich. Ich glaube, sie hätten eher alle zugrunde gehen lassen, als eine zu schwerwiegende Initiative zu ergreifen. Oder vielmehr: sie konnten sich nicht einmal eine Situation denken, in der sie genötigt gewesen wären, das Böse ins Auge zu fassen. Man weigert sich hierzulande, das Böse ins Auge zu fassen, wiewohl dies doch die einzige Möglichkeit ist, es zu bekämpfen. Selbst den Menschen guten Willens widerstrebt es, zu dem augenblicklichen Konflikt zwischen Gerechtigkeit und Freiheit und zu der Notwendigkeit eines Kompromisses zwischen diesen beiden Ideen eindeutig Stellung zu nehmen. Sie ziehen es vor, sowohl die Ungerechtigkeit als auch den Mangel an Freiheit abzuleugnen, und wollen es nicht wahr haben, dass die vielgestaltigen Faktoren, denen sie gegenüberstehen, Probleme schaffen, die aller tugendsamen Lösungen spotten. Das Böse ist nur ein Rückstand, den man allmählich durch eine strengere Handhabung von Maßnahmen ausschalten kann, die in sich selbst gesund sind – so denken hier viele Idealisten; wenn dieser Optimismus zu leichtfertig

erscheint, dann greift man auf das Grundübel zurück: die UdSSR. Sie ist das Böse, man braucht sie nur zu vernichten und das Gute wird wieder seine Herrschaft antreten. Die gleichen Studenten, die eine solche Ehrfurcht vor der menschlichen Person hatten, sprachen seelenruhig davon, Russland zu atomisieren.
Wenn ich an all diese Dinge zurückdenke und wiederum so viel zu kritisieren habe, warum ist es mir dann so schmerzlich, abreisen zu müssen? Weil man gegen unsere europäische, gegen die französische Zivilisation, in die ich nun zurückkehre, andere Vorwürfe erheben könnte: es sind nicht die gleichen, aber sie sind ebenso niederschmetternd. Wir haben eine andere Art als die Amerikaner, unglücklich oder unaufrichtig zu sein – das ist alles. Das Urteil, das ich während dieser Reise über sie abgegeben habe, entsprang niemals einem Gefühl der Überlegenheit. Ich sehe ihre Fehler und vergesse die unsrigen nicht. Und jenseits von allem, was ich liebenswert oder verabscheuungswürdig gefunden habe, ist in diesem Lande etwas faszinierend: das sind die ungeheuren Chancen und die Risiken, die es heute auf sich nimmt, und die Welt mit ihm. Hier stellen sich alle menschlichen Probleme in einem Schwindel erregenden Ausmaße; und hier werden sie zum großen Teile ihre Lösung finden, die sie rückschauend in ein pathetisches Licht hüllen oder aber in die Nacht der Indifferenz versenken wird. Ja, das ist es, was mich im Augenblick der Abreise so tief erregt: dieses ist einer der Punkte der Erde, wo sich die Zukunft des Menschen entscheidet. Amerika lieben oder nicht lieben: diese Worte sind sinnlos. Dieses Land ist ein Schlachtfeld, und man muss leidenschaftlichen Anteil an dem Kampfe nehmen, den es in sich selbst auskämpft und dessen Einsatz unsagbar groß ist.

20. Mai
Der spanische Schwamm und die vom herbstlichen Regen entblätterten Azaleen des Frühlings, die lilienweißen Bräute an der Ecke der Avenue, wo die vergessenen Menschen betteln, die ausgestopften Coyoten, die grünbronzenen Helden, die ockerfarbenen *Pueblos*, die spärlichen, vorfabrizierten Häuschen am Rande der Salzwüste, die schwarzen Gesichter mit den hasserfüllten Augen, die Bauernhäuser aus gelacktem Holz im Schatten der roten Ahornbäume, die lachenden *college girls*, die Cowboys in ihren Reitstiefeln ... welch ein Gerümpel in der staubigen Bodenkammer, wo die Spinnen ihr Netz zu spinnen beginnen.
Neufundland. Shannon. Paris. In Orly bricht der Tag an. Wie alt sind die Zollbeamten und wie abgenutzt sind ihre Uniformen! Offenbar sind sie nicht sonderlich

stolz darauf, französische Bürger zu sein. In ihren Zügen liegt etwas, das bettelt; sie sind zu schlecht bezahlt, um einen puritanischen Respekt vor den Vorschriften zu haben. Rund um einen üppig erscheinenden Koffer führen sie ein verdächtiges Getue auf – nun ja, jeder muss zusehen, wie er sich durchbringt. Auf der traurigen Straße, die nach Paris führt, sind die Menschen schlecht gekleidet, die Frauen haben farblose, schlecht frisierte Haare, die Männer haben graue Gesichter und einen demütigen Gang. Das Gemüse auf dem Markt ist kümmerlich. An der Gare des Invalides kein Taxi. Die Reisenden am Rande des Gehsteigs werden nervös und streitsüchtig. Der Himmel ist verhängt. Paris scheint erstarrt, die Straßen sind leblos und grämlich, die Auslagen lächerlich. Dort drüben funkelt jetzt in der Nacht ein ungeheurer Kontinent.

Freitag [2. Januar 1948]
Mein Nelson. Es ist sehr nett von mir, Ihnen heute Abend zu schreiben, todmüde, wie ich bin, weil ich den ganzen Tag gearbeitet und nur gearbeitet habe. Ich bin mit meinem amerikanischen Tagebuch fertig, noch nicht ganz, denn kleine Verbesserungen sind notwendig, ich mache sie, sobald alles getippt ist: auch für mich ist es ein Problem, meine Handschrift zu lesen. Vielleicht bringen Sie mir das Tippen bei? Ich habe also mit dem Buch ausgesetzt und bin zu meinem Essay über die Frauen zurückgekehrt. Ich habe es Ihnen schon erzählt, ich habe nie darunter gelitten, eine Frau zu sein, und wie Sie wissen, bin ich manchmal sogar froh darüber. Wenn ich jedoch andere Frauen um mich herum sehe, stelle ich fest, dass sie sehr spezifische Probleme haben; und es wäre interessant zu untersuchen, inwiefern sie spezifisch sind. Ich muss sehr viel lesen: Psychoanalyse, Sozialwissenschaften, Recht, Geschichte und so weiter, aber es freut mich. Ich freue mich bei dem Gedanken, wie während der Studienzeit wieder in öffentliche Bibliotheken zu gehen, zu lesen, zu lernen und über die Dinge, die ich lerne, nachzudenken. Sobald ich in Paris zurück bin, das heißt in vier Tagen, werde ich mich daranmachen. Ich habe alles, was ich zu dem Thema bisher geschrieben habe, eben noch einmal überflogen und eine Art Raster verfertigt: die allgemeinen Gedanken und den Plan des ganzen Buches. Es hat mich sehr mitgerissen, deshalb habe ich den ganzen Tag so hart gearbeitet.

Montagnacht [19. Juli 1948]
Ich habe mich von der russischen Freundin verabschiedet, die zur Erholung aufs Land fährt; ein neues kleines Drama, damit alles beim Alten bleibt: in zwei Monaten soll sie in *Les mouches* spielen, und schon fängt sie wieder an, sich schlecht zu fühlen; ich wette, während der ersten Proben wird sie wirklich krank sein und nicht spielen können. Ich habe versucht, sie dazu zu bewegen, sich ein Jahr auszuruhen, bevor sie irgend etwas unternimmt; aber sie ist zu ungeduldig; sie möchte so bald wie möglich wissen, ob das Schlimmste eintreten wird oder nicht. Es ist verrückt, aber man kann nichts dagegen tun.

Gestern habe ich mit ihrem Ehemann, Bost, dem jungen Mann, der *Le dernier des métiers* geschrieben hat, zu Abend gegessen, auf dem Montmartre, wo es einen riesigen Jahrmarkt gab; am düsteren grauen Abend machten alle Achterbahnen, Geisterbahnen, Spielbuden und Vorstellungen einen sehr tristen Eindruck, und es hat mich tief ergriffen. Im übrigen ist Bost der junge Mann, mit dem ich, bevor ich Sie kennen lernte, viele Jahre lang geschlafen habe; letztes Jahr habe ich damit aufgehört, als ich von New York zurückkam: Sie wissen, warum. Es war für mich keine sehr bedeutende Sache mehr, so dass auch der Bruch nicht sehr bedeutungsvoll war, deshalb habe ich Ihnen gegenüber nichts erwähnt. Wir sind enge Freunde geblieben, aber er ist jetzt in seinen Liebesgeschichten nicht sehr glücklich, und außerdem verhindert die Ehe mit einer solchen Frau, dass die Liebesgeschichten wirklich erfolgreich sind – unser Abend war also etwas melancholisch; er war nicht böse gewesen, als ich das Verhältnis abbrach, er wusste, dass ich ihn nicht liebte; aber er fühlte sich nicht gerade wohl dabei, und zwischen uns ist ein gewisses Unbehagen geblieben. Ich erzähle es Ihnen, weil Sie fragen, was in meinem verrückten Kopf so vor sich geht, und weil ich möchte, dass Sie so viel wie möglich von mir wissen.

Wissen Sie, um Ihretwillen könnte ich viel mehr als einen netten jungen Mann aufgeben, ich könnte die meisten Dinge aufgeben; aber ich wäre nicht die Simone, die Sie mögen, wenn ich mein Leben mit Sartre aufgeben könnte. Ich wäre ein übles Geschöpf, eine Verräterin und Egoistin. Was Sie auch immer in Zukunft beschließen, ich möchte, dass Sie dies wissen: nicht aus Mangel an Liebe bleibe ich nicht bei Ihnen. Ich bin sogar sicher, dass unsere Trennungen für mich härter sind als für Sie, dass ich Sie auf schmerzlichere Weise vermisse als Sie mich; ich könnte Sie nicht stärker lieben, begehren und vermissen, als ich es tue. Vielleicht wissen Sie das. Aber Sie müssen auch wissen, obwohl es vielleicht arrogant klingt, in welchem Maße Sartre mich braucht. In Wirklichkeit ist er sehr einsam, sehr ruhelos, innerlich sehr aufgewühlt, und ich bin seine einzige wirkliche Freundin, der einzige Mensch, der ihn wirklich versteht, ihm wirklich hilft, mit ihm arbeitet, ihm etwas Frieden und Gelassenheit gibt. Fast zwanzig Jahre lang hat er alles für mich getan, hat mir geholfen zu leben, mich zu finden, hat eine Menge Dinge für mich geopfert. Nun, seit vier, fünf Jahren kann ich ihm zurückgeben, was er für mich getan hat, kann ihm helfen, ihm, der mir so viel geholfen hat. Ich könnte ihn nicht im Stich lassen. Ich könnte ihn für mehr oder weniger lange Perioden verlassen, aber nicht mein ganzes Leben an jemand anderen binden. Es ist mir zuwider, wieder davon anzufangen; ich weiß, dass ich Gefahr laufe, Sie zu verlieren, ich weiß, was es für mich bedeuten würde, Sie zu verlieren. Aber Sie müssen verstehen, wie die Lage ist, Nelson, ich muss sicher sein, dass Sie die Wahrheit verstehen: ich wäre glücklich, bis an mein Lebensende Tage und Nächte mit Ihnen zu verbringen – in Chicago, Paris oder Chichicastenango, es ist nicht möglich, mehr zu lieben, als ich Sie liebe, mit Körper, Herz und Seele. Aber ich würde lieber sterben, als jemanden, der alles für mein Glück getan hat, tief zu verletzen, ihm wirklich weh zu tun. Doch würde ich nicht gern sterben, und Sie zu verlieren, der Gedanke, Sie zu verlieren, kommt mir so hart vor wie der Gedanke zu sterben. Nun, vielleicht denken Sie, ich mache zu viel Theater, aber mein Leben ist mir wichtig, unsere Liebe ist mir wichtig: sie sind es wert, dass man ein bisschen Theater macht. Und Sie fragen mich, was ich denke; ich hege freundliche Gefühle für Sie und ich mag es, Ihnen alles zu erzählen, was ich in meinem Herzen fühle. Jetzt gehe ich schlafen, nachdem ich Ihnen einen langen liebenden Kuss gegeben habe.

Sonntag [8. August 1948]
An diesem langen ruhigen Tag würde ich gern mit Ihnen reden. Da ich nicht wie Sie in der Lage bin, schöne Geschichten zu erfinden, erzähle ich Ihnen reale. Sie haben doch nichts dagegen? Nun, ich habe Ihren letzten Brief noch einmal gelesen und möchte etwas dazu sagen. Erstens habe ich den netten jungen Mann nicht deswegen erwähnt, weil ich prahlen wollte, zwischen uns kann es keine Prahlerei geben. Wenn ich in meinem Leben auf etwas stolz wäre, so wäre es unsere Liebe. Ich fühle, wir müssen uns möglichst viele Dinge erzählen, dann sind wir nicht nur Liebende, sondern zugleich engste Freunde. Es gibt in meinem Leben jedenfalls nicht viel, womit ich prahlen könnte; ich werde Ihnen heute von meinem Liebesleben erzählen, wie Sie es an einem glücklichen Liebesabend in der *Casa Contenta* taten. Ich habe Ihnen erzählt, dass ich aus einer »kleinbürgerlichen« katholischen und altmodischen Familie stamme: ich wurde sehr streng erzogen, die meisten Bücher waren verboten, erst als Studentin fing ich an, alles zu lesen – ich glaubte schon nicht mehr an Gott, war aber weiterhin sehr »moralisch«. Mit 17 war ich sehr stark in einen gleichaltrigen Cousin verliebt, der schön, klug und anziehend war und den ich bewunderte, weil er ein Mann war; er mochte mich, gab mir moderne Literatur zu lesen und half mir, mich geistig von meiner Familie zu lösen, aber er »respektierte« mich, wie ein junger Bourgeois seine Cousine »respektiert«, und was die Ehe angeht, heiratete er eine reiche, dumme, hässliche Frau. Später vertat er sein Leben, trank und machte seine Umgebung unglücklich. Es war eine sehr sentimentale, idealistische Jungmädchenliebe; diese Heirat war

ein ziemlicher Schock, aber ich machte mir nicht allzu viel daraus, weil ich zu dieser Zeit gerade neue Freunde kennen gelernt hatte, Studenten wie ich, unter ihnen Sartre.
Bald lag uns viel aneinander. Ich war zweiundzwanzig und er fünfundzwanzig, und ich gab ihm voller Begeisterung mein Leben und mich selbst. Er war mein erster Liebhaber, vorher hatte niemand mich auch nur geküsst. Wir haben eine lange Zeit zusammen verbracht, und ich erzählte Ihnen schon, wie sehr mir an ihm liegt, aber es war eher tiefe Freundschaft als Liebe; in der Liebe war unsere Beziehung nicht sehr erfolgreich. Hauptsächlich, weil er sich aus der Sexualität nicht viel macht. Er ist in allem ein warmherziger, lebhafter Mann – nur nicht im Bett. Ich spürte das bald, obwohl ich keine Erfahrung hatte, und allmählich wurde es sinnlos, ja, sogar ungehörig, weiterhin wie Geliebte zusammenzuleben. Wir gaben es nach acht oder zehn Jahren, die in dieser Hinsicht eher erfolglos waren, auf. Da – vor zehn Jahren also – erschien der nette junge Mann – Bost. Er war viel jünger als ich, ein früherer Schüler von Sartre, der ihn sehr mochte. Mir machte es vor allem Spaß, im Sommer mit ihm in den Bergen zu wandern. Zu dieser Zeit hatte er eine Liebschaft mit meiner russischen Freundin, aber er wollte sie beenden; sie war meine Schülerin gewesen, und in gewisser Weise mochte ich sie, aber sie hatte sich auch mir gegenüber unschön verhalten: jedenfalls ist sie die Sorte Frau, die von jedem zu viel verlangt, die jeden belügt, so dass jeder sie belügen muss. Als Bost und ich während einer Bergwanderung im selben Zelt übernachteten und zusammen schlafen wollten, war das für uns also kein Problem. Wir haben es ihr nie gesagt. Er wollte mit ihr brechen, aber er konnte nicht: sie liebte ihn bereits zu tief, und er wollte sie nicht verletzen. Dann kam der Krieg, und sie wurde krank; er war immer mehr an sie gebunden und heiratete sie, er lebt mit ihr zusammen, wie ich Ihnen erzählte. Wir blieben jedoch eng befreundet und schliefen weiter miteinander. Es war eine schöne Beziehung, ohne Leidenschaft, aber auch ohne Eifersucht, ohne Lügen, mit viel Freundschaft und Zärtlichkeit. Wissen Sie, ich war mit meinem Leben zufrieden, es schien zu genügen, tiefe Freundschaften im Leben zu haben, selbst wenn das keine Liebe war. Ich glaubte, ich sei für die Liebe zu alt, doch ich hätte bis zum Tod so fortfahren können – arbeiten und Leute gern haben, die mich gern haben. Dann passierte es, Sie wissen Bescheid. Außer mit Sartre und Bost habe ich dreimal in meinem Leben mit Männern eine Nacht verbracht – mit Männern, die ich bereits kannte und schätzte, obwohl ein wirkliches Liebesverhältnis nicht möglich war. Als ich zu Ihnen nach Chicago zurückkam, glaubte ich, es würde etwas Derartiges werden: ich mochte Sie; wir konnten ein paar Tage lang zusammen glücklich sein. Deshalb sage ich, Sie haben mich in eine

Falle gehen lassen. Ich erwartete keine Liebe, ich glaubte nicht, mich verlieben zu können, und Sie haben es geschafft, dass ich mich in Sie verliebte! Und veranlassten mich, nach Chicago zurückzukehren und Sie immer mehr zu lieben. Ich musste es also Bost sagen, und wie ich Ihnen erklärte, war es ein bisschen traurig, aber wir sind sehr enge Freunde geblieben, ich sehe ihn oft, meist zusammen mit Sartre, manchmal mit seiner Frau und manchmal allein. Wir hatten eine lange Beziehung, deshalb habe ich sie neulich erwähnt. Aber wie Sie spürten, war sie schon nicht mehr wirklich wichtig, jedenfalls nicht so, wie sie es in den ersten Jahren, vor langer Zeit, gewesen war.

Und all dies, Nelson, ist eine andere Art, Ihnen zu sagen, dass ich in Ihren Armen wirkliche, vollständige Liebe erfahren habe, Liebe, bei der Herz, Seele und Fleisch eins sind. Letztes Jahr gab es keinen netten jungen Mann, dies Jahr wird es keinen geben, vermutlich wird es nie mehr einen anderen Mann geben.

So ist es gelaufen, Honey, so läuft es. Sehen Sie, es ist, als hätte ich eine Familie in Paris. Ich kenne diese Menschen seit so langer Zeit, so nah und unter so vielen Lebensbedingungen, im Guten wie im Schlechten, dass sie eher eine Familie sind als nur Freunde. Da meine tatsächliche Familie nichts für mich bedeutet, habe ich mir, so vermute ich, selbst eine gewählt. In gewisser Weise ist es ein Glück, eine Familie zu haben, sie hilft einem zu leben; in einem andern Sinn lässt sie einen jedoch allein; vor allem, wenn man jemanden (wahnsinnig liebt), hilft sie einem nicht. Ich weiß nicht, ob Sie mich nun besser verstehen, aber wenn ich schreibe: ich habe Bost, Sartre, Olga getroffen, möchte ich, dass Sie wissen, was ich meine. Und ich muss noch so viele Briefe schreiben, bevor ich aufhören kann, Worte zu benutzen, und wieder mit Ihnen verschmelze.

Leben Sie wohl, Nelson, ich war glücklich, mit Ihnen zu sprechen. Ich küsse Ihre Lippen im Traum.

Ganz Ihre Simone

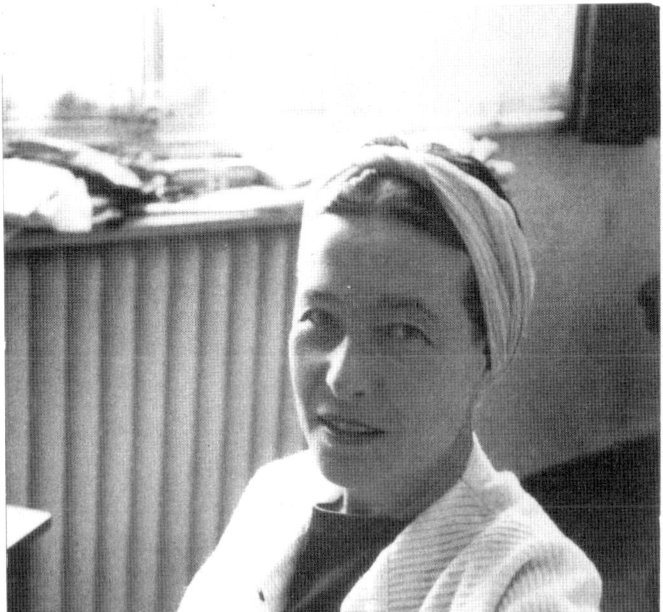

Das andere Geschlecht

Einleitung

Ich habe lange gezögert, ein Buch über die Frau zu schreiben. Das ist ein Reizthema, besonders für Frauen, und es ist nicht neu. In der Debatte über den Feminismus ist genug Tinte geflossen. Jetzt ist sie nahezu abgeschlossen: reden wir nicht mehr darüber. Es wird aber doch weiter darüber geredet, und es sieht nicht so aus, als hätte die in den letzten hundert Jahren produzierte Flut von Sottisen das Problem geklärt. Gibt es überhaupt ein Problem? Und worin besteht es? Gibt es überhaupt Frauen? Die Theorie vom Ewigweiblichen hat zwar noch Anhänger, die sich zuflüstern: »Sogar in Russland bleiben *sie* Frauen«, aber andere gut informierte Leute – manchmal auch dieselben – seufzen: »Das Frauliche geht verloren, es gibt keine Frauen mehr.« Man weiß nicht mehr genau, ob es noch Frauen gibt, ob es sie immer geben wird, ob dies wünschenswert ist oder nicht, welchen Platz sie in dieser Welt einnehmen, welchen sie einnehmen sollten. »Wo sind die Frauen?«, fragte kürzlich eine unregelmäßig erscheinende Zeitschrift namens *Franchise*, die inzwischen eingestellt wurde. Doch zunächst einmal: was ist eine Frau? »*Tota mulier in utero*: eine Gebärmutter«, sagt der eine. Über manche Frauen urteilen Kenner jedoch: »Das sind keine Frauen«, obwohl sie einen Uterus haben wie alle anderen. Von allen wird einmütig anerkannt, dass es innerhalb der menschlichen Spezies »Weibchen« gibt. Sie stellen heute wie ehedem etwa die Hälfte der Menschheit. Und doch sagt man uns, die Weiblichkeit sei »in Gefahr«, man ermahnt uns: »Seid Frauen, bleibt Frauen, werdet Frauen.« Nicht jeder weibliche Mensch ist also zwangsläufig eine Frau; er muss an jener geheimnisvollen, bedrohten Realität, der Weiblichkeit, teilhaben. Wird diese von den Eierstöcken produziert? Oder ist sie eine abgehobene platonische Idee? Genügt ein aufreizender Unterrock, um sie auf die Erde herunterzuholen? Obwohl manche Frauen sich eifrig bemühen, sie zu verkörpern, wurde ein Gebrauchsmuster nie festgelegt. Das Weibliche wird gern in unbestimmten, schillernden Ausdrücken beschrieben, die dem Wortschatz von Seherinnen zu entstammen scheinen. Zur Zeit des Thomas von Aquin galt es als ebenso eindeutig definierte Essenz wie etwa die einschläfernde Wirkung des Mohns. Aber der Konzeptualismus hat an Boden verloren: die Biologie und die Sozialwissenschaften glauben nicht mehr an die Existenz unwandelbarer Anlagen, die gegebene

Charaktertypen wie die Frau, den Juden oder den Schwarzen hervorbringen; sie betrachten den Charakter als Sekundärreaktion auf eine *Situation*. Wenn es heute keine Weiblichkeit mehr gibt, so, weil es nie eine gegeben hat. Bedeutet das etwa, dass das Wort »Frau« keinerlei Inhalt hat? Das jedenfalls behaupten die Anhänger der Aufklärung, des Rationalismus und des Nominalismus, indem sie nachdrücklich erklären, die Frauen seien unter den Menschen nur jene, die willkürlich mit dem Wort »Frau« bezeichnet werden. Vor allem die Amerikanerinnen hängen an dem Gedanken, die Frau als solche komme nicht mehr vor. Und wenn eine Rückständige sich immer noch für eine Frau hält, raten ihr die Freundinnen zu einer Psychoanalyse, um diese Zwangsvorstellung loszuwerden. Dorothy Parker schreibt über ein – nebenbei gesagt höchst ärgerliches – Werk mit dem Titel *Modern woman: the lost sex*: »Ich kann Büchern, die die Frau als Frau behandeln, nicht gerecht werden ... Nach meiner Auffassung müssen wir alle, Männer wie Frauen, als Menschen betrachtet werden.« Aber der Nominalismus ist eine Doktrin, die etwas kurz greift, und die Gegner des Feminismus haben leichtes Spiel nachzuweisen, dass Frauen keine Männer *sind*. Mit Sicherheit ist die Frau wie der Mann ein Mensch: aber eine solche Behauptung ist abstrakt. Tatsächlich befindet sich jeder konkrete Mensch immer in einer einzigartigen Situation. Die Begriffe vom Ewigweiblichen, von der schwarzen Seele, vom jüdischen Charakter abzulehnen, bedeutet ja nicht zu verneinen, dass es heute Juden, Schwarze, Frauen gibt: diese Verneinung wäre für die Betroffenen keine Befreiung, sondern eine Flucht ins Unauthentische. Selbstverständlich kann keine Frau, ohne unaufrichtig zu sein, behaupten, sie stünde jenseits ihres Geschlechts. Vor einigen Jahren lehnte eine bekannte Schriftstellerin es ab, ihr Porträt für eine Fotoserie mit ausschließlich weiblichen Autoren zur Verfügung zu stellen: sie wollte den Männern zugeordnet werden. Um dieses Privileg zu erlangen, ließ sie den Einfluss ihres Mannes spielen. Frauen, die Männer zu sein behaupten, verlangen deshalb nicht weniger Rücksichten und Huldigungen von Seiten der Männer. Hier muss ich auch an eine junge Trotzkistin denken, die bei einer stürmischen Versammlung auf dem Podium stand und trotz ihrer offensichtlichen Zartheit zu einem Faustschlag ausholte: sie verleugnete ihre weibliche Schwäche, doch sie tat es aus Liebe zu einem Genossen, dem sie ebenbürtig sein wollte. Die herausfordernde Haltung, in der die Amerikanerinnen sich verkrampfen, zeigt, wie sehr sie sich vom Gefühl ihrer Weiblichkeit verfolgt fühlen. Dabei braucht man nur mit offenen Augen durch die Welt zu gehen, um festzustellen, dass die Menschheit sich in zwei Kategorien von Individuen teilt, deren Kleidung, Gesichter, Körper, Lächeln, Gang, Interessen und Betätigungen sichtlich verschieden sind: vielleicht sind diese Unterschiede oberflächlich, vielleicht sind sie dazu bestimmt zu verschwinden. Sicher ist, dass sie derzeit unübersehbar existieren.

Wenn die Funktion des »Weibchens« nicht ausreicht, um die Frau zu definieren, wenn wir es auch ablehnen, sie mit dem Ewigweiblichen zu erklären, aber gelten lassen, dass es, zumindest vorläufig, Frauen auf der Erde gibt, müssen wir uns wohl die Frage stellen: was ist eine Frau?

Schon beim Formulieren der Frage kommt mir eine erste Antwort. Es ist bezeichnend, dass ich sie überhaupt stelle. Ein Mann käme gar nicht auf die Idee, ein Buch über die einzigartige Situation der Männer innerhalb der Menschheit zu schreiben. Der *Kinsey-Report* zum Beispiel beschränkt sich darauf, das Sexualverhalten des amerikanischen Mannes zu beschreiben, was etwas ganz anderes ist. Wenn *ich* mich definieren will, muss ich zuerst einmal klarstellen: »Ich bin eine Frau.« Diese Wahrheit ist der Hintergrund, von dem sich jede weitere Behauptung abheben wird. Ein Mann beginnt nie damit, sich als Individuum eines bestimmten Geschlechts darzustellen: dass er ein Mann ist, versteht sich von selbst. In Amtsregistern und auf Personalbögen sind die Rubriken »männlich« und »weiblich« nur der Form halber symmetrisch. Das Verhältnis der beiden Geschlechter ist nicht das zweier elektrischer Ströme, zweier Pole: der Mann vertritt so sehr zugleich das Positive und das Neutrale, dass im Französischen *les hommes* (die Männer) die Menschen schlechthin bezeichnen, da die spezielle Bedeutung des Wortes *vir* in der allgemeinen von *homo* aufgegangen ist. Die Frau dagegen erscheint als das Negative, so dass jede Bestimmung ihr zur Einschränkung gereicht, ohne dass die Sache umkehrbar wäre. Bei theoretischen Diskussionen hat es mich manchmal geärgert, von Männern gesagt zu bekommen: »Sie denken das und das, weil Sie eine Frau sind.« Mir war aber klar, dass ich mich nur mit der Antwort verteidigen konnte: »Ich denke es, weil es stimmt«, das heißt unter Ausklammerung meiner Subjektivität. Keinesfalls hätte ich entgegnen dürfen: »Und Sie denken das Gegenteil, weil Sie ein Mann sind«, denn es steht fest, dass ein Mann zu sein keine Besonderheit darstellt. Ein Mann ist im Recht, weil er ein Mann ist, die Frau dagegen ist im Unrecht. Wie es für die Menschen der Antike eine absolute Vertikale gab, von der die Definition des Schrägen abgeleitet wurde, gibt es einen absoluten Menschentyp, nämlich den männlichen. Die Frau hat Ovarien und einen Uterus. Das sind Sonderbedingungen, die sie zur Subjektivität verurteilen. Man sagt gern, sie denke mit ihren Drüsen. Der Mann sieht großzügig darüber hinweg, dass zu seiner Anatomie auch Hormone und Testikel gehören. Er begreift seinen Körper als direkte, normale Verbindung zur Welt, die er in ihrer Objektivität zu erfassen glaubt, während er den Körper der Frau durch alles, was diesem eigentümlich ist, belastet sieht und ihn als Behinderung, als Gefängnis betrachtet. »Das Weib ist Weib dadurch, dass ihm bestimmte Eigenschaften *fehlen*«, sagt Aristoteles. »Wir müssen das Wesen der Frauen als etwas natürlich Mangelhaftes sehen.« Und Thomas von Aquin schließt sich ihm in der Auffassung an, die Frau sei ein »verfehlter Mann«, ein »zufälliges Wesen«. Das Gleiche symbolisiert auch die Geschichte der Genesis, in der Eva nach den Worten Bossuets aus einem »überzähligen Knochen« Adams hervorgezaubert wird. Die Menschheit ist männlich, und der Mann definiert die Frau nicht als solche, sondern im Vergleich zu sich selbst: sie wird nicht als autonomes Wesen angesehen. »Die Frau, das relative Wesen ...«, schreibt Michelet. Das Gleiche sagt Julien Benda im *Rapport d'Uriel*: »Der Körper des Mannes ist sinnhaft durch sich selbst, auch ohne den der Frau, während der ihre sinnentblößt scheint, wenn man den männlichen nicht einbezieht ... Der Mann denkt sich ohne die Frau. Sie denkt sich nicht ohne den Mann.« Und sie ist nichts anderes als das, was der Mann bestimmt. In Frankreich zum Beispiel nennt man sie einfach *le sexe*, womit gemeint ist, dass sie für den Mann in erster Linie ein geschlechtliches Wesen ist: für ihn ist sie sexuell, das heißt, sie ist es absolut. Sie wird mit Bezug auf den Mann determiniert und differenziert, er aber nicht mit Bezug auf sie. Sie ist das Unwesentliche gegenüber dem Wesentlichen. Er ist das Subjekt, er ist das Absolute: sie ist das Andere.[1]

Die Kategorie des *Anderen* ist so ursprünglich wie das Bewusstsein selbst. In den primitivsten Gesellschaften, in den ältesten Mythologien findet sich immer eine Dualität: die des Gleichen und des Anderen. Diese Zweiteilung stand zunächst nicht im Zeichen der Geschlechtertrennung, sie ist durch keine empirische Gegebenheit bedingt: das geht u.a. aus den Arbeiten von Granet über das chinesische Denken und von Dumézil über Indien und Rom hervor. In den Begriffspaaren Varuna-Mitra, Uranos-Zeus, Sonne-Mond, Tag-Nacht ist zunächst kein weibliches Element enthalten, ebenso wenig wie in der Gegenüberstellung von Gut und Böse, der heil- und unheilbringenden Prinzipien, der Rechten und der Linken, Gottes und Luzifers. Die Alterität ist eine grundlegende Kategorie des menschlichen Denkens. Keine Gemeinschaft definiert sich jemals als die Eine, ohne sich sofort die Andere entgegenzusetzen. Es genügt, dass drei Reisende zufällig im selben Zugabteil sitzen, damit alle übrigen Reisenden irgendwie feindliche »andere« werden. Für den Dorfbewohner sind alle Leute, die nicht zu seinem Dorf gehören, verdächtige »andere«. Dem Einheimischen eines Landes erscheinen die Bewohner anderer Länder als »Fremde«. Für den Antisemiten sind die Juden »andere«, für die amerikanischen Rassisten sind es die Schwarzen; für die Kolonialherren die Eingeborenen und für die besitzenden Klassen die Proletarier.

Als abschließendes Ergebnis einer eingehenden Studie über die verschiedenen Gestalten primitiver Gesellschaften konnte Lévi-Strauss feststellen: »Der Übergang vom Naturzustand zum Kulturzustand wird nach der Befähigung der Menschen bestimmt, biologische Beziehungen in Gegensatzsystemen zu denken: Dualität, Wechselfolge, Gegensatz und Symmetrie, ob sie nun in eindeutiger oder verschwommener Form vorkommen, stellen nicht so sehr erklärungsbedürftige Phänomene dar, als dass sie die grundlegenden, unmittelbaren Gegebenheiten der sozialen Wirklichkeit bilden.«[2] Diese Phänomene blieben unverständlich, wenn die menschliche Realität ausschließlich ein auf Solidarität und Freundschaft beruhendes *Mitsein* wäre. Sie werden erst begreiflich, wenn man wie Hegel im Bewusstsein selbst eine grundlegende Feindseligkeit gegenüber jedem anderen Bewusstsein entdeckt. Das Subjekt setzt sich nur, indem es sich entgegensetzt: es hat den Anspruch, sich als das Wesentliche zu behaupten und das Andere als das Unwesentliche, als Objekt zu konstituieren.

Nur setzt ihm das andere Bewusstsein seinerseits den gleichen Anspruch entgegen: auf Reisen stellt der Einheimische entrüstet fest, dass es in den Nachbarländern Einheimische gibt, die *ihn* als Fremden betrachten. Zwischen Dörfern, Stämmen, Nationen, Klassen gibt es Kriege, Potlatchs, Handelsbeziehungen, Verträge und Fehden, die der Idee des *Anderen* ihren absoluten Sinn nehmen und ihre Relativität offenbaren; Individuen und Gruppen sind wohl oder übel gezwungen, die Wechselseitigkeit ihrer Beziehung anzuerkennen. Wie aber kommt es dann, dass zwischen den Geschlechtern diese Wechselseitigkeit nicht hergestellt worden ist, dass der eine der beiden Begriffe sich als der einzig wesentliche behauptet hat und jede Relativität in Bezug auf sein Korrelat verleugnet, indem er dieses als die Alterität schlechthin definiert? Wieso fechten die Frauen die männliche Selbstherrlichkeit nicht an? Kein Subjekt versteht sich ohne weiteres spontan als das Unwesentliche. Nicht das Andere definiert das Eine, indem es sich selbst als das Andere definiert: es wird von dem Einen, das sich als das Eine versteht, als das Andere gesetzt. Damit aber die Umkehrung vom Anderen zum Einen nicht vollzogen wird, muss das Andere sich diesem fremden Standpunkt unterwerfen. Woher kommt diese Unterwerfung bei der Frau?

Es gibt auch sonst Fälle, in denen es einer Kategorie für kürzere oder längere Zeit gelungen ist, eine andere vollständig zu beherrschen. Oft entsteht dieses Vorrecht aufgrund einer zahlenmäßigen Ungleichheit: die Mehrheit zwingt der Minderheit ihr Gesetz auf oder verfolgt sie. Aber die Frauen sind keine Minderheit wie die Schwarzen in Amerika oder die Juden: es gibt ebenso viele Frauen wie Männer auf der Erde. Oft waren die beiden vorhandenen Gruppen auch zunächst unabhängig:

sie wussten nichts voneinander, oder jede ließ die Autonomie der anderen zu; erst ein historisches Ereignis hat die schwächere der stärkeren untergeordnet: die jüdische Diaspora, die Einführung der Sklaverei in Amerika, die kolonialen Eroberungen sind datierbare Fakten. Hier hat es für die Unterdrückten ein *Vorher* gegeben: sie haben eine Vergangenheit, eine Tradition, manchmal eine Religion, eine Kultur gemeinsam. In diesem Sinne wäre Bebels Vergleich zwischen den Frauen und dem Proletariat bestens begründet: auch die Proletarier sind zahlenmäßig nicht unterlegen und haben nie eine Gemeinschaft für sich gebildet. Doch nicht *ein* Ereignis, sondern eine historische Entwicklung erklärt ihre Existenz als Klasse und das Vorkommen *dieser* Individuen in dieser Klasse. Proletarier hat es nicht immer gegeben: Frauen hat es immer gegeben. Sie sind Frauen aufgrund ihrer physiologischen Struktur. So weit die Geschichte zurückreicht, sind sie dem Mann immer untergeordnet gewesen: ihre Abhängigkeit ist nicht die Folge eines Ereignisses oder einer Entwicklung, sie ist nicht *geschehen*. Zum Teil erscheint die Alterität, eben weil sie nicht der Zufälligkeit des historischen Geschehens unterliegt, hier als ein Absolutes. Eine Situation, die im Laufe der Zeit entstanden ist, kann sich in einer anderen Zeit wieder auflösen: die Schwarzen von Haiti zum Beispiel haben es ja bewiesen. Natürliche Verhältnisse dagegen scheinen jeder Veränderung zu trotzen. In Wirklichkeit ist die Natur ebenso wenig eine unwandelbare Gegebenheit wie die historische Realität. Wenn die Frau sich als das Unwesentliche erkennt, das sich nie ins Wesentliche umkehrt, so weil sie selbst diese Umkehrung nicht vollzieht. Die Proletarier sagen »wir«. Die Schwarzen auch. Indem sie sich als Subjekte setzen, verwandeln sie die Bürger, die Weißen in »andere«. Die Frauen sagen nicht »wir«, außer auf bestimmten Kongressen, die theoretische Kundgebungen bleiben. Die Männer sagen »die Frauen«, und diese übernehmen das Wort, um sich selbst zu bezeichnen. Aber sie setzen sich nicht authentisch als *Subjekt*. Die Proletarier haben in Russland Revolution gemacht, die Schwarzen in Haiti, die Indochinesen in Indochina: das Handeln der Frauen ist immer nur symbolisches Agieren gewesen. Sie haben nur das erreicht, was die Männer ihnen zugestehen wollten. Sie haben nichts genommen: sie haben angenommen. Es fehlen ihnen nämlich konkrete Mittel, um sich zu einer Einheit zusammenzuschließen, die sich selbst setzt, indem sie sich entgegensetzt. Sie haben keine eigene Vergangenheit, Geschichte oder Religion. Sie bilden im Gegensatz zu den Proletariern keine Arbeits- und Interessengemeinschaft. Zwischen ihnen gibt es nicht einmal das räumliche Miteinander, das die amerikanischen Schwarzen, die Juden in den Gettos, die Arbeiter von Saint-Denis oder die der Renault-Werke zu einer Gemeinschaft macht. Sie leben verstreut unter den Männern, sind durch Wohnung,

Arbeit, ökonomische Interessen und die soziale Stellung enger mit bestimmten Männern – sei es der Vater oder der Ehemann – verbunden als mit den anderen Frauen. Als bürgerliche Frauen sind sie solidarisch mit den bürgerlichen Männern und nicht mit den Frauen des Proletariats, als Weiße mit den weißen Männern und nicht mit den schwarzen Frauen. Das Proletariat könnte sich vornehmen, die herrschende Klasse niederzumetzeln; ein fanatischer Jude oder Schwarzer könnte davon träumen, sich das Geheimnis der Atombombe zu verschaffen und so eine ausschließlich jüdische oder schwarze Menschheit herbeizuführen: eine Frau kann die Männer nicht einmal im Traum ausrotten. Das Band, das sie mit ihren Unterdrückern verbindet, ist mit keinem anderen vergleichbar. Die Geschlechtertrennung ist nämlich eine biologische Gegebenheit, kein Merkmal der Menschheitsgeschichte. Aus einem ursprünglichen *Mitsein* hat die Gegensätzlichkeit sich allmählich herausgebildet, und die Frau hat sie nicht durchbrochen. Das Paar ist eine Grundeinheit, deren Hälften aneinander gefesselt sind: eine Spaltung der Gesellschaft nach Geschlechtern ist nicht möglich. Das ist das wesentliche Charakteristikum der Frau: sie ist das Andere in einem Ganzen, dessen Elemente einander brauchen.

Man könnte sich vorstellen, dass diese Gegenseitigkeit die Befreiung der Frau erleichtert hätte. Wenn Herkules zu Omphales Füßen Wolle spinnt, fesselt ihn sein Begehren: warum ist es Omphale nicht gelungen, dauerhafte Macht über ihn zu gewinnen? Um sich an Jason zu rächen, tötet Medea ihre Kinder: diese grausige Legende deutet an, dass die Frau aus ihrer Bindung an das Kind einen Furcht erregenden Einfluss hätte entwickeln können. In *Lysistrata* hat Aristophanes sich humoristisch eine Versammlung von Frauen ausgedacht, die versuchen, ihre Unentbehrlichkeit für die Männer gleichsam zu sozialen Zwecken auszubeuten: aber es ist nur eine Komödie. Die Legende von den geraubten Sabinerinnen, die sich ihren Entführern mit hartnäckiger Unfruchtbarkeit widersetzt haben sollen, erzählt auch, dass die Männer den Widerstand der Frauen durch Auspeitschen mit Lederriemen auf magische Weise gebrochen haben. Das biologische Bedürfnis, das das männliche Wesen vom weiblichen abhängig macht – der Sexualtrieb und der Wunsch nach Nachkommen –, hat nicht zur sozialen Befreiung der Frau geführt. Auch Herr und Sklave sind durch ein gegenseitiges wirtschaftliches Bedürfnis miteinander verbunden, das den Sklaven nicht befreit, weil der Herr in seiner Beziehung zum Sklaven das Bedürfnis nach dem anderen nicht *setzt*. Er hat die Macht, dieses Bedürfnis zu befriedigen; er vermittelt es nicht. Der Sklave in seiner Abhängigkeit, Hoffnung oder Angst dagegen verinnerlicht, dass er seines Herrn bedarf. Die Dringlichkeit des Bedürfnisses wirkt sich, selbst wenn sie bei beiden gleich stark ist, immer zugunsten des Unterdrückers gegen den Unterdrückten aus: das erklärt zum Beispiel, warum die Befreiung der Arbeiterklasse so langsam vonstatten ging. Nun war die Frau wenn schon nicht die Sklavin des Mannes, so doch immer seine Vasallin; beide Geschlechter haben sich die Welt nie gleichmäßig geteilt, und noch heute ist die Frau, obwohl ihre Lage sich allmählich ändert, stark zurückgesetzt. In fast keinem Land ist sie dem Mann rechtlich gleichgestellt, oft sogar erheblich benachteiligt. Selbst wenn ihr bestimmte Rechte theoretisch zuerkannt worden sind, verhindert eine lange Gewohnheit, dass diese im alltäglichen Umgang konkret zum Ausdruck kommen. Wirtschaftlich bilden Männer und Frauen fast zwei Kasten: bei gleichen Voraussetzungen haben die Männer vorteilhaftere Stellungen, höhere Löhne, mehr Aufstiegschancen als ihre neuen Konkurrentinnen. Sie haben in der Industrie, in der Politik usw. viel mehr Stellen inne und besetzen die wichtigsten Posten. Außer ihrer konkreten Macht besitzen sie ein Prestige, dessen Tradierung durch die gesamte Kindererziehung gewährleistet wird: die Gegenwart umschließt die Vergangenheit, und in der Vergangenheit ist alle Geschichte von den Männern gemacht worden. In dem Augenblick, in dem die Frauen anfangen, sich an der Gestaltung der Welt zu beteiligen, gehört diese Welt noch den Männern: sie, die Männer, zweifeln nicht, die Frauen zweifeln kaum daran. Eine Weigerung, das Andere zu sein, eine Ablehnung der Komplizenschaft mit dem Mann hieße für die Frau, auf alle Vorteile zu verzichten, die das Bündnis mit der höheren Kaste ihr bringen kann. Der Mann als Herrscher wird die Frau als Hörige materiell beschützen und es übernehmen, ihre Existenz zu rechtfertigen: mit dem ökonomischen umgeht sie auch das metaphysische Risiko einer Freiheit, die ihre Ziele ohne Hilfe erfinden muss. Neben dem ethischen Anspruch jedes Individuums, sich als Subjekt zu behaupten, gibt es in ihm die Versuchung, seine Freiheit zu fliehen und sich als Ding zu konstituieren: ein unheilvoller Weg, denn passiv, entfremdet, verloren, ist es fremdem Willen ausgeliefert, von seiner Transzendenz abgeschnitten, jedes Wertes beraubt. Aber es ist ein bequemer Weg: man vermeidet so die Angst und Spannung einer selbstverantwortlichen Existenz. Der Mann, der die Frau als eine *Andere* konstituiert, trifft bei ihr also auf weitgehendes Einverständnis. Die Frau erhebt nicht den Anspruch, Subjekt zu sein, weil ihr die konkreten Möglichkeiten dazu fehlen, weil sie ihre Bindung an den Mann als notwendig empfindet, ohne deren Reziprozität zu setzen, und weil sie sich oft in ihrer Rolle als *Andere* gefällt.

Doch sogleich taucht eine Frage auf: wie hat diese ganze Geschichte angefangen? Verständlich ist, dass die Dualität der Geschlechter wie jede Dualität in einem Konflikt zum Ausdruck gekommen ist. Verständlich ist, dass, wenn es einem der beiden gelungen ist, seine Überlegenheit durchzusetzen, diese sich als absolut einbürgern musste. Zu erklären bleibt, wieso es der Mann war, der am Anfang gewonnen hat. Es scheint, dass die Frauen hätten siegen oder dass der Kampf unentschieden hätte bleiben können. Wie kommt es, dass diese Welt immer den Männern gehört hat und dass die Dinge erst heute anfangen, sich zu verändern? Ist diese Veränderung etwas Gutes? Wird sie eine gleichmäßige Aufteilung der Welt zwischen Männern und Frauen bringen?

Diese Fragen sind keineswegs neu; es hat schon viele Antworten darauf gegeben. Aber die bloße Tatsache, dass die Frau *anders* ist, macht alle Rechtfertigungen, die je von Männern vorgebracht wurden, anfechtbar: zu offenkundig waren sie von deren Eigennutz diktiert. »Alles, was von Männern über Frauen geschrieben wurde, muss verdächtig sein, da sie zugleich Richter und Partei sind«, sagte im 17. Jahrhundert Poulain de la Barre, ein kaum bekannter Feminist. Überall und zu allen Zeiten haben Männer ihre Genugtuung darüber bekundet, die Krönung der Schöpfung zu sein. »Gelobt seist Du, Gott, unser Herr und Herr der Welt, der mich nicht zu einem Weibe hat gemacht«, sprechen die Juden in ihrem Morgengebet, während ihre Ehefrauen resigniert murmeln: »Gelobt seist Du, Gott, der mich nach seinem Willen hat geschaffen.« Unter den Wohltaten, für die Platon den Göttern dankte, war die erste, dass sie ihn frei und nicht als Sklaven erschaffen hatten, die zweite, dass er ein Mann und keine Frau geworden war. Doch die Männer hätten dieses Privileg nicht in vollem Umfang genießen können, wenn sie es nicht als im Absoluten und im Ewigen begründet angesehen hätten: aus ihrer faktischen Suprematie haben sie ein Recht zu machen versucht. »Da es Männer waren, die die Gesetze gemacht und zusammengestellt haben, begünstigten sie ihr Geschlecht, und die Rechtsgelehrten verkehrten die Gesetze in Privilegien«, sagte Poulain de la Barre weiter. Gesetzgeber, Priester, Philosophen, Schriftsteller und Gelehrte haben alles eingesetzt, um zu beweisen, dass die Unterordnung der Frau im Himmel gewollt und für die Erde nützlich sei. Die von den Männern geschaffenen Religionen spiegeln denselben Herrschaftswillen wider: aus den Legenden von Eva und Pandora haben sie Waffen geschmiedet. Sie haben sich die Philosophie und die Theologie dienstbar gemacht, wie aus den zitierten Sätzen von Aristoteles und Thomas von Aquin zu ersehen ist. Seit der Antike hat es Satirikern und Moralisten gefallen, ein Bild der weiblichen Schwäche zu zeichnen. Man kennt die heftigen Anklagen, die sich quer durch die ganze französische Literatur ziehen: etwas weniger ungestüm greift Montherlant die Tradition eines Jean de Meung wieder auf. Diese Feindseligkeit erscheint manchmal begründet, oft völlig willkürlich; in Wahrheit verbirgt sich dahinter ein mehr oder weniger geschickt getarnter

Wunsch nach Selbstrechtfertigung. »Es ist leichter, ein Geschlecht anzuklagen, als das andere zu entschuldigen«, sagt Montaigne. In manchen Fällen ist offenkundig, wie die Sache läuft. So fällt zum Beispiel auf, dass das römische Recht, um die Rechte der Frau einzuschränken, ausgerechnet dann auf die »Dummheit und Gebrechlichkeit des weiblichen Geschlechts« hinweist, wenn dieses bei einer Schwächung der Familie zu einer Gefahr für die männlichen Erben wird. Ebenso fällt auf, dass man im 16. Jahrhundert, um die verheiratete Frau unter Vormundschaft zu halten, sich auf die Autorität des Augustinus beruft und erklärt, »die Frau ist eine Kreatur ohne Festigkeit und ohne Halt«, wohingegen der unverheirateten die Befähigung, ihren Besitz zu verwalten, zuerkannt wird. Montaigne hat das Willkürliche und Ungerechte an dem der Frau zugewiesenen Los sehr richtig gesehen: »Die Frauen haben durchaus nicht Unrecht, wenn sie die Regeln dieser Welt ablehnen, zumal die Männer sie ohne ihre Mitwirkung gemacht haben. Zwischen ihnen und uns gibt es naturgemäß Zwist und Streit.« Er geht jedoch nicht so weit, sich zu ihrem Vorkämpfer zu machen. Erst im 18. Jahrhundert nehmen sich überzeugt demokratisch denkende Männer dieser Frage objektiv an. Als einer von ihnen versucht Diderot beharrlich aufzuzeigen, dass die Frau genau wie der Mann ein menschliches Wesen ist. Etwas später ist es Stuart Mill, der sie leidenschaftlich verteidigt. Aber diese Philosophen sind außergewöhnlich unparteiisch. Im 19. Jahrhundert wird der Feminismusstreit wieder zum Parteienstreit. Eine Folge der industriellen Revolution ist die Teilnahme der Frau an der produktiven Arbeit: damit treten die feministischen Forderungen aus der Theorie heraus und gewinnen ökonomische Grundlagen. Ihre Gegner werden um so aggressiver. Obwohl der Grundbesitz an Bedeutung verloren hat, klammert sich das Bürgertum an die alte Moral, die in der Intaktheit der Familie den Garanten für den Privatbesitz sieht: es fordert das Verbleiben der Frau am häuslichen Herd um so schärfer, als ihre Emanzipation eine echte Bedrohung wird. Selbst innerhalb der Arbeiterklasse haben die Männer versucht, den Befreiungsprozess zu bremsen, weil die Frauen ihnen als gefährliche Konkurrentinnen erschienen und es obendrein gewohnt waren, zu niedrigen Löhnen zu arbeiten. Um die Unterlegenheit der Frau zu beweisen, haben die Antifeministen damals nicht nur wie vordem die Religion, die Philosophie und die Theologie herangezogen, sondern auch die Naturwissenschaften – die Biologie, die Experimentalpsychologie usw. Man war allenfalls bereit, dem *anderen* Geschlecht »Gleichheit in der Unterschiedlichkeit« zuzugestehen. Diese Formel, die großen Anklang gefunden hat, ist sehr bezeichnend: genau dieselbe wird in den Jim-Crow-Gesetzen auf die amerikanischen Schwarzen angewandt: diese angeblich egalitäre Segregation hat nur zur schlimmsten Diskriminierung geführt. Die Übereinstimmung ist keineswegs zufällig: ob die untergeordnete Position einer Rasse, einer Kaste, einer Klasse oder einem Geschlecht zugewiesen wird, die Rechtfertigungsmechanismen sind immer gleich. Dem »Ewigweiblichen« entspricht die »schwarze Seele« und der »jüdische Charakter«. Insgesamt ist das jüdische Problem allerdings sehr verschieden von den beiden anderen: der Jude ist für den Antisemiten weniger ein Unterlegener als vielmehr ein Feind, und ihm wird in dieser Welt kein eigener Platz zugebilligt – eher möchte man ihn vernichten. Doch zwischen der Situation der Frauen und der der Schwarzen gibt es tiefgreifende Analogien: die einen wie die anderen emanzipieren sich heute von derselben Bevormundung, und die bisherige Herrenkaste will sie dort festhalten, »wo sie hingehören«, d. h. auf dem Platz, den sie ihnen zugedacht hat. In beiden Fällen ergeht sie sich in mehr oder weniger aufrichtigen Elogen über die Tugenden des »guten Schwarzen« mit der naiven, kindlichen, heiteren Seele, des Schwarzen, der sich in sein Schicksal ergeben hat, und der »wirklich weiblichen Frau«, d. h. der frivolen, kindischen und verantwortungslosen, die sich dem Mann unterordnet. In beiden Fällen bezieht sie ihre Argumente aus einem Tatbestand, den sie selbst geschaffen hat. Man kennt ja den Ausspruch von George Bernard Shaw, der sinngemäß besagt: »Der weiße Amerikaner verweist den Schwarzen auf die Stufe eines Schuhputzers und schließt daraus, dass er nur zum Schuhputzen taugt.« Diesen *circulus vitiosus* findet man unter allen analogen Umständen wieder: wenn ein Individuum oder eine Gruppe von Individuen in Unterlegenheit gehalten wird, so *ist* sie eben unterlegen, doch müsste man sich zuerst einmal über die Bedeutung des Wortes *sein* verständigen. Die Unaufrichtigkeit besteht darin, ihm einen substanziellen Charakter zu geben, während es den dynamischen Sinn hat, den Hegel ihm verleiht: *sein* heißt geworden sein, heißt zu dem gemacht worden sein, als was man in Erscheinung tritt. Ja, die Frauen insgesamt *sind* den Männern heute unterlegen, d. h. ihre Situation eröffnet ihnen geringere Möglichkeiten: die Frage ist nur, ob es ewig bei diesem Stand der Dinge bleiben soll.

Viele Männer wünschen es: noch haben nicht alle die Waffen gestreckt. Das konservative Bürgertum sieht in der Emanzipation der Frau weiterhin eine Gefahr, die seine Moral und seine Interessen bedroht. Manche Männer fürchten die weibliche Konkurrenz. In *Hebdo-Latin* erklärte kürzlich ein Student: »Jede Studentin, die Ärztin oder Anwältin wird, *stiehlt* uns einen Arbeitsplatz.« Dieser junge Mann stellte sein Anrecht auf diese Welt nicht in Frage. Es geht aber nicht allein um wirtschaftliche Interessen. Ein Vorteil, den die Unterdrückung den Unterdrückern verschafft, besteht darin, dass noch der Geringste von ihnen sich *überlegen* fühlt: ein »armer Weißer« im Süden der USA kann sich damit trösten, dass er kein »dreckiger Neger« ist, und die wohlhabenderen Weißen beuten diesen Dünkel geschickt aus. Ebenso hält sich auch das minderwertigste männliche Wesen den Frauen gegenüber für einen Halbgott. Für Henry de Montherlant war es sehr viel leichter, sich als Helden zu sehen, wenn er sich (überdies eigens hierfür ausgewählten) Frauen gegenüberstellte, als wenn er unter Männern seine Männerrolle einnehmen musste: eine Rolle, in der viele Frauen besser abgeschnitten haben als er. So konnte Claude Mauriac – dessen ungeheure Originalität allseits bewundert wird – denn auch im September 1948 in einem seiner Artikel im *Figaro littéraire* über die Frauen schreiben, oder er meinte, schreiben zu können: »*Wir* lauschen im Ton *(sic!)* höflicher Gleichgültigkeit ... der brillantesten von ihnen, wohlwissend, dass ihr Geist mehr oder weniger glänzende Ideen wiedergibt, die von *uns* stammen.« Es sind dies natürlich nicht die Ideen des Herrn Mauriac persönlich, denn man weiß ja, dass er gar keine hat. Dass die Frau Ideen wiedergibt, die von Männern stammen, mag durchaus sein: auch unter den Angehörigen des männlichen Geschlechts gibt es mehr als einen, der Meinungen für seine eigenen hält, die er nicht erfunden hat. Man muss sich fragen, ob Claude Mauriac sich nicht besser mit einem guten Spiegelbild von Descartes, Marx oder Gide unterhalten sollte als mit sich selbst. Bemerkenswert ist, dass er sich durch das zweideutige *Wir* mit Paulus, Hegel, Lenin und Nietzsche identifiziert und, von deren Größe erhöht, verächtlich auf die Herde Frauen herabblickt, die es wagen, von gleich zu gleich mit ihm zu sprechen. Ehrlich gesagt kenne ich mehr als eine, die nicht die Geduld hätte, für Herrn Mauriac einen »Ton höflicher Gleichgültigkeit« aufzubringen.

Ich bin auf dieses Beispiel so ausführlich eingegangen, weil es die männliche Naivität in entwaffnender Weise zeigt. Es gibt viele andere und subtilere Arten, wie die Männer sich die Alterität der Frau zunutze machen. Für alle, die unter Minderwertigkeitskomplexen leiden, gibt sie einen wunderbaren Balsam ab: niemand ist den Frauen gegenüber arroganter, aggressiver oder verächtlicher als ein in seiner Männlichkeit verunsicherter Mann. Die Männer, die sich von ihresgleichen nicht eingeschüchtert fühlen, sind auch viel eher bereit, die Frau als ihresgleichen anzuerkennen. Doch selbst ihnen ist der Mythos Frau, der Mythos vom Anderen, aus vielen Gründen teuer [3]; man kann es ihnen nicht verübeln, dass sie all die Annehmlichkeiten, die sie daraus beziehen, nicht leichten Herzens opfern; sie wissen, was sie verlieren, wenn sie auf die Frau ihrer Träume verzichten; sie wissen aber nicht, was die Frau von morgen ihnen bringen wird. Viel Selbstverleugnung ist nötig, um sich nicht länger als einziges und absolutes Subjekt zu setzen.

Dieser Anspruch wird von der großen Mehrheit der Männer übrigens gar nicht ausdrücklich erhoben. Die meisten *setzen* die Frau nicht als Unterlegene, sie sind heute zu sehr vom demokratischen Gedankengut durchdrungen, um nicht alle Menschen als gleich zu betrachten. Das Kind, der junge Mann hat die Frau innerhalb der Familie als Person mit der gleichen sozialen Würde wie die männlichen Erwachsenen erlebt. Später hat er im Begehren und in der Liebe den Widerstand, die Unabhängigkeit der begehrten und geliebten Frau erfahren. Einmal verheiratet, respektiert er seine Frau als Ehefrau und Mutter, und sie behauptet sich in der konkreten Erfahrung des Ehelebens ihm gegenüber als Freiheit. Er kann sich also einreden, es gebe unter den Geschlechtern keine soziale Rangordnung mehr und die Frau sei im Großen und Ganzen über die Unterschiede hinweg gleich. Da er jedoch bestimmte Unterlegenheiten feststellt – vor allem die fehlende berufliche Qualifikation –, schreibt er diese der Natur zu. Wenn er der Frau gegenüber eine kooperative, wohlwollende Haltung einnimmt, diskutiert er über das theoretische Gleichheitsprinzip, ohne die praktische Ungleichheit, die er beobachtet, zu sehen. Doch sobald er in Konflikt mit der Frau gerät, kehrt sich die Situation um: er diskutiert die praktische Ungleichheit und leugnet unter Berufung darauf sogar die theoretische. So erklärt er beispielsweise, dass er seine Frau durch den fehlenden Beruf in keiner Weise herabgesetzt sieht: die Aufgaben im Haushalt seien ebenso wertvoll usw. Doch schon beim ersten Streit ruft er: »Du wärst ja gar nicht in der Lage, ohne mich für deinen Lebensunterhalt zu sorgen.« Viele Männer behaupten scheinbar aufrichtig, dass die Frauen ihnen gleich sind, dass sie nichts zu fordern brauchen; und *gleichzeitig* sagen sie, die Frauen könnten den Männern nie gleich werden, ihre Forderungen wären vergeblich. Ein Mann kann schwer ermessen, wie außerordentlich groß die Bedeutung sozialer Diskriminierungen ist, die von außen unerheblich erscheinen, deren moralische und intellektuelle Auswirkungen auf die Frau aber so tief gehen, dass es den Anschein haben kann, sie entsprängen einer Urnatur. Selbst bei den größten Sympathien für die Frau weiß der Mann nie richtig über ihre konkrete Situation Bescheid. Daher gibt es keinen Grund, den Männern zu glauben, die sich der Tragweite der Privilegien, die sie zu verteidigen suchen, nicht einmal bewusst sind. Wir werden uns also von der Vielzahl und Heftigkeit der Angriffe gegen die Frauen nicht einschüchtern lassen, auch werden wir uns nicht von den eigennützigen Lobreden auf die »wahre Frau« einwickeln oder uns von der Begeisterung anstecken lassen, die das weibliche Schicksal bei Männern wachruft, welche es um nichts in der Welt teilen möchten.

Den Argumenten der Feministinnen sollten wir allerdings nicht weniger misstrauisch begegnen: oft macht das polemische Anliegen sie ganz wertlos. Dass die

Frauenfrage so ergebnislos geblieben ist, liegt an der männlichen Arroganz, die einen »Streit« daraus gemacht hat; wenn man sich streitet, argumentiert man nicht mehr gut. Man hat unablässig zu beweisen versucht, dass die Frau dem Mann überlegen, unterlegen oder gleich sei: nach Adam erschaffen, ist sie offenkundig ein zweitrangiges Wesen, sagten die einen; im Gegenteil, sagten die anderen, Adam war nur ein Rohentwurf, und der vollkommene Mensch ist Gott erst gelungen, als er Eva schuf. Ihr Gehirn ist kleiner als seines: relativ gesehen ist es aber größer. Christus kam als Mann auf die Welt: vielleicht tat er es aus Demut. Jedes Argument ruft sofort das gegenteilige hervor, und oft gehen beide daneben. Um klar zu sehen, muss man diese eingefahrenen Gleise verlassen; man muss den verschwommenen Begriffen Überlegenheit, Unterlegenheit und Gleichheit, die alle Diskussionen entstellt haben, eine Absage erteilen und ganz von vorn beginnen.

Wie aber sollen wir dann die Frage stellen? Und zunächst einmal, wer sind wir, dass wir sie stellen? Die Männer sind Richter und Partei: die Frauen ebenfalls. Wo soll man einen Engel finden? Aber auch ein Engel wäre schlecht geeignet, etwas dazu zu sagen; alle Grundlagen des Problems wären ihm unbekannt. Der Hermaphrodit ist ein Sonderfall: er ist nicht sowohl Mann wie Frau, sondern weder Mann noch Frau. Ich glaube, die besten Voraussetzungen zur Klärung der Situation der Frau haben immer noch bestimmte Frauen. Es wäre ein Trugschluss, Epimenides auf den Begriff Kreter und die Kreter auf den des Lügners festlegen zu wollen: es ist keine geheimnisvolle Essenz, die Männern und Frauen Aufrichtigkeit oder Unaufrichtigkeit diktiert; es ist vielmehr ihre Situation, die sie mehr oder weniger zur Wahrheitssuche befähigt. Viele Frauen von heute, die das Glück hatten, dass ihnen alle Privilegien des Menschen zurückgegeben wurden, können sich den Luxus der Unparteilichkeit leisten: wir haben sogar ein Bedürfnis danach. Wir sind nicht mehr so im Kampf wie unsere Vorläuferinnen, wir haben die Partie im Großen und Ganzen gewonnen. Bei den letzten Diskussionen über den Status der Frau hat die UNO nachdrücklich gefordert, dass die Gleichberechtigung der Geschlechter vollständig verwirklicht werden muss, und viele von uns haben ihre Weiblichkeit schon nicht mehr als Behinderung oder Einschränkung zu empfinden brauchen. Uns erscheinen zahlreiche Probleme wesentlicher als die, die speziell uns betreffen: eben diese Distanziertheit lässt uns hoffen, dass unsere Haltung objektiv sein wird. Außerdem sind wir mit der weiblichen Welt vertrauter als die Männer, weil wir in ihr unsere Wurzeln haben; wir begreifen unmittelbarer, was es für einen Menschen bedeutet, weiblich zu sein, und uns liegt mehr daran, es zu erfahren. Ich habe gesagt, dass es wesentlichere Probleme gibt, doch bleibt es meiner Ansicht nach von erheblicher Bedeutung, inwieweit die Tatsache, dass wir Frauen sind, unser Leben beeinflusst hat. Welche Chancen wurden uns im Einzelnen gegeben und welche wurden uns vorenthalten? Welches Los können unsere jüngeren Schwestern erwarten, und welche Richtung soll man ihnen empfehlen? Auffällig ist, dass es der gesamten Frauenliteratur heutzutage viel weniger um Forderungen geht als um ein Streben nach Klarheit. Am Ende einer Zeit wirrer Polemiken soll dieses Buch ein Versuch unter anderen sein, die Dinge auf den Punkt zu bringen.

Aber es ist wohl unmöglich, irgendein menschliches Problem ohne Voreingenommenheit zu behandeln: schon die Art der Fragestellung, der Blickwinkel, den man einnimmt, setzt eine Interessenhierarchie voraus: jede Position schließt Werte ein; es gibt keine »objektive« Beschreibung, die nicht einen ethischen Hintergrund hätte. Statt die Prinzipien, von denen man mehr oder weniger stillschweigend ausgeht, zu verschleiern, sollte man sie lieber vorher nennen. Dann braucht man nicht auf jeder Buchseite zu erläutern, welchen Sinn man Wörtern wie überlegen, unterlegen, besser, schlechter, Fortschritt, Regression usw. verleiht. Wenn wir uns einige der Werke, die sich mit der Frau beschäftigen, in Erinnerung rufen, entdecken wir, dass der häufigste Standpunkt der des Gemeinwohls, des öffentlichen Interesses ist: in Wirklichkeit versteht jeder darunter das Interesse *der* Gesellschaft, die so ist, wie er sie erhalten oder errichten möchte. Wir dagegen meinen, dass es kein anderes Gemeinwohl gibt als das, welches das private Wohl der Bürger sichert. Wir beurteilen die Institutionen nach den konkreten Möglichkeiten, die sie den Individuen bieten. Aber deshalb verwechseln wir die Idee des Privatinteresses noch lange nicht mit der des Glücks: auch dies ist ein Standpunkt, dem man oft begegnet. Sind die Frauen im Harem nicht glücklicher als eine Wahlberechtigte? Ist die Hausfrau nicht glücklicher als die Arbeiterin? Dabei weiß man nicht so recht, was das Wort glücklich bedeutet, und noch weniger, welche authentischen Werte es abdeckt. Es gibt keine Möglichkeit, das Glück eines anderen zu messen, und es ist leichter, die Situation für glücklich zu erklären, die man ihm aufzwingen will: besonders diejenigen, die man zur Stagnation verurteilt, werden unter dem Vorwand, Glück sei Unbeweglichkeit, für glücklich erklärt. Glück ist also ein Begriff, auf den wir uns nicht beziehen. Unsere Perspektive ist die der existenzialistischen Ethik. Jedes Subjekt setzt sich durch Entwürfe konkret als eine Transzendenz. Es verwirklicht seine Freiheit nur durch deren ständiges Überschreiten auf andere Freiheiten hin. Es gibt keine andere Rechtfertigung der gegenwärtigen Existenz als ihre Ausdehnung in eine unendlich offene Zukunft. Jedes Mal wenn die Transzendenz in Immanenz zurückfällt, findet eine Herabminderung der Existenz in ein »An-sich« und der Freiheit in Faktizität statt. Dieses Zurückfallen ist, wenn das Subjekt es bejaht, eine moralische Verfehlung; wird es ihm auferlegt, führt es zu Frustration und Bedrückung; in beiden Fällen ist es ein absolutes Übel. Jedes Individuum, dem daran liegt, seine Existenz zu rechtfertigen, empfindet sie als ein unendliches Bedürfnis, sich zu transzendieren. Was nun die Situation der Frau in einzigartiger Weise definiert, ist, dass sie sich – obwohl wie jeder Mensch eine autonome Freiheit – in einer Welt entdeckt und wählt, in der die Männer ihr vorschreiben, die Rolle des Anderen zu übernehmen; sie soll zum Objekt erstarren und zur Immanenz verurteilt sein, da ihre Transzendenz fortwährend von einem essenziellen, souveränen anderen Bewusstsein transzendiert wird. Das Drama der Frau besteht in diesem Konflikt zwischen dem fundamentalen Anspruch jedes Subjekts, das sich immer als das Wesentliche setzt, und den Anforderungen einer Situation, die sie als unwesentlich konstituiert. Wie kann ein Mensch sich im Frau-Sein verwirklichen? Welche Wege stehen ihm offen? Welche enden in Sackgassen? Wie kann man in der Abhängigkeit wieder Unabhängigkeit erlangen? Was schränkt die Freiheit der Frau ein, und kann sie diese Umstände überwinden? Das sind die grundlegenden Fragen, die ich klären möchte. Wenn ich also an den Möglichkeiten des Individuums interessiert bin, so nicht in Begriffen des Glücks, sondern in Begriffen der Freiheit.

Die biologischen Gegebenheiten

Zu den eigentlich geschlechtlichen Unterscheidungsmerkmalen kommen bei der Frau noch Eigenheiten hinzu, die mehr oder weniger unmittelbar deren Folgen sind: ihr Soma wird von der Wirkung der Hormone bestimmt. Im Durchschnitt ist sie kleiner und weniger schwer als der Mann, ihr Knochengerüst ist zarter, das Becken zum Zweck der Schwangerschaft und des Gebärens breiter. Ihr Bindegewebe speichert Fett, und ihre Körperformen sind runder als die des Mannes. Das allgemeine Aussehen – Gestalt, Haut, Behaarung etc. – ist bei den beiden Geschlechtern deutlich verschieden. Die Muskelkraft der Frau ist viel geringer: sie beträgt etwa zwei Drittel von der des Mannes. Die Frau hat auch eine kleinere Atemkapazität, denn ihre Lunge, Luftröhre und ihr Kehlkopf sind weniger groß: der verschieden große Kehlkopf führt auch zu den unterschiedlichen Stimmen der Geschlechter. Das spezifische Gewicht des Blutes ist bei den Frauen niedriger: der Hämoglobingehalt ist geringer. Dadurch sind sie weniger widerstandsfähig und neigen eher zu Anämie. Ihr Puls schlägt schneller, und ihr Gefäßsystem ist unausgeglichener: sie erröten leicht. Die Unausgeglichenheit fällt an ihrem gesamten Organismus auf. Unter anderem hat der Mann einen stabilen Kalziumumsatz, während die Frau viel weniger Kalziumsalze speichert, weil sie sie bei ihrer Periode und während der Schwangerschaft ausscheidet: es scheint, dass die Ovarien eine katabolische Wirkung auf das Kalzium haben. Diese Unausgeglichenheit führt zu Störungen in den Ovarien und in der Schilddrüse, die bei der Frau entwickelter ist als beim Mann. Die Unregelmäßigkeit der endokrinen Sekretionen wiederum wirkt auf das vegetative Nervensystem: die Kontrolle über Nerven und Muskeln wird beeinträchtigt. Dieser Mangel an Ausgeglichenheit und Kontrolliertheit bewirkt ihre Erregbarkeit, die unmittelbar zu Gefäßveränderungen mit Herzklopfen, Erröten etc. führt. Dadurch sind Frauen auch für krampfartige Zustände, wie Wein- und Lachkrämpfe oder Nervenzusammenbrüche, anfällig.

Wie man sieht, kommen viele dieser Merkmale wiederum von der Unterordnung der Frau unter die Art her, und darin liegt das erstaunliche Ergebnis dieser Untersuchung: von allen weiblichen Säugern ist die Frau am tiefsten sich selbst entfremdet, und sie lehnt diese Entfremdung am heftigsten ab; bei keinem ist die Unterwerfung des Organismus unter die Fortpflanzungsfunktion unabwendbarer, und bei keinem wird sie mit größeren Schwierigkeiten angenommen: Krisen in der Pubertät und im Klimakterium, monatlicher »Fluch«, lange und oft beschwerliche Schwangerschaft, schmerzhafte, manchmal gefährliche Niederkunft, Krankheiten und Komplikationen sind für das menschliche Weibchen charakteristisch. Man könnte meinen, dass ihr Schicksal um so schwerer ist, je mehr sie sich dagegen auflehnt, indem sie sich als Individuum behauptet. Vergleicht man sie mit dem Mann, so scheint dieser unendlich bevorzugt: sein Geschlechtsleben stört seine persönliche Existenz nicht, es verläuft gleichbleibend, ohne Krise und im Allgemeinen ohne Komplikation. Die Frauen leben im Durchschnitt ebenso lange wie die Männer, aber sie sind viel häufiger krank, und es gibt zahlreiche Zeiträume, in denen sie nicht über sich selbst verfügen können.

Diese biologischen Gegebenheiten sind außerordentlich wichtig: sie spielen in der Geschichte der Frau eine herausragende Rolle und sind ein wesentliches Element ihrer Situation: bei allen weiteren Darstellungen werden wir uns darauf beziehen müssen. Denn da der Körper das Instrument für unseren Zugriff auf die Welt ist, stellt sich diese, je nachdem, ob sie auf die eine oder auf die andere Weise erfasst wird, ganz anders dar. Weil diese Gegebenheiten ein Schlüssel zum Verständnis der Frau sind, mussten sie so ausführlich abgehandelt werden. Was wir aber ablehnen, ist die Vorstellung, dass sie für die Frau ein festgelegtes Schicksal bedeuten. Sie reichen nicht aus, eine Hierarchie der Geschlechter zu bestimmen; sie erklären nicht, weshalb die Frau das Andere ist, und sie verurteilen sie nicht dazu, diese untergeordnete Rolle für immer beizubehalten.

Der psychoanalytische Standpunkt

Alle Psychoanalytiker lehnen die Idee der *Wahl* und deren Korrelat, den Begriff Wert, systematisch ab. Eben darin liegt die intrinsische Schwäche des Systems. Freud trennt Triebe und Verbote von der existenziellen Wahl ab und versagt darin, ihren Ursprung zu erklären: er hält sie für gegeben. Er hat versucht, den Begriff des Wertes durch den der Autorität zu ersetzen, aber in *Der Mann Moses und die monotheistische Religion* gesteht er ein, dass diese Autorität durch nichts zu erklären ist. Der Inzest zum Beispiel ist verboten, weil der Vater ihn verboten hat, aber warum gibt es dieses Verbot? Das bleibt ein Rätsel. Das Überich verinnerlicht Befehle und Verbote, die von einer willkürlichen Tyrannei ausgehen, und die Triebstrebungen sind da, man weiß nicht, warum. Diese beiden Realitäten sind ungleichartig, weil die Moral als etwas der Sexualität Fremdes gesetzt wurde. Die menschliche Ganzheitlichkeit erscheint zerbrochen, es gibt keinen Übergang vom Individuum zur Gesellschaft: Freud muss, um sie zu vereinen, sonderbare Romane erfinden. Adler hat richtig gesehen, dass der Kastrationskomplex nur in einem sozialen Kontext erklärt werden kann. Er hat das Problem der Wertung erörtert, ist aber nicht bis zum ontologischen Ursprung der von der Gesellschaft anerkannten Werte zurückgegangen und hat nicht verstanden, dass in die Sexualität als solche Werte eingebunden sind, was dazu fuhrte, dass er deren Wichtigkeit verkannte.
Ganz sicher spielt die Sexualität im menschlichen Leben eine bedeutende Rolle: man kann sagen, dass sie es ganz durchdringt. Schon die Physiologie hat uns gezeigt, dass das Leben der Testikel und der Ovarien mit dem des Somas verschmilzt. Der Existierende ist ein geschlechtlicher Körper, und die Sexualität ist in seine Beziehungen zu den anderen Existierenden, die ebenfalls geschlechtliche Körper sind, immer einbezogen. Wenn aber Körper und Sexualität konkreter Ausdruck der Existenz sind, so kann man auch von ihr ausgehend deren Bedeutung entdecken: da der Psychoanalyse diese Perspektive fehlt, hält sie unerklärte Tatsachen für gegeben. So wird zum Beispiel gesagt, das kleine Mädchen *schäme* sich, mit nacktem Hinterteil im Hocken zu urinieren: was aber ist Scham? Und bevor man sich fragt, ob das männliche Wesen stolz ist, weil es einen Penis hat, oder ob sein Stolz sich in seinem Penis ausdrückt, muss man wissen, was Stolz ist und wie der Anspruch des Subjekts sich in einem Objekt verkörpern kann. Man

darf die Sexualität nicht als unreduzierbare Gegebenheit betrachten: es gibt im Existierenden eine ursprünglichere »Suche nach dem Sein«, und die Sexualität ist nur einer ihrer Aspekte. Das weist Sartre in *Das Sein und das Nichts* nach, das sagt auch Bachelard in seinen Werken über die Erde, die Luft, das Wasser: die Psychoanalytiker sind der Ansicht, die Urwahrheit des Menschen liege in seiner Beziehung zu seinem Körper und zum Körper von seinesgleichen innerhalb der Gesellschaft. Der Mensch hat jedoch ein vordringliches Interesse für die Substanz der natürlichen Welt, die ihn umgibt und die er in der Arbeit, im Spiel, in allen Erfahrungen der »dynamischen Phantasie« zu entdecken versucht, er strebt danach, über die in allen möglichen Weisen wahrgenommene ganze Welt an die Existenz anzuknüpfen. Erde kneten, ein Loch bohren sind ebenso ursprüngliche Tätigkeiten wie die Umarmung, wie der Koitus: man irrt sich, wenn man in ihnen nur sexuelle Symbole sieht. Das Loch, das Klebrige, der Schlitz, das Harte, die Unversehrtheit sind Urrealitäten. Das Interesse, das der Mensch ihnen entgegenbringt, wird nicht von der Libido diktiert, sondern vielmehr ist die Libido von der Art und Weise gefärbt, wie er diese Realitäten erstmals erfahren hat. Nicht weil die Unversehrtheit die weibliche Jungfräulichkeit symbolisiert, fasziniert sie den Mann, sondern seine Liebe zur Unversehrtheit erhöht für ihn den Wert der Jungfräulichkeit. Arbeit, Krieg, Spiel und Kunst definieren Seinsweisen in der Welt, die sich auf keine andere zurückführen lassen. Sie decken Eigenschaften auf, die sich mit denen überschneiden, die die Sexualität enthüllt. Das Individuum wählt sich zugleich über sie und über seine erotischen Erfahrungen. Aber einzig ein ontologischer Standpunkt ermöglicht es, die Einheit dieser Wahl wiederherzustellen.

Eben diesen Begriff der Wahl weist der Psychoanalytiker im Namen des Determinismus und des »kollektiven Unbewussten« am heftigsten von sich. Dieses Unbewusste soll dem Menschen fertige Bilder und einen universellen Symbolismus liefern und die Analogien von Träumen, Fehlleistungen, Wahnvorstellungen, Allegorien und menschlichen Schicksalen erklären; von Freiheit sprechen hieße sich die Möglichkeit versagen, diese verwirrenden Übereinstimmungen zu erklären. Die Idee der Freiheit ist aber nicht unvereinbar mit dem Vorhandensein bestimmter Konstanten. Dass die psychoanalytische Methode sich trotz ihrer theoretischen Fehler als fruchtbar erweist, liegt daran, dass in jeder individuellen Geschichte Tatsachen vorkommen, deren Allgemeinheit niemand leugnen wollte: Situationen und Verhaltensweisen wiederholen sich; innerhalb des Allgemeinen und der Wiederholung kommt es zum Moment der Entscheidung. »Anatomie ist Schicksal«, sagt Freud. Dieser Ausspruch findet seinen Widerhall in dem von

Merleau-Ponty: »Der Körper ist das Allgemeine.« Die Existenz ist durch das Getrenntsein der Existierenden hindurch eins: sie manifestiert sich in analogen Organismen. Es gibt also Konstanten in der Verbindung von Ontologischem und Sexuellem. In ein und derselben Epoche geben die Technik, die ökonomische und soziale Struktur einer Gemeinschaft allen ihren Mitgliedern eine identische Welt wieder: es gibt auch eine konstante Relation der Sexualität zu den sozialen Formen. Analoge Individuen, die unter analogen Bedingungen leben, werden im Gegebenen analoge Bedeutungen erfassen. Diese Analogie begründet zwar keine uneingeschränkte Universalität, erlaubt es aber, in den individuellen Geschichten allgemeine Typen zu erkennen. Das Symbol ist keine von einem mysteriösen Unbewussten ausgebrütete Allegorie: es ist das Erfassen einer Bedeutung über ein Analogon des signifikanten Objekts. Aufgrund der identischen existenziellen Situation für alle Existierenden und aufgrund der identischen Faktizität, der sie sich stellen müssen, enthüllen sich Bedeutungen einer Vielzahl von Individuen in der gleichen Weise. Die Symbolik ist weder vom Himmel gefallen noch aus unterirdischen Tiefen aufgetaucht: sie wurde, genauso wie die Sprache, von der menschlichen Realität hervorgebracht, die zugleich Mitsein und Getrenntsein ist. Dies erklärt, dass auch die individuelle Erfindung darin ihren Platz hat: das muss die psychoanalytische Methode in der Praxis ohne Rücksicht auf die Doktrin zugestehen. Diese Sichtweise macht es zum Beispiel möglich, den dem Penis allgemein zuerkannten Wert zu verstehen. Es ist unmöglich, ihm Rechnung zu tragen, ohne von einem existenziellen Faktum auszugehen: der Tendenz des Subjekts zur *Entfremdung*. Die Angst vor seiner Freiheit führt das Subjekt dazu, sich in den Dingen zu suchen, was eine Art Flucht vor sich selbst ist. Diese Tendenz ist so fundamental, dass das Kind unmittelbar nach der Entwöhnung, sobald es vom Ganzen getrennt ist, danach strebt, in den Spiegeln, im Blick seiner Eltern seine entfremdete Existenz dingfest zu machen. Die Primitiven entfremden sich im Mana, im Totem; die Zivilisierten in ihrer individuellen Seele, in ihrem Ich, ihrem Namen, ihrem Eigentum, ihrem Werk: das ist die erste Verlockung zur Unauthentizität. Der Penis ist besonders geeignet, für den kleinen Jungen diese Rolle eines »Doubles« zu spielen: er ist für ihn ein fremdes Objekt und gleichzeitig er selbst; er ist ein Spielzeug, eine Puppe, und er ist sein eigenes Fleisch. Eltern und Ammen behandeln ihn wie einen kleinen Menschen. So begreift man, »dass das Kind versucht, ihn als ein außer ihm stehendes, fremdes Etwas zu betrachten. … dieser gewisse andere ist sehr stark und schlau, so dass man mit ihm nicht so leicht fertig werden kann»[4]. Aufgrund der Tatsache, dass das Urinieren und später die Erektion halb willkürliche und halb unwillkürliche Funktionen sind, und aufgrund der

Tatsache, dass der Penis eine gewissermaßen fremde, eigenwillige Quelle einer subjektiv empfundenen Lust ist, wird er vom Subjekt als es selbst und als Anderer gesetzt. In ihm verkörpert sich die spezifische Transzendenz in greifbarer Weise, und er ist eine Quelle des Stolzes. Weil der Phallus für sich ist, kann der Mann das über ihn hinausreichende Leben in seine Individualität integrieren. So wird verständlich, dass die Länge des Penis, die Stärke des Urinstrahls, der Erektion und der Ejakulation für ihn das Maß seines Selbstwerts wird.[5] Es ist also konstant, dass der Phallus fleischlich die Transzendenz verkörpert. Da ebenso unveränderlich feststeht, dass das Kind sich vom Vater transzendiert, d.h. um seine eigene Transzendenz gebracht fühlt, findet sich die Freudsche Idee vom »Kastrationskomplex« wieder. Ohne dieses *alter ego* geboren, kann das kleine Mädchen sich nicht in einem greifbaren Ding entfremden, kann es seine Integrität nicht wiedererlangen: dadurch wird es dazu veranlasst, sich ganz zum Objekt zu machen, sich als das Andere zu setzen. Die Frage, ob es sich mit den Jungen verglichen hat oder nicht, ist sekundär; wichtig ist, dass das Fehlen des Penis, sogar wenn es nicht davon weiß, das Mädchen hindert, sich sich selbst als Geschlecht zu vergegenwärtigen. Daraus ergeben sich viele Konsequenzen.
Doch sind die genannten Konstanten nicht schicksalsbestimmend: der Phallus bekommt einen so großen Wert, weil er eine Souveränität symbolisiert, die sich auf anderen Gebieten verwirklicht. Gelänge es der Frau, sich als Subjekt zu behaupten, würde sie Äquivalente zum Phallus erfinden: die Puppe, in der sich die Verheißung des Kindes verkörpert, kann ein kostbarerer Besitz werden als der Penis. Es gibt matrilineare Gesellschaften, in denen die Frauen die *Masken* verwahren, in denen die Gemeinschaft sich entfremdet: so verliert der Penis viel von seiner Herrlichkeit. Nur innerhalb der in ihrer Totalität erfassten Situation begründet das anatomische Privileg ein menschliches. Die Psychoanalyse kann ihre Wahrheit nur im historischen Kontext finden.
Ebenso wenig wie es ausreicht, von der Frau zu sagen, sie sei ein Weibchen, kann man sie durch das Bewusstsein definieren, das sie von ihrer Weiblichkeit erlangt: sie erlangt es innerhalb der Gesellschaft, deren Mitglied sie ist. Indem die Psychoanalyse das Unbewusste und alles psychische Leben internalisiert, legt sie schon in ihrer Sprache nahe, dass sich das Drama des Individuums in seinem Innern abspielt: die Wörter »Komplex«, »Trieb« etc. implizieren dies. Aber Leben ist eine Beziehung zur Welt; das Individuum definiert sich, indem es sich über die Welt wählt. Wir müssen uns also der Welt zuwenden, um die Fragen zu beantworten, die uns beschäftigen. Die Psychoanalyse versagt insbesondere darin zu erklären, warum die Frau das *Andere* ist. Freud selbst nimmt an, dass das Prestige des Penis

sich durch die Überlegenheit des Vaters erklärt, und gesteht, dass er den Ursprung der männlichen Suprematie nicht kennt.

Ohne die Beiträge der Psychoanalyse, die einige bereichernde Vorstellungen enthalten, in Bausch und Bogen zu verwerfen, lehnen wir ihre Methode doch ab. Zum einen werden wir uns nicht damit begnügen, die Sexualität als Gegebenes anzusehen: dass diese Einstellung unergiebig ist, beweist die Dürftigkeit der Beschreibungen der weiblichen Libido. Wie gesagt, haben die Psychoanalytiker sie nie unmittelbar, sondern nur von der männlichen Libido abgeleitet untersucht. Sie scheinen nichts von der grundlegenden Ambivalenz der Anziehung zu wissen, die der Mann auf die Frau ausübt. Freudianer und Adlerianer erklären die Angst der Frau vor dem männlichen Geschlecht als Umkehrung eines versagten Wunsches. Stekel hat klarer erkannt, dass hier eine ursprüngliche Reaktion vorliegt, trägt dem aber nur oberflächlich Rechnung, indem er meint, die Frau habe Angst vor der Defloration, der Penetration, der Schwangerschaft, dem Schmerz, und diese Angst hemme ihr Begehren. Diese Erklärung ist zu rational. Statt anzunehmen, das Begehren verkleide sich als Angst oder werde von der Furcht bekämpft, müsste der zugleich drängende und ängstliche Appell des weiblichen Begehrens als ursprüngliche Gegebenheit betrachtet werden. Gerade die unauflösliche Synthese von Angezogen- und Abgestoßensein ist für ihn kennzeichnend. Auffallend ist, dass viele Tierweibchen die Kopulation im gleichen Moment fliehen, wie sie nach ihr verlangen: sie werden der Koketterie und Heuchelei beschuldigt. Doch es ist absurd, primitive Reaktionen erklären zu wollen, indem man sie mit komplexen Verhaltensweisen vergleicht: im Gegenteil sind jene der Ursprung für das Gebaren, das man bei der Frau Koketterie und Heuchelei nennt. Die Vorstellung einer »passiven Libido« ist verwirrend, weil die Libido vom Mann ausgehend als Trieb, als Energie definiert wurde. Man würde sich ja auch nicht von vornherein vorstellen, dass Licht gleichzeitig gelb und blau sein kann: dazu muss man eine Ahnung vom Grün haben. Man käme der Realität näher, wenn man, statt die Libido verschwommen als »Energie« zu bezeichnen, die Bedeutung der Sexualität mit der anderer menschlicher Verhaltensweisen wie nehmen, fangen, essen, machen, erleiden etc. vergleichen würde, denn sie ist eine der spezifischen Arten, ein Objekt wahrzunehmen. Auch die Eigenschaften des erotischen Objekts, wie es sich nicht nur im Geschlechtsakt, sondern in der allgemeinen Wahrnehmung darstellt, müssten untersucht werden. Diese Untersuchung geht über den Rahmen der Psychoanalyse hinaus, die die Erotik als unreduzierbar setzt.

Hier soll die Frage nach der Bestimmung der Frau auf ganz andere Weise gestellt werden: die Frau soll in eine Welt von Werten eingeordnet und ihren Verhaltensweisen soll eine Dimension von Freiheit gegeben werden. Ich glaube, dass sie zwischen der Behauptung ihrer Transzendenz und ihrer Entfremdung als Objekt wählen muss. Sie ist nicht der Spielball widersprüchlicher Triebe; sie erfindet Lösungen, unter denen eine ethische Rangordnung herrscht. Indem die Psychoanalyse den Wert durch die Autorität, die Wahl durch den Trieb ersetzt, bietet sie eine Ersatzmoral an: ihre Vorstellung von Normalität. Diese Vorstellung ist in der Therapie sicher überaus nützlich, aber sie hat in der Psychoanalyse im Allgemeinen beunruhigend überhand genommen. Das beschreibende Schema wird als Gesetz hingestellt. Eine mechanistische Psychologie könnte den Begriff moralische Erfindung bestimmt nicht akzeptieren, sie kann allenfalls einem *Weniger*, niemals einem Mehr Rechnung tragen, sie kann allenfalls Niederlagen anerkennen, niemals Schöpfungen. Wenn ein Subjekt die als normal angesehene Entwicklung nicht in ihrer Gesamtheit reproduziert, wird behauptet, die Entwicklung sei unterwegs stecken geblieben, und dieses Steckenbleiben wird als Mangel, als Verneinung und nie als positive Entscheidung gedeutet. Das macht unter anderem die Psychoanalyse bedeutender Menschen so schockierend: es wird behauptet, diese Übertragung oder jene Sublimierung sei von ihnen nicht vollständig vollzogen worden, und nie wird angenommen, dass sie sie vielleicht abgelehnt haben und vielleicht gute Gründe dafür hatten. Es wird nicht in Betracht gezogen, dass ihr Verhalten durch frei gesetzte Ziele motiviert gewesen sein kann. Das Individuum wird immer in seiner Bindung an die Vergangenheit erklärt und nicht mit Bezug auf eine Zukunft, in die es sich entwirft. Daher erhalten wir immer nur ein unauthentisches Bild, und in dieser Unauthentizität lässt sich kaum ein anderes Kriterium finden als die Normalität. Die Beschreibung des weiblichen Schicksals ist in dieser Hinsicht besonders vielsagend. Im Verständnis der Psychoanalytiker bedeutet, sich mit der Mutter oder dem Vater zu »identifizieren«, dass man *sich* in einem Modell *entfremdet*, dass man der spontanen Bewegung seiner eigenen Existenz ein fremdes Bild vorzieht, dass man zu sein spielt. Die Frau wird als zwischen zwei Arten von Entfremdung hin- und hergerissen dargestellt. Wenn sie spielt, ein Mann zu sein, muss sie natürlich scheitern; aber auch wenn sie spielt, eine Frau zu sein, ist dies eine Illusion: Frau sein hieße das Objekt, der *Andere* sein; und der Andere bleibt in seiner Selbstaufgabe unterworfen.

Wenn die Frau diese Ausflüchte ablehnt, besteht ihr wahres Problem darin, sich als Transzendenz zu erfüllen: dann geht es darum zu sehen, welche Möglichkeiten ihr das so genannte männliche und weibliche Verhalten jeweils eröffnet. Ein Kind verfolgt womöglich den vom einen oder anderen Elternteil gewiesenen Weg, weil es frei deren Entwürfe aufgreift: sein Verhalten kann das Ergebnis einer von Zielen motivierten Wahl sein. Selbst bei Adler ist das Streben nach Macht nur eine Art absurde Energie: er nennt jeden Entwurf, in dem sich die Transzendenz verkörpert, »männlichen Protest». Wenn ein kleines Mädchen auf die Bäume klettert, will das Kind ihm zufolge es den Jungen gleichtun: er kann sich nicht vorstellen, dass das Klettern dem Mädchen Spaß macht. Für die Mutter ist das Kind etwas ganz anderes als ein »Penisersatz». Malen, Schreiben, politisches Tätigsein sind nicht nur »gute Sublimierungen»: es sind selbstgewollte Ziele. Wenn man das leugnet, verfälscht man die ganze menschliche Geschichte.

Man wird zwischen meinen Darstellungen und denen der Psychoanalyse eine gewisse Parallelität feststellen. Das liegt daran, dass vom Standpunkt der Männer aus – und das ist der, den sowohl die männlichen wie die weiblichen Psychoanalytiker einnehmen – die Verhaltensweisen, die Entfremdung erkennen lassen, als feminin gelten und die, mit denen ein Subjekt seine Transzendenz setzt, als männlich gelten. Der feministische Historiker Donaldson wies darauf hin, dass die Definition »der Mann ist ein männlicher Mensch, die Frau ist ein weiblicher Mensch« einseitig verstümmelt worden ist. Besonders bei den Psychoanalytikern wird der Mann als Mensch und die Frau als Weibchen definiert: jedes Mal, wenn sie sich als Mensch verhält, heißt es, sie imitiere den Mann. Der Psychoanalytiker beschreibt das kleine Mädchen und die Jugendliche als zwischen der Identifikation mit dem Vater und mit der Mutter, zwischen »viriloiden« und »femininen« Neigungen schwankend, während ich sie zwischen der Rolle des *Objekts*, des *Anderen*, die ihr angetragen wird, und dem Anspruch auf ihre Freiheit zögern sehe. So kann es vorkommen, dass unsere Ansichten bei einer Reihe von Fakten übereinstimmen, insbesondere bei der Betrachtung der unauthentischen Fluchtwege, die sich den Frauen bieten. Aber ich messe ihnen eine ganz andere Bedeutung bei als die Freudianer oder Adlerianer. Für mich ist die Frau ein Mensch auf der Suche nach Werten in einer Welt von Werten, einer Welt, deren ökonomische und soziale Struktur man unbedingt kennen muss. Die Frau soll hier aus einer existenziellen Perspektive unter Berücksichtigung ihrer Gesamtsituation erforscht werden.

Der Standpunkt des historischen Materialismus

Die Theorie des historischen Materialismus hat überaus wichtige Wahrheiten an den Tag gebracht. Die Menschheit ist keine Tierart: sie ist eine historische Realität. Die menschliche Gesellschaft ist eine Antiphysis: sie lässt das Vorhandensein der Natur nicht passiv über sich ergehen, sondern macht sie sich zunutze. Diese Nutzbarmachung ist keine innere, subjektive Operation: sie vollzieht sich objektiv in der Praxis. So kann auch die Frau nicht bloß als geschlechtlicher Organismus gesehen werden, denn nur jene biologischen Gegebenheiten sind wichtig, die im Handeln einen konkreten Wert bekommen. Das Bewusstsein, das die Frau von sich erlangt, wird nicht allein durch ihre Sexualität bestimmt: es spiegelt eine Situation wider, die von der ökonomischen Struktur der Gesellschaft abhängt, einer Struktur, die den Grad der technischen Entwicklung zeigt, den die Menschheit erreicht hat. Ich habe dargelegt, dass die Frau biologisch von zwei wesentlichen Zügen charakterisiert wird: ihr Zugriff auf die Welt ist weniger umfassend als der des Mannes, und sie ist stärker der Art unterworfen. Aber diese Tatsachen bekommen je nach dem ökonomischen und sozialen Zusammenhang einen ganz verschiedenen Stellenwert. In der Menschheitsgeschichte wird der Zugriff auf die Welt nie durch den nackten Körper bestimmt: schon die Hand mit ihrem Greifdaumen überschreitet sich auf das Werkzeug hin, das ihr Können vervielfacht; bereits in den ältesten Zeugnissen der Vorgeschichte tritt der Mann bewaffnet in Erscheinung. Zu der Zeit, als es darum ging, schwere Keulen zu schwingen und wilde Tiere in Schach zu halten, stellte die körperliche Schwäche der Frau einen offenkundigen Nachteil dar: das Werkzeug braucht nur ein wenig mehr Kraft zu erfordern als der Frau zu Gebote steht, damit sie von Grund auf unfähig erscheint. Es kann aber sein, dass die Technik im Gegenteil den Unterschied zwischen der Muskelkraft von Mann und Frau aufhebt: der Überschuss schafft nur im Hinblick auf seinen Bedarf eine Überlegenheit: zu viel zu haben ist nicht besser, als genug zu haben. Die Handhabung einer Vielzahl moderner Maschinen beansprucht zum Beispiel nur einen Teil der männlichen Kraftreserven: wenn das erforderliche Minimum nicht über die Kräfte der Frau hinausgeht, wird sie dem Mann bei der Arbeit ebenbürtig. Tatsächlich kann man heute ungeheure Energieentfaltungen durch einen bloßen Knopfdruck in Gang setzen. Und die Belastungen durch die Mutterschaft haben je nach den Sitten ein sehr verschiedenes Gewicht: sie sind eine Überlastung, wenn der Frau zahlreiche Tätigkeiten auferlegt sind und sie die Kinder ohne Hilfe ernähren und aufziehen muss. Wenn sie ihre Schwangerschaften frei bestimmen kann und die Gesellschaft sie in dieser Zeit unterstützt und sich später um das Kind kümmert, sind die Mutterpflichten gering und können im Arbeitsbereich leicht ausgeglichen werden.

Unter diesem Gesichtspunkt zeigt Engels in *Der Ursprung der Familie* die Geschichte der Frau auf: danach würde diese Geschichte hauptsächlich von der Technik abhängen. In der Steinzeit, als das Land allen Mitgliedern des Clans

gemeinsam gehörte, waren die Möglichkeiten des Ackerbaus durch den rudimentären Charakter der primitiven Spaten und Hacken beschränkt: die Kräfte der Frau reichten für den Gartenbau aus. Bei dieser primitiven Arbeitsteilung bilden die beiden Geschlechter schon in gewisser Weise zwei Klassen, zwischen denen jedoch Gleichheit besteht: während der Mann auf die Jagd und zum Fischfang geht, bleibt die Frau zu Hause. Aber die häuslichen Aufgaben umfassen produktive Arbeit: töpfern, weben, gärtnern. Dadurch spielt die Frau eine wichtige Rolle für das wirtschaftliche Leben.
Mit der Entdeckung von Kupfer, Zinn, Bronze und Eisen, mit dem Aufkommen des Pfluges weitet sich der Ackerbau aus: um die Wälder zu roden und die Felder ertragreich zu machen, ist eine intensive Bearbeitung nötig. Nun greift der Mann auf die Leistung anderer Männer zurück, die er zu Knechten macht. Das Privateigentum kommt auf: als Herr über die Knechte und den Boden wird der Mann auch Eigentümer der Frau. Das ist »die weltgeschichtliche Niederlage des weiblichen Geschlechts.«[6] Sie erklärt sich aus der Umwälzung in der Arbeitsteilung infolge der Erfindung neuer Geräte. »Dieselbe Ursache, die der Frau ihre frühere Herrschaft im Haus gesichert: ihre Beschränkung auf die Hausarbeit, dieselbe Ursache sicherte jetzt die Herrschaft des Mannes im Hause; die Hausarbeit der Frau verschwand jetzt neben der Erwerbsarbeit des Mannes; diese war alles, jene eine unbedeutende Beigabe.«[7] Nun tritt das Vaterrecht an die Stelle des Mutterrechts: Grund und Boden werden vom Vater an den Sohn weitergegeben und nicht mehr von der Frau an ihren Clan. Die auf das Privateigentum gegründete patriarchalische Familie bildet sich heraus. In einer solchen Familie wird die Frau unterdrückt. Der unumschränkt herrschende Mann erlaubt sich unter anderem sexuelle Seitensprünge: er schläft mit Sklavinnen oder Hetären, er ist polygam. Sobald die Sitten dies für beide Seiten möglich machen, rächt sich die Frau durch Untreue: die Ehe findet ihre natürliche Ergänzung im Ehebruch. Er ist die einzige Waffe der Frau gegen die häusliche Sklaverei, in der sie gehalten wird: ihre soziale Unterdrückung ist die Folge ihrer ökonomischen Unterdrückung. Die Gleichheit kann erst wieder herbeigeführt werden, wenn beide Geschlechter rechtlich gleichgestellt werden. Diese Befreiung setzt jedoch den Wiedereintritt des gesamten weiblichen Geschlechts in die öffentliche Wirtschaft voraus: »Die Befreiung der Frau wird erst möglich, sobald diese auf großem, gesellschaftlichem Maßstab an der Produktion sich beteiligen kann und die häusliche Arbeit sie nur noch in unbedeutendem Maß in Anspruch nimmt. Und dies ist erst möglich geworden durch die moderne große Industrie, die nicht nur Frauenarbeit auf großer Stufenleiter zulässt, sondern förmlich nach ihr verlangt ...«[8]

Das Los der Frau und das des Sozialismus sind also eng miteinander verbunden, wie auch aus Bebels umfassendem Werk über die Frau hervorgeht: »Die Frau und der Arbeiter haben seit alter Zeit gemein, Unterdrückte zu sein«[9], heißt es darin. Dieselbe wirtschaftliche Entwicklung, die mit der Umwälzung durch die Mechanisierung begonnen hat, soll beide befreien. Das Problem der Frau besteht nur im Ausmaß ihrer Arbeitsfähigkeit: mächtig zu der Zeit, als die Technik ihren Möglichkeiten entsprach, entmachtet, als sie unfähig wurde, sie zu nutzen, wird sie in der modernen Welt dem Mann wieder gleichwertig. Nur die Widerstände des alten kapitalistischen Paternalismus verhindern in den meisten Ländern, dass diese Gleichstellung konkret vollzogen wird: sie wird verwirklicht werden, sobald diese Widerstände gebrochen sind. In der UdSSR besteht sie bereits, wie die sowjetische Propaganda behauptet. Und wenn die sozialistische Gesellschaft in der ganzen Welt verwirklicht ist, wird es keine Männer und Frauen, sondern nur noch untereinander gleichgestellte Arbeiter geben.

Obwohl die von Engels skizzierte Synthese einen Fortschritt gegenüber den zuvor erwähnten darstellt, enttäuscht sie uns: die wichtigsten Probleme werden übergangen. Angelpunkt der ganzen Geschichte ist der Übergang vom Gemeinschaftssystem zum Privateigentum, aber wie es dazu kommen konnte, wird in keiner Weise erklärt. Engels gibt sogar zu, dass »wir darüber bis jetzt nichts (wissen)»[10]. Ihm sind nicht nur die historischen Einzelheiten unbekannt, er schlägt auch keinerlei Deutung vor. Ebenso wenig ist klar, weshalb das Privateigentum unvermeidlich die Unterjochung der Frau nach sich gezogen hat. Der historische Materialismus hält Tatsachen für ausgemacht, die erklärt werden müssten: ohne Diskussion setzt er die *Habsucht*, die den Mann an das Eigentum bindet. Worin aber hat diese Habsucht, der Ausgangspunkt der sozialen Einrichtungen, selbst ihren Ursprung? So bleibt Engels' Darstellung oberflächlich, und die Wahrheiten, die er entdeckt, wirken zufällig. Das liegt daran, dass man sie unmöglich genauer untersuchen kann, ohne über den historischen Materialismus hinauszugehen. Er kann keine Lösungen der hier angesprochenen Probleme liefern, weil diese den ganzen Menschen betreffen und nicht jene *homo oeconomicus* genannte Abstraktion. Zum Beispiel ist klar, dass schon die Idee des persönlichen Besitzes nur einen Sinn bekommen kann, wenn man von der ursprünglichen Situation des Existierenden ausgeht. Damit sie überhaupt entsteht, muss zunächst im Subjekt eine Tendenz bestehen, sich in seiner radikalen Individualität zu definieren, seine Existenz als autonom und getrennt zu behaupten. Begreiflicherweise musste dieser Anspruch subjektiv, nur im Innern gültig und ohne Wahrheit bleiben, solange das Individuum nicht die praktischen Möglichkeiten hatte, ihm objektiv gerecht zu werden:

mangels geeigneter Werkzeuge war es sich zunächst seiner Macht über die Welt nicht bewusst, es fühlte sich in der Natur und in der Gemeinschaft verloren, passiv, bedroht, als Spielball dunkler Kräfte. Erst als es sich mit dem ganzen Clan identifizierte, wagte es, sich zu denken: das Totem, das Mana, die Erde waren kollektive Realitäten. Die Entdeckung der Bronze hat es dem Mann ermöglicht, sich in der Erfahrung harter, produktiver Arbeit als Schöpfer zu entdecken. Da er nun die Natur beherrscht, hat er keine Angst mehr vor ihr und hat angesichts der überwundenen Widerstände die Kühnheit, sich als autonome Aktivität zu begreifen, sich in seiner Individualität zu erfüllen. Aber diese Erfüllung wäre nie zustande gekommen, wenn der Mann sie nicht ursprünglich gewollt hätte: die Lektion aus der Arbeit hat sich nicht einem passiven Subjekt eingeprägt, sondern das Subjekt hat sich selbst geformt und erobert, indem es seine Werkzeuge formte und die Erde eroberte.
Andererseits genügt die Selbstbehauptung des Individuums nicht, um das Eigentum zu erklären: in der Herausforderung, im Kampf, im Zweikampf kann jedes Bewusstsein versuchen, sich zur Souveränität zu erheben. Damit die Herausforderung die Form des Potlatch, d.h. einer wirtschaftlichen Rivalität, annehmen kann, damit von da an zuerst das Oberhaupt und dann die Mitglieder des Clans private Besitztümer beanspruchen können, muss im Menschen eine weitere ursprüngliche Tendenz vorhanden sein: wie im vorigen Kapitel erläutert wurde, kann das Existierende sich nur in der Entfremdung erfassen. Es sucht sich über die Welt in einer fremden Gestalt, die es sich zu eigen macht. Im Totem, im Mana, in dem von ihm bewohnten Gebiet begegnet der Clan seiner entfremdeten Existenz. Wenn das Individuum sich von der Gemeinschaft trennt, verlangt es nach einer individuellen Verkörperung: das Mana vereinzelt sich im Oberhaupt und dann in jedem Individuum. Gleichzeitig versucht jeder, sich ein Stück des Bodens, einen Teil der Arbeitsgeräte und der Ernten anzueignen. In diesen Schätzen findet der Mensch sich selbst wieder, weil er sich in ihnen verloren hat: nun wird begreiflich, warum er ihnen eine ebenso grundlegende Wichtigkeit beimisst wie seinem Leben als solchem. So wird das Interesse des Menschen an seinem Eigentum eine verständliche Beziehung. Doch wie man sieht, kann man es nicht allein aus dem Werkzeug erklären: man muss das gesamte Verhalten des mit dem Werkzeug ausgerüsteten Menschen erfassen, ein Verhalten, das einen ontologischen Unterbau einschließt.
Ebenso unmöglich ist es, aus dem Privateigentum die Unterdrückung der Frau *abzuleiten*. Auch hier wird das Unzulängliche des Engelsschen Standpunkts wieder deutlich. Er hat richtig verstanden, dass die Muskelschwäche der Frau nur in ihrem Umgang mit dem Bronze- und Eisenwerkzeug eine konkrete Unterlegen-

heit geworden ist, aber er hat nicht gesehen, dass die Grenzen ihrer Arbeitsfähigkeit nur unter einer bestimmten Perspektive einen konkreten Nachteil darstellten. Weil der Mann Transzendenz und Ehrgeiz ist, entwirft er mit jedem neuen Werkzeug neue Anforderungen: als er Bronzegeräte erfunden hatte, begnügte er sich nicht mehr mit dem Gartenbau, sondern wollte große Felder urbar machen und bestellen: dieses Wollen ist nicht aus der Bronze selbst entstanden. Das Ungenügen der Frau hat zu ihrem Sturz geführt, weil der Mann es im Hinblick auf seine Bereicherung und Expansion bewertet hat. Dieses Vorhaben genügt aber noch nicht, um ihre Unterdrückung zu erklären: die Arbeitsteilung nach Geschlechtern hätte ja auch ein freundschaftliches Bündnis sein können. Wäre die ursprüngliche Beziehung des Menschen zu seinesgleichen ausschließlich eine Freundschaftsbeziehung gewesen, ließe sich keine Art von Unterjochung erklären: dieses Phänomen ist eine Folge des imperialistischen menschlichen Bewusstseins, das seine Souveränität objektiv erlangen will. Gäbe es in ihm nicht die ursprüngliche Kategorie des Anderen und einen ebenso ursprünglichen Anspruch auf die Beherrschung des Anderen, hätte die Entdeckung des Bronzewerkzeugs nicht die Unterdrückung der Frau nach sich ziehen können. Engels berücksichtigt auch nicht die Einzigartigkeit dieser Unterdrückung. Er hat versucht, den Gegensatz zwischen den Geschlechtern auf einen Klassenkonflikt zurückzuführen, allerdings ohne große Überzeugung: die These ist nicht haltbar. Es stimmt, dass die Arbeitsteilung nach Geschlechtern und die daraus resultierende Unterdrückung in manchen Punkten an die Einteilung in Klassen erinnert, aber man muss beides auseinanderhalten: die Aufspaltung in Klassen hat keinerlei biologische Grundlage. Bei der Arbeit gelangt der Knecht gegen den Herrn zum Bewusstsein von sich selbst. Das Proletariat hat seine Lage immer in der Auflehnung erfahren, womit es auf das Wesentliche zurückkam und für seine Ausbeuter eine Gefahr darstellte. Was es anvisiert, ist sein Verschwinden als Klasse. In der Einleitung wurde gesagt, wie anders die Situation der Frau ist, besonders aufgrund der Lebens- und Interessengemeinschaft, die sie mit dem Mann solidarisch macht, und durch das Einverständnis, das er bei ihr findet: in ihr regt sich kein Wunsch nach Revolution, sie könnte sich ja als Geschlecht nicht abschaffen. Sie verlangt nur, dass bestimmte Konsequenzen der Geschlechtertrennung aufgehoben werden.

Noch gravierender ist, dass man die Frau nicht, ohne unaufrichtig zu sein, einzig als Arbeiterin betrachten kann: ebenso wichtig wie ihre Produktivkraft ist, sowohl in der gesellschaftlichen Ökonomie wie im Individualleben, ihre Fortpflanzungsfunktion. Es gibt Zeiten, in denen es nützlicher ist, Kinder zu gebären als den Pflug zu führen. Engels hat das Problem umgangen, indem er lediglich erklärte, die sozialistische Gemeinschaft werde die Familie abschaffen: eine ziemlich abstrakte Lösung. Bekanntlich musste die Sowjetunion ihre Familienpolitik je nach den sich verschiebenden unmittelbaren Bedürfnissen der Produktion und der Besiedlung oft und radikal ändern. Außerdem bedeutet die Abschaffung der Familie nicht zwangsläufig die Befreiung der Frau: das Beispiel Sparta und das des Naziregimes beweisen, dass die Frau, auch wenn sie unmittelbar dem Staat unterstellt ist, deshalb von den Männern nicht weniger unterdrückt werden kann. Eine wahrhaft sozialistische Ethik, d.h. eine Ethik, die nach Gerechtigkeit strebt, ohne die Freiheit zu unterdrücken, die den Individuen Pflichten auferlegt, ohne jedoch die Individualität aufzuheben, wird es schwer haben, mit den Problemen fertig zu werden, die die Lage der Frau aufwirft. Es ist unmöglich, die Schwangerschaft einfach mit einer *Arbeit* oder einem *Dienst* wie etwa dem Militärdienst gleichzusetzen. Man greift tiefer in das Leben der Frau ein, wenn man Kinder von ihr verlangt, als wenn man die Betätigungen der Bürger reglementiert: kein Staat hat je gewagt, den Pflichtcoitus einzuführen. Im Geschlechtsakt und in der Mutterschaft setzt die Frau nicht nur Zeit und Kräfte, sondern wesentliche Werte ein. Vergebens will der rationalistische Materialismus das Dramatische der Sexualität verleugnen: man kann den Sexualtrieb nicht reglementieren, denn es ist nicht sicher, ob er nicht die Verweigerung seiner Befriedigung in sich trägt, wie Freud sagt. Sicher ist, dass er sich nicht in das Soziale integrieren lässt, weil in der Erotik ein Aufbegehren des Augenblicks gegen die Zeit, des Individuums gegen das Universelle liegt. Wollte man sie kanalisieren und ausbeuten, liefe man Gefahr, sie abzutöten, denn man kann über lebendige Spontaneität nicht verfügen wie über inerte Materie, und man kann auch keinen Druck auf sie ausüben, wie man Druck auf eine Freiheit ausübt. Man kann die Frau nicht offen zwingen, Kinder zu bekommen, man kann sie höchstens in Situationen einsperren, in denen die Mutterschaft der einzige Ausweg für sie ist: das Gesetz oder die Sitten zwingen ihr die Ehe auf, Verhütungsmaßnahmen und Abtreibung sind verboten, die Scheidung ist untersagt. Eben diese alten Zwangsmaßnahmen des Patriarchats hat die Sowjetunion wiedereingeführt. Sie hat die paternalistischen Ehetheorien wiederbelebt, die dazu geführt haben, dass von der Frau wiederverlangt wurde, sich zum erotischen Objekt zu machen: kürzlich wurden die Sowjetbürgerinnen in einer Rede aufgefordert, sich gepflegt zu kleiden, Schminke zu benutzen und kokett zu werden, um ihre Männer festzuhalten und sie erotisch zu reizen. Wie dieses Beispiel zeigt, kann man die Frau unmöglich einzig als Produktivkraft betrachten: sie ist für den Mann Sexualpartnerin, Fortpflanzungsgarantin, erotisches Objekt, eine Andere, über die er sich selbst sucht. Die totalitären oder autoritären Regime mögen zwar einhellig die Psychoanalyse verbieten und erklären, bei den loyal in die Gemeinschaft integrierten Bürgern fänden die individuellen Dramen nicht statt: die Erotik ist eine Erfahrung, bei der das Allgemeine von einer Individualität immer neu erfasst wird. In einem demokratischen Sozialismus, in dem die Klassen, aber nicht die Individuen abgeschafft wären, behielte die Frage des individuellen Schicksals und damit die der Geschlechterdifferenzierung ihr ganzes Gewicht. Die sexuelle Beziehung der Frau zum Mann ist nicht identisch mit der des Mannes zu ihr, und ihre Bindung an das Kind ist mit keiner anderen vergleichbar. Die Geschlechterdifferenzierung ist nicht erst von dem Bronzewerkzeug erschaffen worden, und die Maschine genügt nicht, um sie abzuschaffen. Alle Rechte, alle Chancen des Menschen allgemein für die Frau fordern heißt nicht, dass man die Augen vor ihrer besonderen Situation verschließen darf. Und um diese kennen zu lernen, muss man über den Rahmen des historischen Materialismus hinausgehen, der im Mann und in der Frau ökonomische Entitäten sieht.

Daher lehnen wir den sexuellen Monismus Freuds und den ökonomischen Monismus Engels' aus dem gleichen Grund ab. Ein Psychoanalytiker wird alle sozialen Forderungen der Frau als Ausdruck »männlichen Protests« deuten. Für den Marxisten dagegen drückt ihre Sexualität auf mehr oder weniger komplexen Umwegen nur ihre ökonomische Situation aus. Aber die Kategorien »klitoridal« oder »vaginal« sowie »bürgerlich« oder »proletarisch« sind gleichermaßen außerstande, eine konkrete Frau zu erfassen. Es gibt einen existenziellen Unterbau, der sowohl die individuellen Dramen wie die Wirtschaftsgeschichte der Menschheit umfasst und der allein es ermöglicht, diese einzigartige Form – ein Leben – als Ganzes zu verstehen. Der Wert der Freudschen Theorie liegt darin, dass der Existierende ein Körper ist: die Art, wie er sich anderen Körpern gegenüber als Körper empfindet, gibt seine existenzielle Situation konkret wieder. Ebenso ist an der marxistischen These wahr, dass die ontologischen Ansprüche des Existierenden je nach den materiellen Möglichkeiten, die sich ihm bieten, konkrete Gestalt annehmen, was vor allem jene betrifft, die die Technik ihm eröffnet. Wenn aber Sexualität und Technik nicht in die Gesamtheit der menschlichen Realität integriert werden, können sie allein nichts erklären. Deshalb erscheinen bei Freud die vom Überich aufgestellten Verbote und die Triebe des Ichs als kontingente Fakten. Und in Engels' Abhandlung über die Geschichte der Familie scheinen die wichtigsten Ereignisse unvermutet nach den Launen eines geheimnisvollen Zufalls aufzutauchen. Um die Frau zu entdecken, lehnen wir bestimmte Beiträge der Biologie, der Psychoanalyse und des historischen Materialismus nicht ab, sind aber der Ansicht, dass der Körper, das Sexualleben und die Technik für den Menschen konkret nur existieren, sofern er sie unter der globalen Perspektive seiner Existenz erfasst. Der Wert der Muskelkraft, des Phallus, des Werkzeugs kann nur in einer Welt von Werten definiert werden: er wird bestimmt durch den grundlegenden Entwurf des Existierenden, der sich auf das Sein hin transzendiert.

Geschichte

Diese Welt hat immer den Männern gehört: keiner der Gründe, die dafür angegeben werden, erscheint ausreichend. Wir werden verstehen können, wie die Hierarchie der Geschlechter zustande kam, wenn wir die prähistorischen und ethnologischen Gegebenheiten im Lichte der Existenzphilosophie betrachten. Ich habe bereits die These aufgestellt, dass, wenn zwei menschliche Kategorien da sind, jede der anderen ihre Souveränität aufzwingen will. Sind beide imstande, diesen Anspruch aufrechtzuerhalten, so entsteht zwischen ihnen eine feindselige oder freundschaftliche, immer aber spannungsvolle Wechselbeziehung. Ist eine von beiden irgendwann im Vorteil, trägt sie den Sieg über die andere davon und bemüht sich, diese in Unterdrückung zu halten. So wird verständlich, dass der Mann den Willen hatte, die Frau zu beherrschen: welcher Vorteil aber hat ihm erlaubt, diesen Willen durchzusetzen?
Die Auskünfte der Ethnologen über die primitiven Formen der menschlichen Gesellschaft sind furchtbar widersprüchlich, zumal die Forscher heute besser informiert, jedoch weniger systematisch sind. Besonders schwierig ist es, sich ein Bild von der Situation der Frau in der vor-ackerbaulichen Zeit zu machen. Man weiß nicht einmal, ob unter anderen als den heutigen Lebensbedingungen die Muskulatur und der Atmungsapparat der Frau nicht ebenso entwickelt waren wie beim Mann. Ihr waren schwere Arbeiten anvertraut, vor allem trug sie die Lasten. Diese Tatsache kann allerdings zwei Ursachen haben: wahrscheinlich wurde ihr diese Funktion zugewiesen, damit der Mann bei den Wanderungen die Hände frei hatte, um Mensch und Tier gegen mögliche Angreifer zu verteidigen; seine Rolle war also die gefährlichere und erforderte die meiste Kraft. Anscheinend waren die Frauen in zahlreichen Fällen jedoch robust und widerstandsfähig genug, um an den Unternehmungen der Krieger teilzunehmen. Nach Herodots Berichten, nach den Überlieferungen über die Amazonen in Dahomey und vielen anderen antiken oder modernen Zeugnissen kam es vor, dass Frauen an Kriegen oder blutigen Rachezügen teilnahmen; sie entfalteten dabei ebenso viel Mut und Grausamkeit wie die Männer: es werden Frauen erwähnt, die sich in die Leber ihrer Feinde ver-

bissen. Trotz allem ist wahrscheinlich, dass die Männer damals wie heute die größere physische Kraft hatten: im Zeitalter der Keule und der wilden Tiere, als die Widrigkeiten der Natur am stärksten und die Werkzeuge am rudimentärsten waren, muss diese Überlegenheit von größter Bedeutung gewesen sein. In jedem Fall, wie robust die Frauen damals auch gewesen sein mögen, stellten die Beschwernisse durch die Fortpflanzung im Kampf gegen die feindliche Welt für sie eine ungeheure Behinderung dar: es wird berichtet, dass die Amazonen ihre Brüste verstümmelten, was bedeutet, dass sie zumindest während ihrer Zeit als Kriegerin die Mutterschaft ablehnten. Für die normalen Frauen verminderten Schwangerschaft, die Niederkunft und die Menstruation ihre Arbeitsfähigkeit und verurteilten sie zu langen Perioden der Passivität; um sich gegen die Feinde zu verteidigen, um ihre Versorgung und die ihres Nachwuchses zu sichern, brauchten sie den Schutz der Krieger und die Beute aus der Jagd und dem Fischfang, denen die Männer nachgingen. Da es offenbar keine Geburtenkontrolle gab und die Natur den Frauen keine Zeiten der Unfruchtbarkeit gewährt wie den anderen weiblichen Säugern, mussten die wiederholten Mutterschaften den größten Teil ihrer Kräfte und ihrer Zeit aufzehren. Sie waren nicht in der Lage, das Leben der Kinder zu sichern, die sie zur Welt brachten. Dies ist eine erste folgenschwere Tatsache: die Anfänge des Menschengeschlechts waren schwierig, die Sammler, Jäger und Fischer holten nur eine magere Ausbeute aus dem Boden und mussten harte Anstrengungen dafür aufbringen. Im Verhältnis zu den Ressourcen der Gemeinschaft wurden zu viele Kinder geboren. Die unsinnige Fruchtbarkeit der Frau hinderte sie daran, sich aktiv an der Vermehrung dieser Ressourcen zu beteiligen, während sie unaufhörlich neue Bedürfnisse schuf. Sie war zwar notwendig für die Fortpflanzung der Art, pflanzte sie aber allzu reichlich fort: das Gleichgewicht zwischen Reproduktion und Produktion wurde vom Mann aufrechterhalten. So hatte die Frau nicht einmal das Privileg, gegenüber dem schöpferischen Mann die Lebenserhaltende zu sein; sie spielte nicht die Rolle des Eies gegenüber dem Spermatozoon, des Uterus gegenüber dem Phallus; sie hatte nur Anteil an dem Bestreben des Menschengeschlechts zu überdauern, aber dieses Bestreben war nur dank dem Mann wirklich erfolgreich.

Da sich das Gleichgewicht zwischen Produktion und Reproduktion jedoch immer herstellt, und sei es um den Preis von Kindesmorden, Opfern, Kriegen, sind vom Standpunkt des kollektiven Überlebens Männer und Frauen gleich notwendig. Man könnte sogar vermuten, dass in Zeiten des Nahrungsüberschusses die schützende und nährende Rolle der Frau-Mutter ihr den Mann untergeordnet hat. Es gibt Tierweibchen, für die die Mutterschaft vollständige Autonomie mit sich bringt. Warum ist es der Frau nicht gelungen, diese Stufe zu erklimmen? Selbst in den Zeiten, in denen die Menschheit am dringlichsten nach Geburten verlangte, da der Bedarf an Arbeitskräften größer war als der an Rohstoffen, selbst in den Epochen, in denen die Mutterschaft höchste Verehrung genoss, hat sie den Frauen keinen Vorrang verschafft. Das liegt daran, dass die Menschheit nicht einfach eine natürliche Spezies ist: sie strebt nicht danach, sich als bloße Art zu erhalten; ihr Entwurf ist nicht die Stagnation, sondern sie trachtet danach, sich zu überschreiten.

Die Urhorden interessierten sich kaum für ihre Nachkommenschaft. Da sie an kein festes Gebiet gebunden waren, nichts besaßen, sich in keinem beständigen Ding verkörpert sahen, konnten sie keine konkrete Vorstellung des Fortbestands ausbilden. Sie hatten nicht das Anliegen, sich zu überleben, und sie erkannten sich in ihren Nachkommen nicht wieder. Sie fürchteten weder den Tod, noch verlangten sie nach Erben. Kinder stellten für sie eine Belastung und keinen Reichtum dar. Der Beweis dafür ist, dass Kindesmorde bei Nomadenvölkern immer zahlreich waren; viele der Neugeborenen, die nicht umgebracht wurden, starben inmitten allgemeiner Gleichgültigkeit mangels Hygiene. Die ein Kind austragende Frau kannte also nicht den Stolz auf die Schöpfung. Sie fühlte sich als passiver Spielball dunkler Kräfte, und die schmerzhafte Niederkunft war für sie ein unnötiger oder sogar lästiger Vorfall. Später wurde dem Kind ein höherer Wert beigemessen.

In jedem Fall aber sind Austragen und Stillen keine *Aktivitäten*, sondern natürliche Funktionen. Kein Entwurf ist darin einbezogen: deshalb findet die Frau darin kein Motiv für eine stolze Bestätigung ihrer Existenz; sie erduldet passiv ihr biologisches Schicksal. Die hauslichen Arbeiten, denen sie nachgeht, weil nur sie mit den Belastungen der Mutterschaft vereinbar sind, halten sie in der Wiederholung und in der Immanenz gefangen. Diese Arbeiten kehren Tag für Tag in der gleichen Form wieder, die fast unverändert von Jahrhundert zu Jahrhundert fortbesteht; sie produzieren nichts Neues.

Beim Mann ist es völlig anders; er ernährt die Gemeinschaft nicht nach Art der Arbeitsbiene in einem bloßen vitalen Prozess, sondern durch Akte, die sein Tiersein transzendieren. Der *homo faber* ist von Anbeginn der Zeiten ein Erfinder: schon der Stock, die Keule, mit denen er seinen Arm ausrüstet, um Früchte von Baum zu schlagen, um Tiere totzuschlagen, sind Werkzeuge, durch die er seinen Zugriff auf die Welt vergrößert. Er begnügt sich nicht damit, aus dem Meer geholte Fische nach Hause zu tragen: zuvor muss er den Bereich der Gewässer erobern, indem er Einbäume aushöhlt. Um sich die Reichtümer der Welt anzueignen, bemächtigt er sich der Welt selbst. In diesem Handeln empfindet er seine

Macht; er setzt Ziele, er entwirft Wege zu ihnen: er verwirklicht sich als Existierender. Um zu erhalten, schöpft er; er geht über die Gegenwart hinaus, er eröffnet die Zukunft. Deshalb haben Fischzüge und Jagden einen heiligen Charakter. Ihr erfolgreicher Ausgang wird mit Festen und Triumphzügen gefeiert; der Mann erkennt in ihnen seine Menschlichkeit. Diesen Stolz zeigt er noch heute, wenn er einen Staudamm, einen Wolkenkratzer oder einen Atommeiler gebaut hat. Er hat nicht nur daran gearbeitet, die gegebene Welt zu erhalten: er hat ihre Grenzen gesprengt, hat die Grundlagen für eine neue Zukunft gelegt.

Seine Tätigkeit hat noch eine Dimension, die ihr höchste Würde verleiht: sie ist oft gefährlich. Wäre das Blut nur Nahrung, hätte es keinen höheren Wert als die Milch; aber der Jäger ist kein Schlachter: im Kampf mit den wilden Tieren setzt er sich Gefahren aus. Der Krieger setzt, um das Ansehen der Horde, des Clans, dem er angehört, zu vergrößern, sein Leben aufs Spiel und beweist damit unübersehbar, dass für den Mann nicht das Leben der höchste Wert ist, sondern dass es wichtigeren Zielen dienen muss. Der schlimmste Fluch, der auf der Frau lastet, ist, dass sie von den Kriegszügen ausgeschlossen ist. Nicht indem er Leben schenkt, sondern indem er es einsetzt, erhebt sich der Mensch über das Tier. Deshalb wird innerhalb der Menschheit der höchste Rang nicht dem Geschlecht zuerkannt, das gebiert, sondern dem, das tötet.

Das ist der Schlüssel zu dem ganzen Geheimnis. Auf biologischer Ebene erhält sich eine Art nur, indem sie sich neu erschafft. Aber diese Schöpfung ist nur eine Wiederholung des gleichen Lebens in verschiedenen Gestalten. Indem der Mensch das Leben durch die Existenz transzendiert, sichert er die Wiederholung des Lebens: durch dieses Überschreiten schafft er Werte, die der bloßen Wiederholung jeden Wert absprechen. Beim Tier bleiben die Grundlosigkeit, die Vielfalt der männlichen Aktivitäten vergeblich, weil ihm kein Entwurf innewohnt. Wenn es nicht der Art dient, ist das, was es tut, nichtig. Der männliche Mensch dagegen dient der Art, indem er das Antlitz der Welt gestaltet, neue Werkzeuge erschafft, die Zukunft erfindet und formt. Wenn er sich als souverän setzt, findet er das Einverständnis der Frau selbst: denn auch sie ist ein Existierendes, die Transzendenz wohnt ihr inne, und ihr Entwurf ist nicht die Wiederholung, sondern deren Überschreitung auf eine andere Zukunft hin; sie findet im innersten ihres Wesens die Bestätigung der männlichen Ansprüche. Bei den Festen, die die Erfolge und Siege der Männer feiern, schließt sie sich ihnen an. Ihr Unglück ist, dass sie biologisch zur Wiederholung des Lebens bestimmt ist, obwohl doch in ihren eigenen Augen das Leben seine Seinsgrunde nicht in sich trägt und diese wichtiger sind als das Leben selbst.

Manche Passagen der Dialektik Hegels, in denen er das Verhältnis von Herr und Knecht definiert, könnte man viel besser auf das von Mann und Frau anwenden. Hegel zufolge entsteht das Privileg des Herrn dadurch, dass er, indem er sein Leben aufs Spiel setzt, den Geist gegen das Leben durchsetzt: tatsächlich aber trägt der besiegte Sklave das gleiche Risiko. Die Frau dagegen ist ursprünglich ein Existierendes, das *das* Leben schenkt und *sein* Leben nicht aufs Spiel setzt. Zwischen ihr und dem Mann hat es nie einen Kampf gegeben. Hegels Definition lässt sich ausgezeichnet auf sie anwenden: »Die andere (Gestalt des Bewusstseins ist) das unselbständige, dem das Leben oder das Sein für ein Anderes das Wesen ist.«[11] Dieses Verhältnis unterscheidet sich jedoch von dem Unterdrückungsverhältnis, weil auch die Frau die Werte anvisiert und anerkennt, die von den Männern konkret erreicht werden. Der Mann eröffnet die Zukunft, auf die hin auch sie sich transzendiert. In Wirklichkeit haben die Frauen den männlichen Werten nie weibliche entgegengesetzt; es waren Männer, die die männlichen Vorrechte wahren wollten, von denen diese Trennung erfunden wurde; sie haben nur deshalb eine weibliche Domäne – ein Reich des Lebens, der Immanenz – herstellen wollen, um die Frau darin einzusperren. Das Existierende aber sucht seine Rechtfertigung jenseits jeder geschlechtlichen Spezifizierung in der Bewegung seines sich Transzendierens: die Unterordnung der Frauen ist der Beweis dafür. Was sie heute fordern, ist, mit dem gleichen Recht wie die Männer als Existierende anerkannt zu werden und nicht die Existenz dem Leben, den Menschen seiner animalischen Natur unterzuordnen.

Durch diese existenzielle Betrachtungsweise ist verständlich geworden, wie die biologische und ökonomische Situation der Urhorden die Vorherrschaft der Männer herbeiführen musste. Der weibliche Mensch ist unmittelbarer der Art ausgeliefert als der männliche. Die Menschheit hat von jeher danach gestrebt, ihrem spezifischen Schicksal zu entrinnen; durch die Erfindung des Werkzeugs ist der Lebensunterhalt für den Mann Tätigkeit und Entwurf geworden, während die Frau durch die Mutterschaft an ihren Körper gefesselt blieb wie das Tier. Weil die Menschheit sich in ihrem Sein in Frage stellt, das heißt Lebensgründe höher bewertet als das Leben selbst, hat der Mann sich der Frau gegenüber als Herr gesetzt. Der Entwurf des Mannes besteht nicht darin, sich in der Zeit zu wiederholen, sondern den Augenblick zu beherrschen und die Zukunft zu erfinden. Das männliche Handeln hat in der Schaffung von Werten die Existenz selbst als Wert konstituiert: es hat den Sieg über die verworrenen Kräfte des Lebens davongetragen; es hat die Natur und die Frau unterjocht.

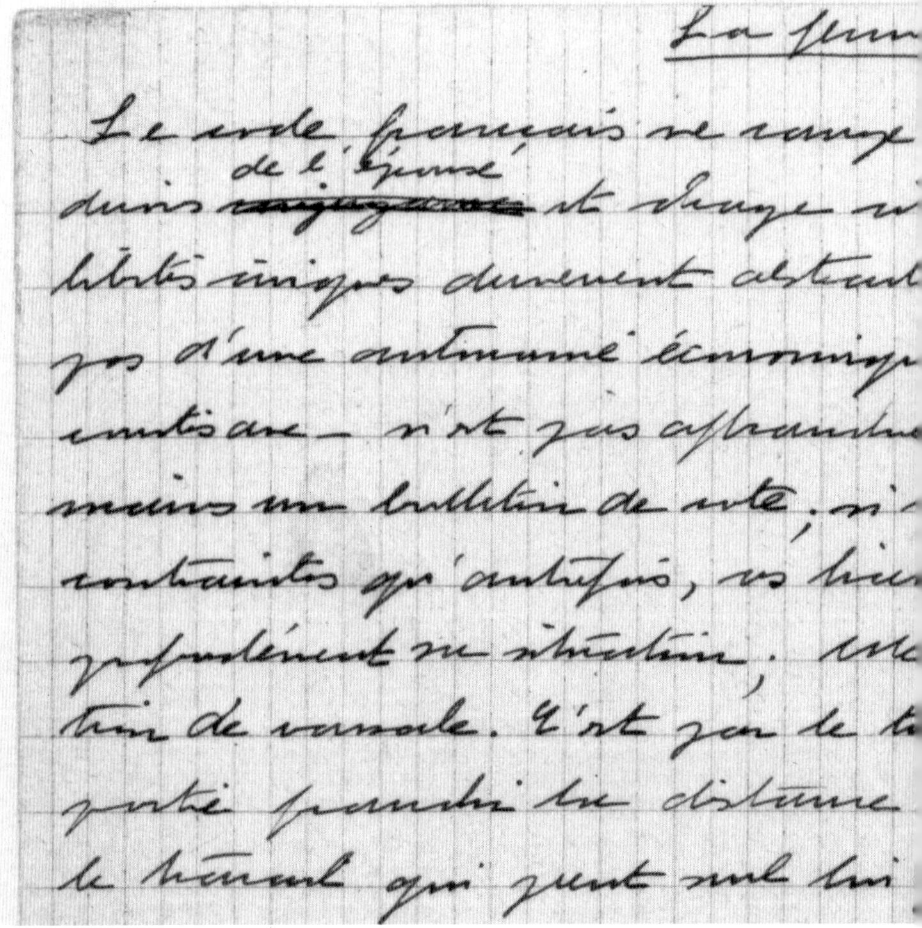

Anfang des Kapitels »La femme indépendante« aus dem Manuskript für *Das andere Geschlecht*

… l'obéissance du monde des
…e est devenue une idolâtrie ; ces
…ment elles ne s'accompagnent
…la femme entretenue - épouse ou
… mâle jamais qu'elle a dans les
…ens lui siègent mais de
…négatives n'ont pas modifié
…meure enfermée dans sa condi-
…l que la femme a en grande
… la séparant du mâle ; c'est
…ntri une libido mâle. Dès

Mythos

Der Mythos Frau spielt eine bedeutende Rolle in der Literatur, aber wie wichtig ist er im Alltag? Inwieweit beeinflusst er die Sitten und die individuellen Verhaltensweisen? Um diese Frage zu beantworten, müsste man seine Beziehungen zur Realität verdeutlichen.

Es gibt verschiedene Arten von Mythen. Der Mythos Frau, der einen unveränderlichen Aspekt des Menschseins sublimiert, nämlich die Unterteilung der Menschheit in zwei Kategorien von Individuen, ist ein statischer Mythos. Er projiziert eine unmittelbar erfahrene oder aufgrund von Erfahrung als Begriff gestaltete Realität in den Bereich platonischer Ideen: er ersetzt den Wert, die Bedeutung, den Begriff, das empirische Gesetz durch eine transzendente, zeitlose, unveränderliche und notwendige Idee. Diese Idee entzieht sich jeder Infragestellung, da sie jenseits des Gegebenen angesiedelt ist; sie besitzt absolute Wahrheit. So stellt das mythische Denken der verstreuten, kontingenten, vielfältigen Existenz *der* Frauen das einmalige und starre Ewigweibliche gegenüber; wenn dessen Definition durch das Verhalten der Frauen aus Fleisch und Blut widerlegt wird, sind sie es, die Unrecht haben: man erklärt nicht, dass die Weiblichkeit eine Entität ist, sondern dass die Frauen nicht weiblich sind. Die Widerlegungen durch die Erfahrung können dem Mythos nichts anhaben. Dennoch entspringt er in gewisser Weise aus ihr. Es stimmt zum Beispiel, dass die Frau anders ist als der Mann, und dieses Anderssein wird konkret im Begehren, in der Umarmung, in der Liebe empfunden. Aber die wirkliche Beziehung ist eine wechselseitige; als solche verursacht sie authentische Dramen: in der Form von Erotik, Liebe, Freundschaft und ihren Alternativen Enttäuschung, Hass, Rivalität, ist sie Kampf der Bewusstseine, von denen jedes wesentlich sein will, ist sie Anerkennung der Freiheiten, die einander bestätigen, ist sie unbestimmter Übergang von Feindschaft zu Einverständnis. Die Frau setzen heißt das absolute Andere setzen, ohne Wechselseitigkeit und unter Verleugnung der Erfahrung, dass sie ein Subjekt, ein Mitmensch ist.

In der konkreten Realität treten die Frauen unter verschiedenen Aspekten in Erscheinung, aber jeder zum Thema Frau aufgebaute Mythos erhebt den Anspruch, sie vollständig zu erfassen, und jede Frau will einmalig sein: die Folge ist, dass es eine Vielzahl von unvereinbaren Mythen gibt und dass die Männer grüblerisch vor den sonderbaren Inkohärenzen in der Idee der Weiblichkeit stehen. Da jede Frau an einer Vielzahl solcher Archetypen teilhat, von denen jeder einzelne den Anspruch erhebt, ihre einzige Wahrheit zu beinhalten, empfinden die Männer ihren Gefährtinnen gegenüber das alte Erstaunen der Sophisten, die nur schwer verstanden, dass der Mensch zugleich blond und brünett sein kann. Der Übergang zum Absoluten drückt sich bereits in den sozialen Vorstellungen aus: Relationen erstarren darin leicht zu Klassen, Funktionen zu Typen, wie sich in der kindlichen Mentalität Beziehungen zu Dingen verfestigen. Die patriarchalische Gesellschaft zum Beispiel, deren Zentrum die Erhaltung des Erbes ist, setzt neben Menschen, die die Besitztümer innehaben und weitergeben, zwingend die Existenz von Männern und Frauen voraus, die selbige ihren Besitzern wegnehmen und in Umlauf bringen. Solche Männer – Abenteurer, Betrüger, Diebe oder Spekulanten – werden im Allgemeinen von der Gemeinschaft abgelehnt. Die Frauen, die ihre erotische Anziehungskraft einsetzen, haben die Möglichkeit, junge Männer und sogar Familienväter zur Verschwendung ihres Erbes zu verleiten, ohne selbst von der Legalität abzuweichen: sie eignen sich deren Vermögen an oder erschleichen das Erbteil. Da diese Rolle als verhängnisvoll angesehen wird, nennt man die, die sie spielen, »schlechte Frauen«. Dabei können sie in einer anderen Umgebung – im Heim ihres Vaters, ihrer Brüder, ihres Mannes, ihres Liebhabers – als Schutzengel auftreten: etwa eine Kurtisane, die reiche Geldleute ausnimmt, kann für Maler und Schriftsteller eine Mäzenin sein. Das Zweideutige an Persönlichkeiten wie Aspasia oder Madame de Pompadour lässt sich aus der konkreten Erfahrung leicht verstehen. Wenn aber behauptet wird, die Frau sei die *Gottesanbeterin*, die *Alraune*, die *Dämonin*, ist man verwirrt, wenn man in ihr auch die *Muse*, die *Muttergottheit* und *Beatrice* entdeckt.

Da kollektive Vorstellungen und soziale Typen im Allgemeinen mit gegensätzlichen Begriffspaaren gekennzeichnet werden, wird die Ambivalenz auch als wesentliche Eigentümlichkeit des Ewigweiblichen gesehen. Der Gegenbegriff zur heiligen Mutter ist die böse Stiefmutter, der zu dem engelhaften jungen Mädchen die perverse Jungfrau: daher wird man bald sagen, die Mutter komme dem Leben gleich, bald, die Mutter komme dem Tod gleich, jedes unberührte Mädchen sei eine reine Seele oder ein dem Teufel geweihter Körper.

Offensichtlich ist es nicht die Realität, die der Gesellschaft oder den Individuen ihre Wahl zwischen den beiden entgegengesetzten Prinzipien einer Einheit diktiert; in jeder Epoche, in jedem Einzelfall entscheiden Gesellschaft und Individuum nach ihren Bedürfnissen. Sehr oft projizieren sie die Institutionen und Werte, denen sie verhaftet sind, in den einmal übernommenen Mythos. So definiert der Paternalismus, der die Frau für den heimischen Herd beansprucht, sie als Gefühl, Innerlichkeit, Immanenz. Tatsächlich ist jedes Existierende sowohl Immanenz wie Transzendenz; wenn man ihm kein Ziel anbietet oder es daran hindert, eines zu erreichen, wenn man es um seinen Sieg bringt, fällt seine Transzendenz unerfüllt in die Vergangenheit, das heißt in die Immanenz zurück. Das ist das der Frau im Patriarchat zugewiesene Los, aber es ist genauso wenig eine Berufung, wie die Sklaverei die Berufung des Sklaven ist. Bei Auguste Comte erkennt man deutlich die Entwicklung dieser Mythologie. Die Frau mit Altruismus identifizieren heißt dem Mann absoluten Anspruch auf ihre Ergebenheit garantieren, heißt der Frau ein kategorisches Seinsollen aufzwingen.

Der Mythos darf nicht mit dem Erfassen einer Bedeutung verwechselt werden: die Bedeutung ist dem Objekt immanent und enthüllt sich dem Bewusstsein in einer lebendigen Erfahrung. Der Mythos dagegen ist eine transzendente Idee, die sich jeder Bewusstmachung entzieht. Wenn Michel Leiris in *Mannesalter* seine Sicht der weiblichen Organe beschreibt, liefert er uns Bedeutungen und fabriziert keinen Mythos. Die Verwunderung angesichts des weiblichen Körpers, der Ekel vor dem Menstruationsblut sind Wahrnehmungen einer konkreten Realität. Es ist nichts Mythisches an der Erfahrung, mit der die sinnlichen Eigenschaften des weiblichen Körpers entdeckt werden, und man wird nicht mythisch, wenn man versucht, sie in Vergleichen mit Blumen oder Kieseln auszudrücken. Sagt man aber, die *Frau* sei das *Fleisch* und das *Fleisch* sei die *Nacht* und der *Tod*, oder sie sei die Herrlichkeit des *Kosmos*, so verlässt man die Wahrheit der Erde und schwingt sich zu einem leeren Himmel auf. Denn auch der Mann ist für die Frau Fleisch, und sie ist etwas anderes als ein Objekt der Fleischeslust. Das Fleisch nimmt für jeden und in jeder Erfahrung eine individuelle Bedeutung an. Ebenso stimmt es völlig, dass die Frau, wie der Mann, ein in der Natur verwurzeltes Wesen ist. Sie ist stärker der Art unterworfen, ihre Animalität ist deutlicher, aber in ihr wie in ihm wird das Gegebene durch die Existenz angenommen, auch sie gehört dem Menschenreich an. Sie mit der Natur gleichzusetzen ist ein bloßes Vorurteil.

Wenige Mythen sind für die herrschende Kaste vorteilhafter gewesen als der Mythos Frau: er rechtfertigt alle ihre Privilegien und begünstigt sogar deren Missbrauch. Die Männer brauchen sich nicht darum zu kümmern, die Leiden und Belastungen zu erleichtern, die sich aus der Physiologie der Frau ergeben, da diese ja »von der Natur gewollt« sind. Sie nehmen sie zum Vorwand, um die Misere des Frauseins noch zu vergrößern, zum Beispiel indem sie ihr jedes Recht auf sexuelle Lust verweigern und sie wie ein Lasttier arbeiten lassen.[22]

Von all diesen Mythen ist keiner in den Männerherzen so fest verankert wie der vom »Geheimnis« Frau. Er bietet viele Vorteile. In erster Linie kann mit ihm mühelos alles erklärt werden, was unerklärlich scheint: der Mann, der eine Frau nicht »versteht«, ist froh, wenn er an die Stelle einer subjektiven Schwäche ein objektives Hindernis setzen kann. Statt seine Unwissenheit zuzugeben, erkennt er außerhalb seiner selbst das Vorhandensein eines Geheimnisses an: ein Alibi, das der Faulheit wie der Eitelkeit zugute kommt. Ein Verliebter erspart sich auf diese Weise viele Enttäuschungen: wenn das Verhalten der Geliebten launenhaft ist und ihre Äußerungen blöde sind, kann das Geheimnis als Entschuldigung dafür dienen. Dank dem Geheimnis hält sich auch jene negative Beziehung, die Kierkegaard so vorkam, als sei sie jedem positiven Besitz unendlich vorzuziehen. Einem lebenden Rätsel gegenüber bleibt der Mann allein: allein mit seinen Träumen, seinen Hoffnungen, seinen Ängsten, seiner Liebe, seiner Eitelkeit. Dieses subjektive Spiel, das vom Laster bis zur mystischen Ekstase gehen kann, ist für viele eine reizvollere Erfahrung als eine echte Beziehung mit einem Menschen. Worauf beruht denn nun eine so vorteilhafte Illusion?

Sicherlich ist die Frau in gewisser Hinsicht geheimnisvoll, »geheimnisvoll wie wir alle«, einem Ausspruch von Maeterlinck zufolge. Jeder ist nur für sich selbst Subjekt, jeder kann nur sich selbst in seiner Immanenz erfassen: von diesem Standpunkt aus ist der andere immer Geheimnis. In den Augen der Männer ist die Undurchsichtigkeit des Für-sich bei dem weiblichen Anderen viel krasser; durch keine noch so große Sympathie können sie in dessen individuelle Erfahrung eindringen: die Art der erotischen Lust der Frau, das Unwohlsein während der Menstruation, die Schmerzen bei der Niederkunft werden ihnen immer unbekannt bleiben. In Wirklichkeit ist das Geheimnis wechselseitig: als Anderer, und zwar als Anderer männlichen Geschlechts, birgt auch das Innere jedes Mannes eine in sich verschlossene und für die Frau unzugängliche Präsenz: sie weiß auch nicht, wie das erotische Empfinden des Mannes ist. Aber gemäß der hier aufgezeigten universellen Regel sind die Kategorien, über die die Männer die Welt denken, *von ihrem Standpunkt aus als absolut* konstituiert: hier wie überall verkennen sie die Wechselseitigkeit. Da die Frau für den Mann ein Geheimnis ist, wird sie als Geheimnis an sich betrachtet.

Tatsächlich ist sie aufgrund ihrer Situation besonders geeignet, so gesehen zu werden. Ihre physiologische Bestimmung ist sehr komplex; sie selbst lässt sie als etwas Fremdes über sich ergehen: ihr Körper ist für sie kein klarer Ausdruck ihrer selbst, sie fühlt sich darin entfremdet. Das Band, das in jedem Individuum das physiologische mit dem psychischen Leben verknüpft, oder besser gesagt, die Beziehung zwischen der Faktizität eines Individuums und der Freiheit, von der diese auf sich genommen wird, ist das schwierigste im Menschsein enthaltene Rätsel: bei der Frau stellt es sich am verwirrendsten.

Was Geheimnis genannt wird, ist aber nicht die subjektive Einsamkeit des Bewusstseins und auch nicht das geheime organische Leben. Erst auf der Ebene der

Kommunikation erlangt das Wort seinen wahren Sinn: es ist nicht auf das reine Schweigen, auf die Nacht, die Abwesenheit beschränkt, sondern setzt eine stammelnde Präsenz voraus, der es misslingt, sich zu äußern. Wenn man sagt, die Frau sei Geheimnis, heißt das nicht, dass sie schweigt, sondern dass ihr Sprechen nicht verstanden wird. Sie ist da, aber unter Schleiern verborgen; sie existiert jenseits dieser unbestimmten Erscheinungsformen. Wer ist sie? Ein Engel, ein Dämon, eine Erleuchtete, eine Komödiantin? Man nimmt entweder an, dass es auf diese Fragen Antworten gibt, die unmöglich zu finden sind, oder aber, dass keine von ihnen angemessen ist, weil das weibliche Wesen eine grundlegende Ambiguität aufweist. In ihrem Innersten ist die Frau sich selbst unerklärlich: eine Sphinx.

Tatsache ist, dass sie in große Verlegenheit geriete, wenn sie entscheiden sollte, *wer* sie *ist*. Die Frage lässt keine Antwort zu, aber nicht, weil die verborgene Wahrheit zu schwankend wäre, um sich einkreisen zu lassen, sondern weil es in diesem Bereich keine Wahrheit gibt. Ein Existierendes *ist* nichts anderes, als das, was es tut: das Mögliche geht nicht über das Wirkliche hinaus, die Essenz geht der Existenz nicht voraus, in seiner reinen Subjektivität *ist* der Mensch *nichts*. Er wird an seinen Handlungen gemessen. Von einer Bäuerin kann man sagen, dass sie eine gute oder eine schlechte Arbeiterin ist, von einer Schauspielerin, dass sie Talent hat oder nicht: aber wenn man eine Frau in ihrer immanenten Präsenz betrachtet, kann man absolut nichts über sie sagen, sie ist diesseits jeglicher Qualifizierbarkeit. Also wird die Frau in der Liebes- und in der Ehebeziehung, in allen Beziehungen, in denen sie abhängige andere ist, in ihrer Immanenz erfasst. Auffallend ist, dass die Kameradin, die Kollegin, die Geschäftspartnerin ohne Geheimnis ist. Wenn der Abhängige hingegen männlich ist, wenn zum Beispiel ein junger Mann für einen Mann oder eine Frau, die älter oder reicher sind, als das unwesentliche Objekt erscheint, wird auch er vom Geheimnis umhüllt. Dadurch wird eine innere Struktur des Geheimnisses Frau freigelegt, die ökonomischer Natur ist. Auch ein Gefühl *ist* nichts. »Im Bereich der Gefühle unterscheidet sich das Wirkliche nicht von der Einbildung«, sagt Gide. »Und wie es genügt, sich einzubilden, man liebe, um zu lieben, so genügt es auch, sich zu sagen, man bilde sich ein zu lieben, um sogleich etwas weniger zu lieben …« Zwischen der Einbildung und dem Wirklichen gibt es eine Unterscheidung nur anhand des Verhaltens. Der Mann, der in dieser Welt eine privilegierte Stellung einnimmt, ist in der Lage, seine Liebe aktiv zu bekunden. Häufig hält er die Frau aus oder unterstützt sie zumindest. Wenn er sie heiratet, gibt er ihr eine soziale Position. Er macht ihr Geschenke. Seine wirtschaftliche und soziale Unabhängigkeit erlaubt ihm, Initiativen zu ergreifen und spontane Einfälle zu verwirklichen: von Madame de Villeparisis getrennt, unternimmt Monsieur de Norpois[23] vierundzwanzigstündige Reisen, um bei ihr sein zu können. Sehr oft ist er beschäftigt, und sie hat nichts zu tun: die Zeit, die er mit ihr verbringt, *schenkt* er ihr; sie nimmt sie an: freudig, leidenschaftlich oder nur zum Zeitvertreib? Nimmt sie diese Wohltaten aus Liebe oder aus Eigennutz an? Liebt sie den Ehemann oder die Ehe? Natürlich sind auch die Beweise des Mannes doppeldeutig: wird dieses oder jenes Geschenk aus Liebe oder aus Mitleid gemacht? Aber während der Umgang mit dem Mann für die Frau normalerweise viele Vorteile mit sich bringt, hat der Mann nur etwas vom Umgang mit der Frau, sofern er sie liebt. Daher kann man nach seinem Gesamtverhalten auch ungefähr das Maß seiner Zuneigung einschätzen, während die Frau kaum eine Möglichkeit hat, ihr eigenes Herz zu erforschen. Je nach Laune wird sie verschiedene Einstellungen zu ihren Gefühlen einnehmen, und solange sie sie passiv hinnimmt, ist die eine Interpretation so wahr wie die andere. In den recht seltenen Fällen, in denen sie die wirtschaftlichen und sozialen Privilegien besitzt, kehrt sich das Geheimnis um: was beweist, dass es nicht eher an *dieses* Geschlecht als an das andere gebunden ist, sondern an eine Situation. Für eine große Zahl von Frauen sind die Wege der Transzendenz versperrt: weil sie nichts *tun*, *machen* sie sich auch zu nichts, was sie *sind*. Sie fragen sich ohne Ende, was sie *hätten* werden *können*, und das führt dazu, dass sie überlegen, was sie *sind*: eine vergebliche Überlegung. Wenn es dem Mann nicht gelingt, dieses geheime Wesen zu enthüllen, so weil es ganz einfach nicht existiert. Da die Frau am Rande der Welt gehalten wird, kann sie sich nicht objektiv über diese Welt definieren, und ihr Geheimnis birgt nur Leere.

Darüber hinaus kommt es vor, dass sie wie alle Unterdrückten absichtlich ihr objektives Antlitz versteckt. Der Sklave, der Diener, der Eingeborene, alle, die von den Launen eines Herrn abhängen, haben gelernt, ihm ein stets gleichbleibendes Lächeln oder einen rätselhaften Gleichmut entgegenzusetzen; ihre wahren Gefühle, ihre wahren Verhaltensweisen verstecken sie sorgfältig. Auch die Frau lehrt man von Jugend an, die Männer zu belügen, Listen und Winkelzüge anzuwenden. Sie setzt ihnen gegenüber ein unechtes Gesicht auf, ist auf der Hut, heuchelt und spielt Theater.

Aber das Geheimnis Frau, so wie das mythische Denken es kennt, ist eine tiefere Realität. Tatsächlich ist es unmittelbar in der Mythologie des absoluten Anderen enthalten. Wenn man zugibt, dass auch das unwesentliche Bewusstsein eine transluzide Subjektivität ist, die imstande ist, das *Cogito* zu vollziehen, so gibt man damit zu, dass es in Wahrheit souverän ist und zum Wesentlichen wird. Damit jede Wechselseitigkeit unmöglich erscheint, muss das Andere für sich ein anderes sein, muss seine Subjektivität selbst von der Alterität affiziert sein. Dieses Bewusstsein, das in seiner reinen immanenten Präsenz als Bewusstsein entfremdet wäre, wäre offensichtlich *Geheimnis*. Es wäre dadurch *Geheimnis* an sich, dass es für sich wäre: es wäre das absolute *Geheimnis*.

So gibt es auch über das Geheimnisvolle hinaus, das sie selbst durch ihr Versteckspiel bewirken, ein Geheimnis des *Schwarzen* und des *Gelben*, insofern als sie ausschließlich als das unwesentliche Andere betrachtet werden. Dazu muss angemerkt werden, dass der amerikanische Bürger, der den Durchschnittseuropäer zutiefst verwirrt, dennoch nicht als »geheimnisvoll« angesehen wird: man sagt bescheidener, dass man ihn nicht versteht. Ebenso »versteht« die Frau nicht immer den Mann, doch es gibt kein Geheimnis Mann. Das liegt daran, dass das reiche Amerika und der Mann auf der Seite der *Herren* stehen, das Geheimnis aber dem Sklaven eigentümlich ist.

Natürlich kann man nur im Dämmerlicht der Unaufrichtigkeit von der positiven Realität des *Geheimnisses* träumen: ähnlich wie manche schwachen Halluzinationen verflüchtigt es sich, sobald man versucht, es zu fixieren. Die Literatur scheitert immer, wenn sie »geheimnisvolle« Frauen darstellen will. Sie können nur am Anfang eines Romans befremdend und rätselhaft erscheinen, aber, außer wenn die Geschichte unvollendet bleibt, letzten Endes geben sie ihr Geheimnis preis und sind dann kohärente und transluzide Personen. Der Held in den Büchern von Peter Cheyney zum Beispiel wundert sich unaufhörlich über die unvorhersehbaren Launen der Frauen: man kann nie erraten, wie sie sich verhalten werden, sie machen einen Strich durch alle Rechnungen. Sobald allerdings der Antrieb ihres Tuns für die Leser offenkundig geworden ist, zeigt sich, dass sie nach einem ganz einfachen Mechanismus funktionieren: die eine war Spionin, die andere Diebin. Wie raffiniert die Handlung auch aufgebaut ist, es gibt immer einen Schlüssel dazu, und es könnte auch gar nicht anders sein, selbst wenn der Autor alles Talent und alle Phantasie der Welt besäße. Das Geheimnis ist immer nur ein Trugbild und verschwindet, sobald man es zu fassen versucht.

Daraus wird ersichtlich, dass ein Mythos sich zum großen Teil daraus erklärt, wozu der Mensch ihn benutzt. Der Mythos Frau ist ein Luxus. Er kann nur aufkommen, wenn der Mann nicht mehr mit der Befriedigung des Lebensnotwendigsten beschäftigt ist: je konkreter Beziehungen gelebt werden, um so weniger werden sie idealisiert. Der Fellache im alten Ägypten, der bäuerliche Beduine, der Handwerker des Mittelalters und der Arbeiter von heute haben durch die Zwänge der Arbeit und der Armut allzu eindeutige Beziehungen zu der bestimmten Frau, die ihre Gefährtin ist, als dass sie sie mit einer glück- oder unheilbringenden Aura

umgeben wollten. Die schwarzweißen Statuen der Weiblichkeit wurden von Epochen und Klassen errichtet, denen Muße zum Träumen vergönnt war. Aber der Luxus ist auch nutzbringend: diese Träume waren von zwingenden Interessen bestimmt. Die meisten Mythen wurzeln zwar in der spontanen Haltung des Mannes zu seiner eigenen Existenz und zu der Welt um ihn her, aber das Überschreiten der Erfahrung hin zur transzendenten Idee wurde von der patriarchalischen Gesellschaft bewusst zum Zweck der Selbstrechtfertigung vollzogen. Über die Mythen hat sie den Individuen ihre Gesetze und Sitten in bildhafter, anschaulicher Weise aufgezwungen: in mythischer Form sickerte der kollektive Imperativ in jedes Bewusstsein ein. Vermittelt durch die Religionen und Traditionen, die Sprache, die Märchen, die Lieder und das Kino dringen die Mythen selbst in die Existenzen ein, die am härtesten den materiellen Realitäten unterworfen sind. Jeder kann aus ihnen eine Sublimierung seiner bescheidenen Erfahrungen schöpfen: von einer geliebten Frau betrogen, erklärt der eine sie zum mannstollen Weibsstück. Ein anderer ist von der Vorstellung seiner Impotenz besessen: für ihn wird die Frau zur Gottesanbeterin. Wieder ein anderer fühlt sich in Gesellschaft seiner Frau wohl: für ihn ist sie Harmonie, Ruhe, nährende Erde. Der Hang zu einer wohlfeilen Ewigkeit, zu einem Absoluten im Taschenformat, den man bei den meisten Männern findet, befriedigt sich an den Mythen. Die kleinste Empfindung, irgendeine Verstimmung werden zur Widerspiegelung einer zeitlosen Idee: diese Illusion schmeichelt der Eitelkeit.
Der Mythos ist eine der Fallen, in die der Geist der Ernsthaftigkeit kopfüber hineinstürzt. Auch hier handelt es sich wieder darum, gelebte Erfahrung und die dazu erforderlichen freien Urteile durch ein starres Idol zu ersetzen. An die Stelle einer authentischen Beziehung zu einem autonomen Existierenden setzt der Mythos Frau die unbewegte Kontemplation eines Trugbildes. »Ein Trugbild, ein Trugbild!«, ruft Laforgue aus. »Man muss sie töten, weil man sie nicht zu fassen bekommt; oder aber sie bestärken, aufklären, ihnen den Hang zu Juwelen austreiben und sie wirklich zu uns ebenbürtigen Gefährtinnen, zu unseren vertrauten Freundinnen, zu unseren Partnerinnen hienieden machen, sie anders kleiden, ihnen die Haare abschneiden, ihnen alles sagen …« Der Mann hätte nichts zu verlieren, wenn er darauf verzichtete, die Frau als Symbol zu verkleiden, ganz im Gegenteil. Sind die Träume kollektiv und gesteuert, das heißt Klischees, sind sie neben der lebendigen Realität überaus arm und eintönig: für den wahren Träumer, für den Poeten ist diese eine viel ergiebigere Quelle als ein abgedroschenes Wunder. Die Epochen, die die Frauen am aufrichtigsten gemocht haben, sind weder der ritterliche Feudalismus noch das galante 19. Jahrhundert, sondern Epochen –

wie das 18. Jahrhundert zum Beispiel –, in denen die Männer in den Frauen Gleichwertige sahen: diesen Zeiten erscheinen sie wirklich als romanesk. Man braucht nur *Les liaisons dangereuses* (dt.: *Gefährliche Liebschaften*), *Le rouge et le noir* (dt.: *Rot und Schwarz*) oder *A farewell to arms* (dt.: *In einem andern Land*) zu lesen, um sich darüber klar zu werden. Die Heldinnen von de Laclos, Stendhal und Hemingway sind ohne Geheimnis, deshalb aber nicht minder anziehend. In der Frau ein menschliches Wesen erkennen heißt nicht die Erfahrung des Mannes ärmer machen: diese würde nichts von ihrer Vielfalt, ihrem Reichtum, ihrer Intensität einbüßen, wenn sie sich in ihrer Intersubjektivität annähme. Die Mythen abzulehnen bedeutet nicht, jede dramatische Beziehung zwischen den Geschlechtern zu zerstören, es heißt nicht, die Bedeutungen verneinen, die sich dem Mann über die weibliche Realität authentisch offenbaren, ebenso wenig wie damit Poesie, Liebe, Abenteuer, Glück und Traum unterdrückt werden sollen: es bedeutet nur, dass Verhalten, Gefühle, Leidenschaften in der Wahrheit begründet sein sollen.[24]

»Das Frauliche geht verloren. Wo sind die Frauen? Die heutigen Frauen sind keine Frauen»: wir haben gesehen, was diese geheimnisvollen Phrasen für einen Sinn haben. In den Augen der Männer – und für das Heer von Frauen, die mit deren Augen sehen – genügt es nicht, einen Frauenkörper zu haben und als Geliebte, als Mutter die weibliche Funktion auf sich zu nehmen, um eine »wahre Frau« zu sein. Über die Sexualität und die Mutterschaft kann das Subjekt Anspruch auf seine Autonomie erheben, die »wahre Frau « aber ist die, die sich als Anderes akzeptiert. In der Haltung der Männer von heute liegt eine Doppelzüngigkeit, die bei der Frau eine schmerzhafte Zerrissenheit bewirkt: sie billigen weitgehend, dass die Frau ebenbürtig, gleichwertig ist, verlangen aber weiterhin, dass sie das Unwesentliche bleibt. Für die Frau sind diese beiden Bestimmungen nicht vereinbar, sie schwankt dazwischen hin und her, ohne sich auf die eine oder die andere richtig einzustellen, und daher kommt ihr fehlendes Gleichgewicht. Für den Mann besteht zwischen öffentlichem und privatem Leben keine Kluft: je mehr er im Handeln und in der Arbeit seine Macht über die Welt behauptet, um so männlicher erscheint er. Bei ihm werden menschliche und vitale Werte gleichgesetzt, wohingegen die autonomen Erfolge der Frau in Widerspruch zu ihrer Weiblichkeit stehen, da von der »wahren Frau« ja verlangt wird, sich zum Objekt zu machen, das Andere zu sein.

Fest steht, dass es heute für die Frauen sehr schwierig ist, gleichzeitig ihr Sein als autonomes Individuum und ihr weibliches Schicksal auf sich zu nehmen. Dieses Problem ist die Ursache für das Ungeschick und das Unbehagen, derentwegen sie zuweilen als »ein verloren gegangenes Geschlecht« angesehen werden. Zweifellos ist es bequemer, blinde Sklaverei zu erdulden, als an seiner Befreiung zu arbeiten: auch die Toten sind der Erde besser angepasst als die Lebenden. Jedenfalls ist eine Rückkehr zur Vergangenheit ebenso wenig möglich wie wünschenswert. Zu hoffen ist, dass die Männer ihrerseits vorbehaltlos die Situation annehmen, die im Entstehen begriffen ist: erst dann wird die Frau ohne Zerrissenheit leben können. Dann wird sich der Wunsch Laforgues erfüllen: »O junge Mädchen, wann werdet ihr unsere Brüder sein, unsere innig vertrauten Brüder ohne einen Hintergedanken an Ausbeutung? Wann werden wir einander wirklich die Hand reichen?« Dann wird »Mélusine, die nicht mehr unter dem Verhängnis leiden muss, das allein der Mann über ihr entfesselt hat, eine befreite Mélusine, ihren Platz als Mensch«[25] wiederfinden. Sie wird dann ganz und gar Mensch sein, »wenn die endlose Leibeigenschaft der Frau zerschlagen sein wird, wenn sie für sich und durch sich leben wird, weil der – bislang abscheuliche – Mann sie entlassen hat«.[26]

Schluss

»Nein, die Frau ist nicht unser Bruder. Aus Bequemlichkeit und aus Verderbtheit haben wir sie zu einem Außenseiter, einem unbekannten Wesen gemacht, das keine andere Waffe hat als sein Geschlecht, was nicht nur den permanenten Krieg bedeutet, sondern die in einem gerechten Krieg unzulässige Waffe des grenzenlosen Misstrauens der ewigen kleinen Sklavin, die anbetet oder hasst, die aber kein aufrechter Gefährte ist – ein Wesen, das mit Korpsgeist und Freimaurerei als Legion zusammensteht.«

Viele Männer würden diese Worte von Jules Laforgue heute noch unterschreiben. Viele glauben, dass die beiden Geschlechter sich immer in »Zwist und Streit« befinden werden und dass Brüderlichkeit ihnen nie möglich sein wird. Tatsache ist, dass weder die Männer noch die Frauen heute mit dem jeweils anderen Geschlecht zufrieden sind. Aber die Frage ist, ob ein ursprünglicher Fluch sie dazu verdammt, sich gegenseitig zu zerreißen, oder ob die Konflikte zwischen ihnen nur einen vorübergehenden Moment der Menschheitsgeschichte ausdrücken.

Wir haben gesehen, dass trotz aller Legenden kein physiologisches Schicksal dem männlichen und dem weiblichen Geschlecht als solchen ewige Feindschaft auferlegt. Sogar die berüchtigte Gottesanbeterin verschlingt ihr Männchen nur, wenn sie keine andere Nahrung hat oder um der Arterhaltung willen: ihr sind von der höchsten bis zur niedrigsten Gattung des Tierreichs sämtliche Einzelwesen untergeordnet. Im Übrigen ist die Menschheit etwas anderes als eine Spezies: sie ist ein historisches Werden. Sie definiert sich durch die Art und Weise, wie sie die natürliche Faktizität annimmt. In Wahrheit ist es auch bei der größten Unaufrichtigkeit unmöglich, eine rein physiologische Rivalität zwischen Mann und Frau festzustellen. So wird man ihre Feindschaft denn eher in dem Zwischenbereich zwischen Biologie und Psychologie, im Bereich der Psychoanalyse situieren.

Die Frau, sagt man, neide dem Mann seinen Penis, und sie habe den Wunsch, ihn zu kastrieren. Jedoch gewinnt der kindliche Peniswunsch im Leben der erwachsenen Frau nur dann Bedeutung, wenn sie ihre Weiblichkeit als eine Verstümmelung empfindet: dann möchte sie sich das männliche Glied, das alle Privilegien der Virilität verkörpert, aneignen. Es wird häufig angenommen, dass ihr Kastrationstraum eine symbolische Bedeutung hat: sie will, so glaubt man, den Mann seiner Transzendenz berauben. Aber ihr Wunsch ist, wie wir gesehen haben, viel zwiespältiger: in widersprüchlicher Weise will sie diese Transzendenz *haben*, was voraussetzt, dass sie sie zugleich achtet und negiert, dass sie sich zugleich in sie hineinwerfen und sie in sich festhalten will. Das heißt, das Drama spielt sich nicht auf einer sexuellen Ebene ab. Die Sexualität ist uns übrigens nie als bestimmend für ein Schicksal erschienen, nie an sich als ein Schlüssel des menschlichen Verhaltens, sondern immer nur als Ausdruck einer Gesamtsituation, zu deren Bestimmung sie beiträgt. Der Geschlechterkampf ist nicht unmittelbar in der Anatomie des Mannes und der Frau enthalten. In Wirklichkeit hält man es, wenn man davon spricht, für eine ausgemachte Sache, dass im zeitlosen Himmel der Ideen eine Schlacht zwischen zwei unbestimmten Wesenheiten ausgetragen wird: dem Ewigweiblichen und dem Ewigmännlichen. Und man merkt nicht, dass dieser titanische Kampf auf Erden zwei ganz verschiedene Formen annimmt, die verschiedenen historischen Momenten entsprechen.

Die zur Immanenz verurteilte Frau versucht, den Mann in ihr Gefängnis hineinzuziehen. So setzt sie dieses mit der Welt gleich und leidet nicht mehr unter ihrem Gefangensein: die Mutter, die Ehefrau, die Liebende sind Kerkermeisterinnen. Die von Männergesetzen geordnete Gesellschaft erklärt die Frau für minderwertig. Sie kann diese Minderwertigkeit nur aufheben, indem sie die männliche Überlegenheit zerstört. So versucht sie mit allen Mitteln, den Mann zu verstümmeln und zu beherrschen, sie widerspricht ihm, sie negiert seine Wahrheit und seine Werte. Aber damit verteidigt sie sich nur. Kein unveränderliches Wesen und keine schuldhafte Entscheidung haben sie zur Immanenz, zur Minderwertigkeit verdammt: diese werden ihr auferlegt. Jede Unterdrückung schafft einen Kriegszustand, und unser Fall bildet da keine Ausnahme. Der Existierende, den man für unwesentlich hält, wird unfehlbar danach streben, seine Souveränität wiederherzustellen.

Heute nimmt der Kampf eine andere Gestalt an. Statt den Mann mit sich einsperren zu wollen, versucht die Frau, ihrem Gefängnis zu entfliehen. Sie will den Mann nicht mehr ins Reich der Immanenz hinabziehen, sondern selbst im Licht der Transzendenz auftauchen. Jetzt ist es die Haltung des Mannes, die einen neuen Konflikt herauf beschwört, denn er mag die Frau nur ungern »entlassen». Es gefällt ihm, das souveräne Subjekt, der absolut Überlegene, der Wesentliche zu bleiben. Er weigert sich, seine Gefährtin konkret als Gleiche zu betrachten, und sie erwidert sein Misstrauen mit einer aggressiven Haltung. Es handelt sich nicht mehr um einen Krieg zwischen Individuen, die in ihre je eigene Sphäre eingeschlossen sind, sondern um eine fordernde Kaste, die zum Angriff übergeht und von der privilegierten Kaste in Schach gehalten wird. Es sind zwei Transzendenzen, die hier aufeinanderstoßen. Statt sich gegenseitig anzuerkennen, will jede Freiheit die andere beherrschen.

Dieser Unterschied in der Haltung macht sich auf der sexuellen wie auf der geistigen Ebene bemerkbar. Die »weibliche« Frau versucht, in dem sie sich zur passiven Beute macht, auch den Mann auf seine fleischliche Passivität zu reduzieren. Sie bemüht sich, ihn in die Falle locken, ihn durch das Begehren, das sie als fügsam sich darbietendes Ding hervorruft, zu fesseln. Die »emanzipierte« Frau dagegen will aktiv sein, sie will zugreifen, sie verweigert die Passivität, die der Mann ihr aufzuzwingen sucht. Desgleichen sprechen Élise und ihr weibliches Gefolge den männlichen Aktivitäten ihren Wert ab. Sie stellen das Fleisch über den Geist, die Kontingenz über die Freiheit, ihre routinierte Klugheit über den schöpferischen Mut. Die »moderne« Frau dagegen akzeptiert die männlichen Werte. Es reizt sie, wie ein Mann zu denken, zu handeln, zu arbeiten und wie er schöpferisch tätig zu sein. Statt die Männer herabzusetzen, behauptet sie, es ihnen gleichzutun.

In dem Maße, in dem dieser Anspruch sich in konkreten Verhaltensweisen äußert, ist er legitim und die Anmaßung der Männer verwerflich. Aber zur Entschuldigung der letzteren muss man sagen, dass die Frauen das Spiel gern durcheinanderbringen. Eine Mable Dodge Luhan wollte D. H. Lawrence durch die Reize ihrer Weiblichkeit unterwerfen, um ihn dann geistig zu beherrschen. Viele Frauen suchen sich auf sexuellem Gebiet eine männliche Unterstützung zu sichern, um dann durch ihre Erfolge zu beweisen, dass sie einem Mann gleichwertig sind. Sie spielen ein doppeltes Spiel, indem sie gleichzeitig traditionelle Rücksichtnahme und neue Anerkennung verlangen, indem sie auf ihre alte Magie und auf ihre jungen Rechte setzen. Man versteht, dass der Mann verärgert in die Defensive geht. Aber auch er spielt falsch, wenn er verlangt, dass die Frau fair bleiben soll, während er ihr durch sein Misstrauen, durch seine Feindseligkeit unerlässliche Trümpfe verweigert. In Wahrheit kann der Kampf zwischen ihnen keine klare Gestalt annehmen, da das Wesen der Frau selbst undurchsichtig ist. Sie tritt dem Mann nicht als ein Subjekt gegenüber, sondern als ein paradoxerweise mit Subjektivität begabtes Objekt. Sie begreift sich gleichzeitig als *sich selbst* und als *anderes* – ein Widerspruch, der verheerende Folgen hat. Wenn sie ihre Stärke und ihre Schwäche als Waffen benutzt, ist dies kein vorbedachtes Kalkül: spontan sucht sie ihr Heil auf dem ihr auferlegten Weg der Passivität, erhebt aber gleichzeitig aktiven Anspruch auf ihre Souveränität. Zweifellos verstößt dieses Vorgehen gegen die Regeln des »gerechten Krieges«, aber es wird ihr durch die ihr zugewiesene zwiespältige Situation diktiert. Wenn der Mann sie als eine Freiheit behandelt, empört er sich, dass sie für ihn eine Falle bleibt. Und wenn er ihr insofern schmeichelt, als sie seine Beute ist und sie als solche beglückt, ärgert er sich über ihren Anspruch auf Autonomie. Was immer er tut, er fühlt sich ausgespielt, und sie fühlt sich verletzt.

Der Streit wird andauern, solange Mann und Frau sich nicht als Gleiche anerkennen, das heißt, solange die Weiblichkeit als solche bestehen bleibt. Wer von beiden aber ist mehr darauf bedacht, die Weiblichkeit zu bewahren? Die Frau, die sich von ihr befreit, will auf die Vorteile der Weiblichkeit trotzdem nicht verzichten. Und der Mann verlangt, dass sie dann auch deren Grenzen übernimmt. »Es ist leichter, ein Geschlecht anzuklagen, als das andere zu entschuldigen«, schreibt Montaigne. Das Austeilen von Lob und Tadel führt zu nichts. Wenn dieser Teufelskreis so schwer zu durchbrechen ist, liegt das in Wirklichkeit daran, dass jedes der beiden Geschlechter zugleich Opfer seiner selbst und Opfer des anderen ist. Zwischen zwei Gegnern, die sich in ihrer reinen Freiheit gegenübertreten, kann eine Einigung leicht hergestellt werden, zumal ihr Kampf niemandem nützt. Aber die Schwierigkeit der ganzen Angelegenheit rührt daher, dass beide Lager sich im heimlichen Einvernehmen mit dem jeweiligen Feind befinden. Die Frau verfolgt einen Traum der Selbstaufgabe und der Mann einen Traum der Entfremdung. Die Unauthentizität zahlt sich nicht aus: jeder verübelt dem anderen das Unglück, das er sich zugezogen hat, indem er der Versuchung des bequemsten Weges nachgab. Was einer am anderen hasst, ist das offensichtliche Scheitern der eigenen Unaufrichtigkeit und der eigenen Feigheit.

Wir haben gesehen, warum die Männer ursprünglich die Frauen unterjocht haben. Die Entwertung der Weiblichkeit war eine notwendige Etappe der menschlichen Evolution, die aber auch zu einer Zusammenarbeit beider Geschlechter hätte führen können. Die Unterdrückung erklärt sich aus der Neigung des Existierenden, sich zu fliehen, indem es sich im anderen entfremdet, den es zu diesem

Zwecke unterdrückt. Heute findet sich diese Neigung in jedem einzelnen Mann wieder, und die überwiegende Mehrheit gibt ihr nach. Der Ehemann, der Liebhaber sucht sich in seiner Frau, in seiner Geliebten als ein in Stein gehauenes Bild. Er verfolgt in ihr den Mythos seiner Männlichkeit, seiner Souveränität, seiner unmittelbaren Realität. »Mein Mann geht nie ins Kino«, sagt die Frau, und schon ist die unbestimmte Meinung des Mannes in den Granit der Ewigkeit gemeißelt. Aber er ist selbst Sklave seines Doubles. Welche Mühen nimmt er nicht in Kauf, um ein Bildnis zu errichten, in dem er immer in Gefahr ist! Es beruht trotz allem auf der unberechenbaren Freiheit der Frau: er muss sie sich immerfort geneigt machen. Der Mann ist von der Sorge geplagt, sich männlich, bedeutend, überlegen zu zeigen. Er spielt Theater, damit man ihm Theater spielt. Auch er ist aggressiv, beunruhigt. Er ist den Frauen feind, weil er Angst vor ihnen hat, und er hat Angst vor ihnen, weil er die Person fürchtet, mit der er sich gleichsetzt. Wie viel Zeit und Kraft verschwendet er nicht damit, Komplexe zu liquidieren, zu sublimieren, zu übertragen, von Frauen zu reden, sie zu verführen, sie zu fürchten! Man würde ihn befreien, indem man sie befreit. Aber genau das macht ihm Angst. Er beharrt auf der Täuschung, mit deren Hilfe die Frau in ihren Fesseln gehalten werden soll.

Dass die Frau Täuschungen unterliegt, ist vielen Männern bewusst. »Welches Unglück, ein Weib zu sein! Und doch liegt das größte Unglück darin, dass das Weib es nicht fasst»[27], sagt Kierkegaard. Schon seit langem hat man sich bemüht, dieses Unglück zu verschleiern. So wurde beispielsweise die Vormundschaft abgeschafft. Statt dessen gab man der Frau einen »Beschützer«, und wenn dieser die Rechte des früheren Vormunds wahrnahm, geschah es in ihrem eigenen Interesse. Wenn man ihr zu arbeiten verbot und sie darauf festlegte, das Haus zu hüten, schützte man sie vor sich selbst, man sicherte ihr Glück. Wir haben gesehen, mit welch poetischen Schleiern die monotonen Pflichten des Haushalts und der Mutterschaft überzogen worden sind. Im Austausch gegen ihre Freiheit hat man der Frau die trügerischen Schätze ihrer »Weiblichkeit« geschenkt. Balzac hat diesen Schachzug auf den Punkt gebracht, indem er dem Mann riet, die Frau als Sklavin zu behandeln und ihr gleichzeitig einzureden, dass sie eine Königin sei. Etwas weniger zynisch versuchen viele Männer sich selbst zu überzeugen, dass die Frau wirklich eine Privilegierte ist. Einige amerikanische Soziologen vertreten heute allen Ernstes die Theorie des *low-class gain*, des Gewinns, den die unteren Klassen aus ihrer Niedrigkeit beziehen. Auch in Frankreich ist – allerdings auf einer weniger wissenschaftlichen Ebene – oft erklärt worden, die Arbeiter seien in der glücklichen Lage, nicht »repräsentieren« zu müssen, und noch besser hätten es die Clochards, die sich einfach in Lumpen kleiden und auf das Trottoir legen könnten – Vergnügungen, die dem Grafen Beaumont und den armen de Wendels nie gestattet waren. Wie das sorglose Lumpenpack, das unbeschwert im Dreck lebt, wie die fröhlichen Neger, die unter Peitschenhieben lachen, wie die lebensfrohen Araber aus dem Sous, die mit einem Lächeln auf den Lippen ihre verhungerten Kinder zu Grabe tragen, genießt auch die Frau das unvergleichliche Privileg der Unverantwortlichkeit. Ohne Mühe, ohne Lasten, ohne Sorgen hat sie ganz klar den »besseren Teil«. Seltsam ist nur, dass diejenigen, die den besseren Teil haben, mit perverser Beharrlichkeit – die sicher von der Erbsünde herrührt – quer durch alle Jahrhunderte und alle Nationen ihren Wohltätern zurufen: »Es ist zu viel! Wir wären mit eurem Teil zufrieden!« Doch die wunderbaren Kapitalisten, die edelmütigen Kolonialherren, die großartigen Männer bleiben dabei: »Behaltet den besseren Teil, behaltet ihn für euch!«

Tatsache ist, dass die Männer bei ihren Gefährtinnen auf mehr heimliches Einvernehmen stoßen als die Unterdrücker gewöhnlich bei den Unterdrückten. Unaufrichtigerweise beziehen die Männer daraus das Recht zu behaupten, die Frau habe das Schicksal, das ihr von ihnen auferlegt worden ist, selbst *gewollt*. Wie wir gesehen haben, trägt in Wirklichkeit ihre ganze Erziehung dazu bei, ihr die Wege der Empörung und des Abenteuers zu verschließen. Die ganze Gesellschaft – angefangen bei ihren geschätzten Eltern – belügt sie mit Ruhmreden auf den hohen Wert der Liebe, der Ergebenheit, der Selbsthingabe, und indem sie ihr verheimlicht, dass weder der Geliebte noch der Ehemann, noch die Kinder gewillt sein werden, die unbequeme Last all dieser Gaben zu ertragen. Sie nimmt diese Lügen leichten Herzens an, weil sie ihr nahe legen, dem Weg der Bequemlichkeit zu folgen: das ist wohl das schlimmste Verbrechen, das an der Frau begangen wird. Von Kindheit an und ihr ganzes Leben lang wird sie verwöhnt und verzogen, indem man ihr als ihre Berufung jene Selbstaufgabe vor Augen hält, die für jedes von seiner Freiheit beängstigte Existierende eine Versuchung ist. Wenn man einen kleinen Jungen zur Faulheit verleitet, indem man ihn den ganzen Tag belustigt, ohne ihm Gelegenheit zu geben, etwas zu lernen, ohne ihm die Nützlichkeit des Lernens aufzuzeigen, wird man im Mannesalter nicht von ihm behaupten, er habe sich selbst entschieden, unfähig und dumm zu bleiben. Genau so aber wird die Frau erzogen, ohne dass man sie je die Notwendigkeit lehrt, ihre Existenz selbst zu übernehmen. Sie lässt es sich gern gefallen, jederzeit mit dem Schutz, der Liebe, der Hilfe, der Führung anderer rechnen zu dürfen. Sie lässt sich von der Hoffnung faszinieren, ihr Sein verwirklichen zu können, ohne etwas zu *tun*. Es ist ihr Fehler, dieser Versuchung nachzugeben, doch der Mann dürfte wohl kaum der Richtige sein, um ihn ihr vorzuwerfen, da er selbst sie in Versuchung geführt hat. Wenn ein Konflikt zwischen ihnen ausbricht, hält jeder den anderen für verantwortlich. Die Frau wirft dem Mann vor, er habe die Situation geschaffen: »Man hat mir nicht beigebracht, vernünftig zu sein, meinen Lebensunterhalt selbst zu verdienen …« Er wirft ihr vor, die Situation akzeptiert zu haben: »Du verstehst nichts, du bist eine Null …« Jedes Geschlecht glaubt sich zu rechtfertigen, indem es in die Offensive geht. Aber die Fehler des einen waschen den anderen nicht rein.

Die zahllosen Konflikte, die Mann und Frau gegeneinander ausfechten, kommen daher, dass keiner von beiden alle Konsequenzen der Situation, die der eine herstellt und der andere duldet, übernimmt. Der unbestimmte Begriff der »Gleichheit in der Ungleichheit«, dessen beide sich bedienen – der Mann, um seinen Despotismus, die Frau, um ihre Feigheit zu verschleiern –, hält der Erfahrung nicht stand. Im Austausch zwischen den Geschlechtern beruft sich die Frau auf die abstrakte Gleichheit, die man ihr garantiert, und der Mann auf die konkrete Ungleichheit, die er feststellt. Daraus ergibt sich in allen Liebesbeziehungen ein dauernder und grenzenloser Streit über die Zweideutigkeit der Wörter geben und nehmen: sie beklagt sich, alles zu geben, während er beteuert, dass sie ihm alles nimmt. Die Frau muss begreifen, dass bei einem Austausch – und dies ist ein Grundgesetz der politischen Ökonomie – immer der Wert maßgeblich ist, den die angebotene Ware für den Käufer hat, nicht der, den der Verkäufer ihr beimisst. Man hat sie hinters Licht geführt, als man sie glauben machte, sie sei unbezahlbar. In Wirklichkeit ist sie für den Mann nur eine Zerstreuung, ein Vergnügen, eine Gesellschaft, ein unwesentliches Gut. Für sie dagegen ist der Mann Sinn und Rechtfertigung ihrer Existenz. Es findet also kein Austausch von zwei Objekten gleicher Güte statt.

Diese Ungleichheit zeigt sich besonders in der Tatsache, dass die Zeit, die ein Mann und eine Frau miteinander verbringen – und die trügerisch als dieselbe Zeit erscheint –, für die beiden Partner nicht den gleichen Wert hat. Im Laufe des Abends, den der Liebhaber mit seiner Geliebten verbringt, könnte er eine Arbeit tun, die seiner Karriere nützlich wäre, er könnte Freunde besuchen, Beziehungen pflegen, sich zerstreuen. Für einen normal in die Gesellschaft integrierten Mann ist Zeit ein positiver Reichtum: Geld, Ansehen, Vergnügen. Für die müßige, gelangweilte Frau dagegen ist sie eine Last, derer sie sich zu entledigen sucht. Sobald es ihr gelingt, einen Abend über die Runden zu bringen, fühlt sie sich erleichtert: die Anwesenheit des Mannes ist für sie reiner Gewinn. Beim Mann ist es vielfach der sexuelle Gewinn, der ihn an einer Liebesbeziehung am unmittelbarsten interessiert. Im äußersten Fall kann er sich damit begnügen, gerade die nötige Zeit zum Vollzug des Liebesakts bei seiner Mätresse zu verbringen. Sie dagegen wünscht sich – bis auf manche Ausnahmen –, den ganzen Überschuss an Zeit, mit dem sie nichts anzufangen weiß, »vergehen« zu lassen. Wie der Gemüsehändler, der einem seine Kartoffeln nur verkauft, wenn man auch seine Rüben »nimmt«, gibt sie ihren Körper nur her, wenn der Liebhaber ein paar Stunden Konversation oder Zerstreuung mit in Kauf »nimmt«. Ein Gleichgewicht kann entstehen, wenn dem Mann der Preis für das »Paket« nicht zu hoch erscheint: das hängt natürlich von der Intensität seines Begehrens und von der Frage ab, wie wichtig ihm die Beschäftigungen sind, die er dem Zusammensein mit der Geliebten opfert. Wenn die Frau allerdings zu viel Zeit verlangt – anbietet –, macht sie sich insgesamt unbeliebt. Sie wird lästig wie ein Fluss, der aus seinem Bett über die Ufer tritt, und der Mann beschließt, dass er lieber gar nichts als zu viel von ihr haben will. Also mäßigt sie ihre Ansprüche. Sehr oft aber kommt das Verhältnis nur um den Preis einer doppelten Spannung ins Lot: sie findet, dass der Mann sie zu billig »bekommt«, und er meint, dass er zu teuer bezahlt. Dies ist selbstverständlich eine eher humoristische Darstellung. Aber der Konflikt besteht tatsächlich. Er deutet sich – außer wenn der Mann, von eifersüchtiger und exklusiver Leidenschaft ergriffen, die Frau in ihrer Gesamtheit will – in der Zärtlichkeit, im Begehren, in der Liebe selbst an. Der Mann hat nie Zeit, er hat immer »etwas anderes zu tun«, während die Frau nicht weiß, wohin mit ihrer Zeit. Der Mann betrachtet die Stunden, die er ihr widmet, nicht als Geschenk, sondern als Belastung, die zu ertragen er im Allgemeinen bereit ist, weil er weiß, dass er im Vorteil ist, weil er ein »schlechtes Gewissen« hat. Mit etwas gutem Willen versucht er, die ungleiche Situation durch Großzügigkeit auszugleichen. Allerdings betrachtet er es als ein Verdienst, dass er dieses Mitleid aufbringt, und beim ersten Krach wirft er der Frau Undankbarkeit vor. Verärgert denkt er sich: »Ich bin zu gutmütig.« Sie spürt, dass sie sich als Bittstellerin gebärdet, obwohl sie vom hohen Wert ihrer Gaben überzeugt ist: sie fühlt sich gedemütigt.

Daraus erklärt sich die Grausamkeit, zu der die Frau oft fähig ist. Sie hat ein »gutes Gewissen«, weil sie sich auf der Seite der Schwächeren befindet. Sie hält es nicht für nötig, die Privilegierten in irgendeiner Weise zu schonen. Sie denkt nur daran, sich zu verteidigen, ja sie ist sogar beglückt, wenn sie Gelegenheit hat, dem Liebhaber, der sie nicht zu erfüllen vermag, ihren Groll zu zeigen: da er ihr nicht genug gibt, nimmt sie ihm voller Schadenfreude alles wieder weg. Jetzt erst erkennt der verletzte Mann den Gesamtwert der Beziehung, die er in jedem Augenblick gering schätzte: er ist zu jedem Versprechen bereit – auf die Gefahr hin, dass er sich dann, wenn er es einlösen soll, wieder ausgebeutet fühlt. Er wirft

seiner Geliebten vor, dass sie ihn erpresst. Sie hält ihm seinen Geiz entgegen. Beide sind gekränkt.
Auch hier hilft es nicht weiter, Entschuldigungen oder Rügen auszuteilen: Gerechtigkeit kann innerhalb der Ungerechtigkeit nie geschaffen werden. Ein Kolonialbeamter hat keine Möglichkeit, die Eingeborenen gut zu behandeln, und ein General ist kein Freund der Soldaten. Die einzige Lösung ist die, weder Kolonist noch Befehlshaber zu sein. Ein Mann aber kann nicht verhindern, Mann zu sein. So ist er also schuldig wider Willen und bedrückt durch ein Vergehen, das er nicht selbst begangen hat. So ist auch die Frau Opfer und Megäre wider Willen. Manchmal begehrt der Mann dagegen auf und wählt den Weg der Grausamkeit, aber dann macht er sich mitschuldig an der Ungerechtigkeit, und das Vergehen wird wirklich seines. In anderen Fallen lässt er sich von seinem fordernden Opfer vernichten oder verschlingen, aber dann fühlt er sich hereingelegt. Oft bleibt er in einem Kompromiss stecken, der ihn schwächt und ihn zugleich mit unbehaglichen Gefühlen erfüllt. Ein Mann, der guten Willens ist, wird durch die Situation mehr zerrissen als die Frau selbst. In gewissem Sinne ist es immer einfacher, dem Lager der Besiegten anzugehören. Wenn aber die Frau ebenfalls guten Willens ist, wenn es ihr, unfähig, sich selbst zu genügen, dennoch widerstrebt, den Mann durch die Last ihres Schicksals zu erdrücken, verstrickt sie sich in heillose Verwirrungen.
Das Alltagsleben ist voller Misslichkeiten, für die es keine befriedigende Lösung gibt, weil die Umstände, auf die sie zurückgehen, unbefriedigend sind. Ein Mann, der sich gezwungen sieht, eine Frau, die er nicht mehr liebt, materiell und seelisch am Leben zu erhalten, empfindet sich als Opfer. Lässt er aber diejenige, die ihm ihr ganzes Leben zur Verfügung gestellt hat, mittellos zurück, wird sie auf nicht minder ungerechte Weise ihrerseits zum Opfer. Der Grund des Übels ist keine individuelle Perversion – die Unaufrichtigkeit beginnt erst dort, wo jeder dem anderen die Schuld zuweist –, sondern eine Situation, gegen die das Verhalten des Einzelnen machtlos ist. Die Frauen sind »klebrig«, sie sind lästig, und sie leiden darunter: sie haben das Los eines Parasiten, der sein Leben aus einem fremden Organismus saugt. Man verleihe ihnen einen eigenen Organismus, damit sie gegen die Welt kämpfen und ihr das abtrotzen können, was sie zum Leben brauchen: dann wird ihre Abhängigkeit aufgehoben sein und die des Mannes ebenfalls. Beide werden sich in einer solchen Situation ohne jeden Zweifel sehr viel wohler fühlen.
Es ist nicht schwer, sich eine Welt vorzustellen, in der Männer und Frauen gleich wären, denn genau diese Welt hatte die russische Revolution versprochen: Die Frauen, in der gleichen Weise erzogen und ausgebildet wie die Männer, würden

bei gleichem Lohn unter den gleichen Bedingungen arbeiten.[28] Die erotische Freiheit wäre sittlich zugelassen, aber der Geschlechtsakt würde nicht mehr als ein »Dienst« betrachtet, der sich auszahlt. Die Frau wäre gezwungen, sich einen anderen Broterwerb zu sichern. Die Ehe wäre ein freier Zusammenschluss, den beide Partner zu jedem beliebigen Zeitpunkt aufkündigen könnten. Auch die Mutterschaft wäre frei, dass heißt, Geburtenkontrolle und Abtreibung wären erlaubt, und umgekehrt würden allen Müttern – ob ledig oder verheiratet – und ihren Kindern unterschiedslos die gleichen Rechte zuerkannt. Der Schwangerschaftsurlaub würde von der Kollektivität bezahlt, und dieser fiele auch die Sorge für die Kinder zu, was nicht heißt, dass die Kinder den Eltern entzogen würden, sondern dass man sie ihnen nicht überließe.

Aber genügt es, die Gesetze, die Institutionen, die Sitten, die öffentliche Meinung und den ganzen gesellschaftlichen Kontext zu verändern, damit Frauen und Männer wirklich Gleiche unter Gleichen werden? »Frauen bleiben immer Frauen«, sagen die Skeptiker, und andere Hellseher prophezeien, dass es den Frauen, wenn sie ihre Weiblichkeit ablegen, nicht gelingen wird, sich in Männer zu verwandeln, und dass sie dann zu Ungeheuern werden. Das wiederum setzt die Annahme voraus, die Frau von heute sei eine Schöpfung der Natur. Es muss noch einmal wiederholt werden, dass es in der menschlichen Kollektivität nichts gibt, was natürlich wäre, und dass auch die Frau ein Produkt der Zivilisation ist. Das Eingreifen anderer in ihr Schicksal war von Anfang an da, und es würde, anders gelenkt, zu einem ganz anderen Ergebnis führen. Die Frau wird weder durch ihre Hormone noch durch geheimnisvolle Instinkte bestimmt, sondern durch die Art und Weise, wie sie ihren Körper und ihre Beziehung zur Welt über das fremde Bewusstsein der anderen wiedererfasst. Der Abgrund, der zwischen dem jungen Mädchen und dem jungen Mann liegt, ist seit der frühesten Kindheit im allseitigen Einvernehmen gegraben worden. Später ist dann nicht mehr zu verhindern, dass die Frau das ist, wozu man sie gemacht hat. Ihr Leben lang wird sie diese Vergangenheit hinter sich her schleppen, und wenn man deren Gewicht ermisst, wird endgültig klar, dass das Schicksal der Frau nicht in Ewigkeit geschrieben stehen kann.

Gewiss, man darf nicht glauben, es reiche aus, die ökonomischen Bedingungen des Frauseins zu verändern, um eine Umwandlung der Frau herbeizuführen. Dieser Faktor war und bleibt zwar der wichtigste Motor ihrer Evolution, doch solange er nicht die ethischen, gesellschaftlichen, kulturellen und sonstigen Konsequenzen nach sich gezogen hat, auf die er verweist und die er verlangt, kann die neue Frau nicht in Erscheinung treten. Bis zum heutigen Tag sind diese Voraussetzungen nirgendwo verwirklicht, weder in der Sowjetunion noch in Frankreich, noch in den USA. Und darum ist die heutige Frau zwischen der Vergangenheit und der Zukunft hin- und hergerissen. Meistens erscheint sie als eine »wahre Frau« in Männerkleidung, und sie fühlt sich in ihrem weiblichen Fleisch ebenso unwohl wie in ihrer männlichen Aufmachung. Sie muss sich häuten und sich ihre eigenen Kleider schneidern. Dahin aber kann sie nur dank einer kollektiven Evolution gelangen. Kein einzelner Erzieher vermag heute einen »weiblichen Menschen« zu formen, der eine genaue Entsprechung des »männlichen Menschen« wäre. Ein junges Mädchen, das wie ein Knabe aufgewachsen ist, empfindet sich als ungewöhnlich und erfährt dadurch eine neue Art der Spezifizierung. Stendhal hat dies sehr gut verstanden, als er sagte: »Man muss gleich einen ganzen Wald pflanzen.« Wenn man aber umgekehrt eine Gesellschaft unterstellt, in der die Gleichheit der Geschlechter konkret realisiert wäre, müsste diese Gleichheit sich in jedem Individuum neu bestätigen.

Würde das kleine Mädchen von zartester Kindheit an wie seine Brüder erzogen, mit den gleichen Ansprüchen und der gleichen Anerkennung, der gleichen Strenge und den gleichen Freiheiten, hätte es bei der Verheißung einer gleichen Zukunft am gleichen Unterricht und an den gleichen Spielen teil, umgeben von Frauen und Männern, die ihm eindeutig als Gleiche erschienen, würde der Sinn des »Kastrationskomplexes« und des »Ödipuskomplexes« eine tief greifende Wandlung erfahren. Die Mutter, die gleichberechtigt mit dem Vater ihren Teil der materiellen und sittlichen Verantwortung des Paars übernähme, besäße in den Augen des Kindes das gleiche dauerhafte Prestige. Das Mädchen würde sich von einer androgynen und nicht von einer männlichen Welt umgeben wissen. Sollte es sich emotional von seinem Vater stärker angezogen fühlen – was nicht einmal sicher ist –, ginge die kindliche Liebe zu ihm mit einem Nacheiferungswillen und nicht mit einem Ohnmachtsgefühl einher: das Mädchen würde nicht den Weg der Passivität einschlagen. Dürfte es seinen Wert, aktiv mit den Knaben sich messend, in der Arbeit und im Sport beweisen, würde der – durch die Aussicht auf ein Kind kompensierte – Penismangel nicht ausreichen, um einen »Minderwertigkeitskomplex« hervorzubringen. Entsprechend bekäme der Knabe nicht spontan einen »Überlegenheitskomplex«, wenn dieser ihm nicht eingeflüstert würde und er die Frauen für ebenso wertvoll hielte wie die Männer.[29] Das kleine Mädchen hätte also keinen Anlass mehr, einen unfruchtbaren Ausgleich im Narzissmus und im Traum zu suchen. Es würde sich nicht als gegeben hinnehmen, es würde sich für das interessieren, was es tut, und es würde sich ohne Zurückhaltung in seine Unternehmungen engagieren. Wir haben gesehen, wie viel leichter die Pubertät zu ertragen wäre, könnte das junge Mädchen sie wie der junge Mann auf die freie Zukunft eines erwachsenen Menschen hin überschreiten. Die Menstruation flößt ihm nur darum solchen Schrecken ein, weil sie einen brutalen Rückfall in die Weiblichkeit darstellt. Die Jugendliche würde auch ihre erwachende Erotik weitaus gelassener annehmen, empfände sie nicht einen bangen Widerwillen gegen ihr gesamtes Schicksal. Eine zusammenhängende sexuelle Aufklärung könnte ihr viel dabei helfen, diese Krise zu überwinden. Dank der gemeinsamen Erziehung hätte schließlich auch das erhabene Geheimnis Mann keine Gelegenheit zu entstehen: durch die alltägliche Vertrautheit und den offenen Wettstreit würde ihm der Boden entzogen.

Die Einwände, die gegen dieses System vorgebracht werden, implizieren stets eine Wahrung der sexuellen Tabus. Es ist jedoch müßig, beim Kind die Neugier und die Lust verhindern zu wollen. So schafft man nur Verdrängungen, Obsessionen, Neurosen. Die schwärmerische Sentimentalität, die homosexuellen Leidenschaften, die platonischen Jugendlieben mit allem, was sie an Albernheit und Zeitverschwendung im Gefolge haben, sind weit unheilvoller als ein paar Kinderspiele und einige genauere Erfahrungen. Der Jugendlichen wäre es vor allem dienlich, wenn sie im Mann nicht einen Halbgott suchte – sondern nur einen Kameraden, einen Freund, einen Partner –, und wenn sie nicht davon abgehalten würde, ihre Existenz selbst zu übernehmen. Die Erotik, die Liebe hätte dann den Charakter einer freien Überschreitung und nicht den einer Abdankung, und das junge Mädchen könnte sie als eine gleichberechtigte Beziehung leben.

Selbstverständlich kann keine Rede davon sein, alle Schwierigkeiten, die das Kind beim Erwachsenwerden zu überwinden hat, mit einem Federstrich aus der Welt zu schaffen. Die intelligenteste, die toleranteste Erziehung wird das Mädchen nicht davor bewahren, seine Erfahrungen auf eigene Kosten zu machen. Was man aber verlangen kann, ist, dass ihm nicht haufenweise unnütze Hindernisse in den Weg gelegt werden. Dass die »verdorbenen« kleinen Mädchen nicht mehr mit glühenden Eisen gebrandmarkt werden, ist bereits ein Fortschritt. Die Psychoanalyse hat den Eltern einige Lehren erteilt. Und doch sind die aktuellen Bedingungen, unter denen die sexuelle Entwicklung und die Initiation der Frau erfolgen, derart miserabel, dass gegen die Idee einer radikalen Veränderung kein Einwand gelten kann. Es geht nicht darum, in der Frau die Kontingenz und das Elend des Menschseins aufzuheben, sondern darum, ihr die Mittel zu deren Überschreitung in die Hand zu geben.

Die Frau ist nicht Opfer irgendeiner geheimnisvollen Schicksalhaftigkeit. Die Besonderheiten, die sie kennzeichnen, beziehen ihr Gewicht aus der Bedeutung, die man in sie hineinlegt. Sie können überwunden werden, sobald man sie aus einer neuen Sicht begreift. Wenn etwa die Frau, wie wir gesehen haben, über ihre erotische Erfahrung die Herrschaft des Mannes spürt – und oft verabscheut –, kann man daraus nicht schließen, dass ihre Ovarien sie verurteilen, ewig auf Knien zu leben. Die männliche Aggressivität erscheint nur innerhalb eines Systems, das geschlossen auf die Behauptung der männlichen Souveränität ausgerichtet ist, als ein lehnsherrliches Privileg. Die Frau fühlt sich beim Liebesakt nur darum so unbedingt passiv, weil sie sich bereits als passiv denkt. Viele moderne Frauen, die auf ihre Menschenwürde Anspruch erheben, erfassen ihr erotisches Leben immer noch aus der Tradition der Sklavenschaft heraus. Infolgedessen finden sie es erniedrigend, unter dem Mann zu liegen oder von ihm penetriert zu werden, und sie verkrampfen sich in Frigiditat. Sahe aber die Wirklichkeit anders aus, ware auch der Sinn, den die Liebesspiele und -stellungen symbolisch ausdrücken, ein anderer. Eine Frau, die ihren Liebhaber bezahlt und beherrscht, kann durchaus stolz auf ihr wunderbares Nichtstun sein und den Eindruck haben, sie knechte den Mann, der sich aktiv verausgabt. Es gibt schon heute zahlreiche Paare, die in ihrem sexuellen Verhalten ein Gleichgewicht gefunden haben, die den Begriffen von Sieg und Niederlage eine Vorstellung des Austauschs entgegensetzen.

In Wirklichkeit ist der Mann genau wie die Frau Fleisch und folglich Passivität, ein Spielball der Hormone und der Art, eine ängstliche Beute des Begehrens. Und im Fieber der fleischlichen Lust ist die Frau genau wie der Mann Einwilligung, freiwillige Gabe, Aktivität. Sie leben jeder auf seine Art die seltsame Doppeldeutigkeit der Fleisch gewordenen Existenz. Bei den Kämpfen, bei denen sie glauben, gegeneinander anzutreten, kämpft jeder gegen sich, indem er den verschmähten Teil seiner selbst in den Partner hinein entwirft. Statt die Ambiguität der eigenen Existenzbedingungen zu leben, versucht jeder, alles Niedrige auf den anderen abzuwälzen und sich selbst das Ehrenwerte vorzubehalten. Würden beide ihre Situation mit klarsichtiger Bescheidenheit und einem entsprechend authentischen Stolz übernehmen, könnten sie einander als Gleiche anerkennen und das erotische Drama in Freundschaft leben. Die Tatsache, ein Mensch zu sein, ist unendlich viel wichtiger als alle Einzelheiten, die die Menschen unterscheiden. Das Gegebene kann keine Überlegenheit verleihen: die »Tugend«, wie die Alten sie zu nennen pflegten, definiert sich auf der Ebene dessen, »was von uns abhängt«. In beiden Geschlechtern spielt sich das gleiche Drama von Fleisch und Geist, von Endlichkeit und Transzendenz ab. An beiden nagt die Zeit, auf beide wartet der Tod, beide sind gleichermaßen wesentlich aufeinander angewiesen. Und beide können den gleichen Ruhm aus ihrer Freiheit beziehen: wüssten sie diese zu genießen, hätten sie keine Lust mehr, sich um trügerische Privilegien zu streiten. Sie könnten zur Brüderlichkeit finden.

Man wird einwenden, dass all diese Betrachtungen doch recht utopisch sind, da die Gesellschaft die Frau, um deren »Neuschöpfung« zu ermöglichen, dem Mann bereits real gleichgestellt haben müsste. Die Konservativen haben es nie versäumt, bei jeder passenden Gelegenheit auf diesen Teufelskreis hinzuweisen: aber die Geschichte dreht sich nicht im Kreis. Sicher, wenn man eine Klasse im Zustand der Unterlegenheit hält, bleibt sie unterlegen. Doch die Freiheit kann diesen Kreislauf durchbrechen. Man lasse die Schwarzen wählen, und sie werden des Wählens würdig sein. Man gebe der Frau Verantwortung, und sie wird sie zu übernehmen wissen. Tatsache ist, dass man von den Unterdrückern keine selbstlose Geste der Großzügigkeit erwarten kann. Aber es entstehen – bald durch die Auflehnung der Unterdrückten, bald durch die Evolution der privilegierten Kaste selbst – immer neue Situationen. So haben die Männer sich in ihrem eigenen Interesse veranlasst gesehen, das weibliche Geschlecht ein Stück weit zu emanzipieren: die Frauen brauchen ihren Aufstieg nur noch fortzusetzen, und ihre Erfolge ermutigen dazu. Es scheint ziemlich sicher, dass sie über kurz oder lang eine vollkommene ökonomische und gesellschaftliche Gleichheit errungen haben werden, was einen inneren Wandel nach sich ziehen wird.

Manche werden nun sagen, dass eine solche Welt, wenn sie denn möglich ist, nicht wünschenswert sein kann, dass das Leben, wenn die Frau »genauso« sein wird wie der Mann, seine »Würze« verliert. Auch dieses Argument ist nicht neu. Diejenigen, die am Bestand der Gegenwart interessiert sind, weinen der wunderbaren untergehenden Vergangenheit immer Tränen nach, ohne der jungen Zukunft ein Lächeln zu schenken. Es stimmt, dass durch die Abschaffung der Sklavenmärkte die großen, so prachtvoll mit Azaleen und Kamelien geschmückten Plantagen ausgerottet worden sind, dass die ganze feine Zivilisation der Südstaaten dadurch ruiniert wurde. Die alten Spitzen haben sich in der Rumpelkammer der Zeit zu den glockenreinen Stimmen des Kastratenchors der Sixtinischen Kapelle gesellt, und auch ein gewisser »weiblicher Charme« droht in Staub zu zerfallen. Ich gebe zu, dass man schon ein Barbar sein muss, um seltene Blumen, Spitzen, kristallreine Eunuchenstimmen und den weiblichen Charme nicht zu schätzen.

Wenn die »charmante Frau« sich in ihrer ganzen Pracht zur Schau stellt, ist sie ein viel erhebenderes Objekt als »die idiotischen Gemälde, Sopraporten, Verzierungen, Gauklerbilder, Aushängeschilder und volkstümlichen Bilderbögen«, für die Rimbaud sich begeisterte. Geschmückt mit den Raffinessen der modernsten Künstlichkeit, nach den neuesten Techniken verschönt, kommt sie aus der Tiefe der Zeiten, aus Theben, aus Kreta, auch Chichén Itzá. Aber sie ist auch das Totem inmitten der afrikanischen Wildnis. Sie ist ein Hubschrauber, und sie ist ein

Vogel. Und das größte Wunder: unter ihrem gefärbten Haar wird das Rauschen der Blätter ein Gedanke, und aus ihren Brüsten strömen Worte. Begierig strecken die Männer ihre Hände nach dem Wunder aus. Doch sobald sie es fassen, verschwindet es. Die Ehefrau, die Geliebte sprechen wie alle Welt mit dem Mund: ihre Worte sind genau das wert, was sie wert sind. Ihre Brüste ebenfalls. Aber verdient ein so flüchtiges – und so seltenes – Wunder, dass man eine Situation bestehen lässt, die für beide Geschlechter verhängnisvoll ist? Man mag die Schönheit der Blumen, den Charme der Frauen schätzen, man mag sie so hoch schätzen, wie es ihrem Wert entspricht. Doch wenn ihr hoher Wert mit Blut oder mit Unglück bezahlt wird, muss man sie opfern können.

Tatsache ist, dass dieses Opfer den Männern besonders schwer fällt. Es gibt nur wenige, die von ganzem Herzen wünschen, dass die Frau den Weg ihrer Erfüllung fortsetzt. Diejenigen, die die Frauen verachten, sehen nicht, was sie dabei gewinnen könnten; diejenigen, die sie lieben, wissen zu gut, was sie zu verlieren haben. Es ist richtig, dass die derzeitige Evolution nicht nur den weiblichen Charme bedroht. Indem die Frau für sich zu existieren beginnt, gibt sie die Funktion des Doubles und der Mittlerin auf, die ihr in der Männerwelt einen bevorzugten Platz einbringt. Dem Mann, der zwischen dem Schweigen der Natur und der anspruchsvollen Anwesenheit anderer Freiheiten steht, erscheint ein Wesen, das sowohl seinesgleichen als auch passives Ding ist, als ein großer Schatz. Die Gestalt, unter der er seine Gefährtin wahrnimmt, mag durchaus mythisch sein, die Erfahrungen, deren Quelle und Vorwand sie ist, sind darum nicht weniger real: es gibt kaum welche, die kostbarer, inniger, glühender wären. Dass die Abhängigkeit, die Unterlegenheit, das Unglück der Frauen diesen Erfahrungen ihren besonderen Charakter verleihen, wird wohl niemand bestreiten. Sicher wird die Autonomie des weiblichen Geschlechts, wenn sie den Männern manchen Verdruss erspart, ihnen auch viel Unbequemlichkeit bereiten. Sicher gibt es gewisse Arten, das sexuelle Abenteuer zu leben, die der Welt von morgen verloren gehen. Aber das bedeutet nicht, dass die Liebe, das Glück, die Poesie und der Traum aus ihr verbannt wären.

Hüten wir uns, dass unser mangelndes Vorstellungsvermögen nicht immer die Zukunft entvölkert! Sie ist für uns nur eine Abstraktion. Jeder von uns beklagt in ihr dumpf die Abwesenheit dessen, was er selbst war. Aber die Menschheit von morgen wird sie in ihrem Fleisch und in ihrer Freiheit leben: es wird ihre Gegenwart sein, und sie wird diese Gegenwart vorziehen. Unter den Geschlechtern werden neue körperliche und affektive Beziehungen entstehen, die wir uns nicht vorstellen können. Schon heute gibt es keusche wie auch sexuelle Formen der Freundschaft, Rivalität, Komplizenschaft und Kameradschaft zwischen Mann und Frau, die in den vergangenen Jahrhunderten nicht hätten erfunden werden können. Im Übrigen erscheint mir nichts so anfechtbar wie das Schlagwort von der langweiligen Gleichförmigkeit der neuen Welt. Ich sehe nicht, dass die heutige Welt ohne Langeweile wäre, und auch nicht, dass die Freiheit je Gleichförmigkeit schafft.

Zunächst einmal ist zu sagen, dass bestimmte Unterschiede zwischen Mann und Frau immer bestehen bleiben werden. Da die weibliche Erotik und folglich die sexuelle Welt der Frau eine besondere Gestalt haben, bleibt es nicht aus, dass sie in der Frau auch eine besondere Sinnlichkeit und Empfindsamkeit erzeugen. Ihre Beziehungen zum eigenen Körper, zum männlichen Körper, zum Kind werden nie identisch mit denen sein, die der Mann zu seinem Körper, zum weiblichen Körper, zum Kind unterhält. Diejenigen, die so viel von »Gleichheit in der Unterschiedlichkeit« reden, sollten wohl die letzten sein, die bestreiten, dass es Unterschiede in der Gleichheit geben kann. Zum anderen sind es die Institutionen, die die Monotonie schaffen: jung und hübsch, sind die Sklavinnen des Serails in den Armen eines Sultans immer gleich. Das Christentum hat der Erotik ihren sündhaften und sagenhaften Beigeschmack verliehen, indem es des Mannes Weib mit einer Seele begabte. Wenn man der Frau ihre souveräne Individualität zurückerstattet, nimmt man dem Liebesakt nicht seine Wonnen.

Es ist absurd, zu behaupten, es würde keine Orgien, kein Laster, keine Ekstase, keine Leidenschaft mehr geben, wenn Mann und Frau einander konkret gleichgestellt wären. Die Widersprüche zwischen Fleisch und Geist, dem Augenblick und der Dauer, dem Sog der Immanenz und dem Ruf der Transzendenz, dem Absoluten der Lust und dem Nichts des Vergessens werden nie aufgehoben sein. Die Spannung, die Zerrissenheit, die Freude, das Scheitern und der Triumph der Existenz werden sich in der Sexualität immer materialisieren. Die Frau befreien heißt, sie nicht mehr in den Beziehungen, die sie zum Mann unterhält, gefangen halten, aber nicht, diese Beziehungen negieren. Wenn sie sich für sich setzt, wird sie darum nicht aufhören, auch für ihn zu existieren: wenn beide einander als Subjekt anerkennen, wird jeder doch für den anderen ein anderer bleiben. Die Wechselseitigkeit ihrer Beziehungen wird nicht die Wunder beseitigen, die durch die Aufteilung der Menschen in zwei getrennte Kategorien entstehen: das Begehren, den Besitz, die Liebe, den Traum, das Abenteuer. Und die Worte, die uns bewegen – geben, erobern, sich vereinigen –, werden ihren Sinn nicht verlieren. Im Gegenteil, erst wenn die Versklavung der einen Hälfte der Menschheit mitsamt dem ganzen verlogenen System, das dazugehört, einmal abgeschafft ist, wird die

»Unterteilung« der Menschheit ihre authentische Bedeutung offenbaren, wird das von zwei Menschen gebildete Paar seine wahre Gestalt finden.

»Das unmittelbare, natürliche, notwendige Verhältnis des Menschen zum Menschen ist das Verhältnis des Mannes zum Weibe«, schreibt Marx. »Aus dem Charakter dieses Verhältnisses folgt, inwieweit der Mensch als Gattungswesen, als Mensch sich geworden ist und erfasst hat; das Verhältnis des Mannes zum Weib ist das natürlichste Verhältnis des Menschen zum Menschen. In ihm zeigt sich also, inwieweit das natürliche Verhalten des Menschen menschlich oder inwieweit das menschliche Wesen ihm zum natürlichen Wesen, inwieweit seine menschliche Natur ihm zur Natur geworden ist.«[30]

Besser kann man es nicht sagen. Es ist Aufgabe des Menschen, dem Reich der Freiheit inmitten der gegebenen Welt zum Durchbruch zu verhelfen. Damit dieser höchste Sieg errungen werden kann, ist es unter anderem notwendig, dass Männer und Frauen über ihre natürlichen Unterschiede hinaus unmissverständlich ihre Brüderlichkeit behaupten.

Anmerkungen

1 Am deutlichsten wurde dieser Gedanke von E. Lévinas in seinem Essay *Le temps et l'autre* (dt.: *Die Zeit und der Andere*) ausgedrückt. Darin heißt es: »Sollte es nicht eine Situation geben, in der die Alterität einem Wesen als Positives, als Essenz eignet? Welches ist die Alterität, die nicht einfach in der Gegenüberstellung von zwei Arten derselben Gattung aufgeht? Ich glaube, das absolut konträre Gegenteil, dessen Gegenteiligkeit in nichts durch die mögliche Relation zwischen ihm und seinem Korrelat berührt wird, das Gegenteilige, bei dem der eine Pol das absolut andere bleibt, ist das Weibliche. Das Geschlecht ist nicht irgendein spezifischer Unterschied … Der Unterschied zwischen den Geschlechtern ist auch kein Widerspruch … (Er) ist auch nicht die Dualität zweier sich ergänzender Pole, denn zwei sich ergänzende Pole setzen ein vorher dagewesenes Ganzes voraus … Die Alterität erfüllt sich im Weiblichen. Es ist ein gleichrangiger, aber dem Bewusstsein entgegengerichteter Pol.«

Vermutlich entgeht E. Lévinas nicht, dass die Frau für sich auch Bewusstsein ist. Deshalb ist es erstaunlich, dass er ohne weiteres den Standpunkt des Mannes einnimmt, ohne auf die Wechselbeziehung zwischen Subjekt und Objekt hinzuweisen. Wenn er schreibt, die Frau sei ein Geheimnis, so meint er damit, dass sie es für den Mann ist. Somit ist diese Beschreibung, die objektiv sein will, in Wirklichkeit eine Bestätigung der männlichen Sonderstellung.

2 Claude Lévi-Strauss: *Les structures élémentaires de la parenté* (dt.: *Die elementaren Strukturen der Verwandtschaft*). Ich danke C. Lévi-Strauss für die Überlassung der Druckfahnen seiner Dissertation.

3 Ein Artikel von Michel Carrouges zu diesem Thema in Nr. 292 der *Cahiers du Sud* ist bezeichnend. Voller Entrüstung schreibt er: »Man wünschte sich, es gäbe keinen Mythos Frau, sondern nur Heerscharen von Köchinnen, Matronen, Freudenmädchen und Blaustrümpfen, die eine Lust-

oder Nutzfunktion haben!« Seiner Ansicht nach hat die Frau also keine Existenz für sich; er sieht nur ihre Funktion in der männlichen Welt. Ihre Zweckbestimmtheit (Finalität) liegt im Mann: dann allerdings kann man ihre poetische »Funktion« jeder anderen vorziehen. Die Frage ist nur, wieso sie überhaupt mit Bezug auf den Mann definiert werden sollte.

[4] A. Balint: *Psychoanalyse der frühen Lebensjahre*. München, Basel 1973, S. 100. (A.d.Ü.)

[5] Mir wurde von Kindern auf dem Land berichtet, die sich mit Wetten um ihre Exkremente vergnügten: wer den größten, festesten Kothaufen produzierte, genoss ein Ansehen, das kein anderer Erfolg, weder im Spiel noch beim Kämpfen, überbieten konnte. Der Kot spielt hier die gleiche Rolle wie der Penis: in beiden Fällen handelt es sich um Entfremdung.

[6] Friedrich Engels: *Der Ursprung der Familie, des Privateigentums und des Staates*. Berlin 1946, S. 35. (A.d.Ü.)

[7] Ibid.

[8] Ibid.

[9] August Bebel: *Die Frau und der Sozialismus*. Stuttgart 1892, S. 7. (A.d.Ü.)

[10] Friedrich Engels, op. cit., S. 134. (A.d.Ü.)

[11] G. W. F. Hegel: *Phänomenologie des Geistes*, in: Werke, Stuttgart 1927, Bd. 2, S. 153. (A.d.Ü.)

[12] C. Lévi-Strauss, op. cit.

[13] Ibid.

[14] Ibid.

[15] In der bereits angeführten Arbeit von Lévi-Strauss findet sich in etwas anderer Form eine Bestätigung dieses Gedankens. Aus seiner Studie geht hervor, dass das Inzestverbot keineswegs das ursprüngliche Faktum ist, aus dem die Exogamie sich ergeben hat, sondern es spiegelt in negativer Form den positiven Willen zur Exogamie wider. Es gibt keinen unmittelbaren Grund dafür, dass eine Frau für den Verkehr mit Männern ihres Clans ungeeignet sein sollte. Aber es ist sozial nützlich, dass sie Teil der Leistungen ist, durch die jeder Clan mit dem anderen in Wechselbeziehung tritt, statt sich abzuschließen: »Die Exogamie hat weniger einen negativen als einen positiven Wert … sie verbietet die endogame Ehe bestimmt nicht deshalb, weil der konsanguinen Ehe eine biologische Gefahr beigemessen wird, sondern weil sich aus einer exogamen ein sozialer Vorteil ergibt.« Die Gruppe darf die Frauen, die eines ihrer Besitztümer darstellen, nicht für sich mit Beschlag belegen, sondern muss sie zum Kommunikationsmittel machen. Wenn die Ehe mit einer Frau des eigenen Clans verboten ist, »so ist der einzige Grund dafür, dass sie gleich ist, während sie anders werden soll (und somit kann) … Die in die Sklaverei verkauften Frauen können die gleichen sein, die ursprünglich verschenkt wurden. Die einen wie die anderen bedürfen nur des Zeichens der Alterität, das sich aus einer bestimmten Position innerhalb einer Struktur ergibt und nicht aus einer angeborenen Eigenschaft.«

[16] Natürlich ist diese Voraussetzung zwar notwendig, aber nicht ausreichend: es gibt patrilineare Zivilisationen, die auf einer primitiven Stufe stehen geblieben sind, andere, wie die der Mayas, die verfallen sind. Es gibt keine absolute Hierarchie unter mutterrechtlichen und vaterrechtlichen Gesellschaften: aber nur die vaterrechtlichen haben sich technisch und ideologisch entwickelt.

[17] Interessant ist die von M. Begouen im *Journal de psychologie*, Jg. 1934, wiedergegebene Beobachtung, dass sich im Aurignacien zahlreiche Statuetten finden, die Frauen mit übertrieben hervorgehobenen Geschlechtsmerkmalen darstellen: sie fallen durch Fettleibigkeit und die Betonung der Vulva auf. Im Übrigen finden sich auch auf Höhlenzeichnungen einzelne, grob gezeichnete Vul-

ven. Im Solutréen und im Magdalénien verschwinden diese Bilder. Im Aurignacien sind männliche Statuetten sehr selten, und es kommen nie Darstellungen des männlichen Geschlechtsorgans vor. Im Magdalénien finden sich noch vereinzelte, aber wenige Abbildungen der Vulva, dagegen wurden Phalli in großer Zahl entdeckt.

18 Ich werde diese Entwicklung im Abendland untersuchen, denn die Geschichte der Frau im Orient, in Indien und in China war eine lange, stets gleichbleibende Sklaverei. Frankreich, wo die Situation besonders typisch ist, soll Mittelpunkt dieser Untersuchung vom Mittelalter bis heute sein.

19 G. Myrdal: *An american dilemma. The negro problem and modern democracy*.

20 Jean-Paul Sartre: *Réflexions sur la question juive* (dt.: *Überlegungen zur Judenfrage*).

21 *Le journal de Marie Bashkirtseff*, Paris 1887 (dt.: *Tagebuch der Maria Bashkirtseff*). (A.d.Ü.)

22 »Beunruhige dich nicht im Geringsten über ihr Stöhnen, ihr Schreien, ihre Schmerzen; die Natur hat sie zu unserm Gebrauch geschaffen, damit sie alles trage: Kinder, Kummer, Prügel und Schmerzen um den Mann. – Man beschuldige uns nicht der Härte! In allen Gesetzbüchern der so genannten Kulturvölker hat der Mann die Gesetze geschrieben, die das Schicksal der Frauen regeln. Vae victis! Wehe den Schwachen!« H. de Balzac, *Physiologie du mariage*, dt.: *Physiologie der Ehe*, in: *Die menschliche Komödie*, übers. von E. Sanders. München 1972, Bd. 12, S. 907. (A.d.Ü.)

23 Figuren aus *Auf der Suche nach der verlorenen Zeit* von Marcel Proust. (A.d.Ü.)

24 An anderer Stelle sagt Laforgue über die Frauen: »Da man sie der Sklaverei und der Trägheit ohne andere Beschäftigung, ohne andere Waffe als ihr Geschlecht überlassen hat, nahm dieses überhand, und sie ist das Weibliche geworden... wir haben diese Entwicklung zugelassen; sie ist ja für uns auf der Welt ... Nun, das alles ist falsch... Wir haben bisher mit der Frau wie mit einer Puppe gespielt. Das hat allzu lange gedauert! ...«

25 Andé Breton: Arcane 17.

26 Arthur Rimbaud: Brief an Paul Demeney, 15. Mai 1871.

27 Kierkegaard sagt weiter: »Die Galanterie kommt wesentlich dem Weib zu, und dass sie unwillkürlich gegeben und angenommen wird, erklärt sich als Fürsorge der Natur, die dem Schwächeren, dem Stiefkind in der Illusion einen Ersatz für seine Mängel geben will. Allein wie fatal ist diese Illusion! ... Aber so zum Narren gehalten werden ist schlimmer als im Sklavendienste des Elends leben. In dieser Lage ist das Weib; und das schlimmste daran ist, dass sie nie aus der Illusion herauskommen kann, mit der das Leben sie entschädigt hat.« Søren Kierkegaard, »In vino veritas«, in: *Stadien auf dem Lebensweg*, übers. von A. Bärthold. Dresden 1909, S. 49f.

28 Dass manche allzu harten Berufe für Frauen nicht in Frage kommen, widerspricht diesem Entwurf nicht: auch unter den Männern wird die berufliche Eignung in zunehmendem Maße berücksichtigt, und ihre Wahlmöglichkeiten sind je nach ihren körperlichen und intellektuellen Fähigkeiten begrenzt. Unter keinen Umständen aber darf eine Grenze nach dem Geschlecht oder der Klasse gezogen werden.

29 Ich kenne einen achtjährigen kleinen Jungen, der mit drei unabhängigen und aktiven Frauen – seiner Mutter, einer Tante und einer Großmutter – und einem kaum noch zu etwas fähigen Großvater zusammenlebt. Er hat einen vernichtenden »Minderwertigkeitskomplex« gegenüber dem weiblichen Geschlecht, obwohl seine Mutter dagegen anzukämpfen versucht. In der Schule verachtet er Mitschüler und Lehrer, weil sie armselige Männer sind.

30 Karl Marx, »Ökonomisch-philosophische Manuskripte«, in: *Marx-Engels-Gesamtausgabe*, Berlin 1932, 1. Abt., Bd. 3, S. 113. (A.d.Ü.)

Biografie III **Die Freiheit des Menschen »real und konkret«** [1] (1950 – 1968)

Nach der Arbeit am *Anderen Geschlecht* folgten neben Aufsätzen für *Les Temps modernes* Reisen nach Afrika und Amerika. Reisen auch mit dem jüngeren Philosophen und Mitarbeiter der *Temps modernes* Claude Lanzmann, mit dem Beauvoir zwischen 1952 und 1958 eine Liebesbeziehung hatte – sie lebte auch zeitweise mit ihm zusammen. Über ihre Aufenthalte in fremden Ländern schreibt Beauvoir Berichte. Es ist ein »aktives, Besitz ergreifendes Schauen«.

Die Jahre nach dem *Anderen Geschlecht* widmet sie vor allem ihrem neuen, 1949 begonnenen Roman, der im Zusammenhang mit den Enttäuschungen des Kalten Kriegs steht. Im autobiografisch geprägten *Mandarins von Paris* beschreibt Beauvoir die Intellektuellenszene der unmittelbaren Nachkriegszeit (1944 – 1948). Es geht um Liebe und Freundschaft, um die Fragen der politischen Wirksamkeit, des Handelns und der Verantwortung, um das politische Selbstverständnis der linken Intellektuellen und deren Zerrissenheit zwischen Pflichtbewusstsein und Wahrheitssuche. Darüber hinaus geht es um das Dasein der Frauen als »relative Wesen«. Dargestellt werden die Wechselbeziehungen zwischen der Psychologin Anne Dubreuilh (Beauvoir), ihrem Mann, dem älteren berühmten Schriftsteller und ehemaligen Literaturprofessor (Sartre), der Tochter Nadine, dem Herausgeber der Widerstandszeitung »Espoir«, dem Freund Dubreuilhs und linken Schriftsteller Henri Perron (Camus), der die schwangere Nadine heiratet und seiner Geliebten, der ehemaligen Sängerin Paule. Die Protagonisten des Romans sinnen u. a. darüber nach, ob man sofort die Wahrheit über die sowjetischen Zwangsarbeitslager sagen soll oder nicht. Natürlich ist der Roman eine literarische Verarbeitung von Beauvoirs Liebesbeziehung zu Nelson Algren (Lewis Brogan). Außerdem schildert er, wie wichtige Freundschaften (u. a. mit Camus 1952) an politischen Differenzen scheiterten. Im *Lauf der Dinge* schreibt sie: »Unter lärmenden Zusammenstößen oder in aller Stille waren die Feuer der Freundschaft, die nach Beendigung der Besatzung rund um mich her loderten, samt unseren gemeinsamen Hoffnungen, mehr oder weniger erloschen, und um diesen Kern gruppierte sich mein Buch.«[2] Beauvoir beschreibt ihr Werk als »Geisterbeschwörung«. Sie hatte »mit der größten Leidenschaft« an diesem Buch gearbeitet, das ihr von allen ihren Romanen am wichtigsten war, erzählt sie in einem Interview mit Deirdre Bair im Januar 1982.[3] Sartre bezeichnete es als ihr bestes Buch (neben *Ein sanfter Tod*). Für den Roman erhielt Beauvoir 1954 den Prix Goncourt.

1951 schreibt Beauvoir den Essay »Soll man de Sade verbrennen?«, der zusammen mit anderen Beiträgen 1955 im Band *Privilèges* erscheint. Beauvoir ist davon fasziniert, wie konsequent, aber auch rücksichtslos sich de Sade gegen die gesellschaftlichen und religiösen Konventionen seiner Zeit auflehnt und zugleich unter Abweisung jeder überindividuellen Moral eine Verbindung von Sexualität und Politik anstrebt. Ausgehend von Sades Werk setzt sich Beauvoir grundsätzlich mit der Sexualität als »soziologische Tatsache«, als Macht und Gewalt, als »Egoismus, Tyrannei und Grausamkeit« auseinander.

Das Jahr 1954 bringt mit zwei wichtigen weltpolitischen Ereignissen einen tiefen Einschnitt in ihrem Leben, so Beauvoir: Zum einen scheitert die französische Politik in Vietnam, zum anderen setzt mit dem Algerien-Krieg und der gleichzeitig entstehenden Opposition eine neuerliche politische Umschichtung der politischen Verhältnisse in Frankreich ein. Der französische Nationalismus blüht auf, die antisemitische Poujadisten-Bewegung erringt Teilerfolge und die Linke ist gespalten – ein Teil übernimmt immer stärker rechtes Gedankengut. In dieser Situation beschreibt Beauvoir in »Rechtes Denken, heute« den Hass der Rechten auf die Kommunisten und die Russland-freundliche Linke. Sie will die »Wahrheit herausschälen« und die »Verteidigung der Privilegien durch die Privilegierten« aufzeigen, »die ihre Rohheit hinter nebelhaften Systemen und Begriffen verstecken.«[4] Ihre Polemik handelte ihr Kritik ein: Raymond Aron sprach im *Figaro Littéraire* von den »Albernheiten intelligenter Menschen«. Mit ihrem Eintreten für die Unabhängigkeit Algeriens wird Beauvoir zur »Antifranzösin«, die sich in einem »entpolitisierten und reglosen« Frankreich isoliert fühlt.

Ab Anfang der 50er Jahre distanziert sich Beauvoir von ihrem »idealistischen Moralismus« und wendet sich dem Marxismus zu. Beauvoir bezieht nun klare Position und mischt sich in die politischen Auseinandersetzungen ein – möglicherweise angetrieben von Gewissensbissen, nicht an der aktiven Résistance gegen die Nazi-Besatzung und das Vichy-Regime teilgenommen zu haben. Ausgehend von ihrer existenzialistischen Grundhaltung erklärt sie in einem Interview mit Claude Francis und Fernande Gontier: »Die Pantoffelphilosophie des Kleinbürgers, der, so weit er kann, zu leben vermeidet und den Ereignissen so wenig Bedeutung beimisst, der sich entscheidet, ohne Ambitionen, ohne Liebe, ohne Begeisterung zu sein – diese Philosophie ist für uns die radikale Verneinung der Existenz.«[5]

Die 50er und 60er Jahre werden zu einer Zeit des politischen Engagements. Beauvoir nimmt mit Sartre an verbotenen Demonstrationen für die Unabhängigkeit Algeriens teil und schreibt gegen den Kolonialkrieg. Beauvoir über diese düstere Zeit: »Meine Landsleute waren mir zuwider ... Ich hatte sie so gern gemocht; jetzt waren mir sogar die Straßen feindlich. Ich fühlte mich genauso verstoßen wie in der ersten Zeit der Besatzung. Eigentlich war es noch schlimmer, weil ich wohl oder übel zur Komplizin jener Leute wurde, deren Nähe ich nicht mehr ertragen konnte. Das verzieh ich ihnen am wenigsten ... Ich brauchte meine Selbstachtung, um weiter leben zu können, aber ich sah mich mit den Augen der zwanzigmal vergewaltigten Frauen, der Männer mit den zerbrochenen Knochen, der wahnsinnigen Kinder: eine Französin.«[6]

Als Gisèle Halimi, eine junge Rechtsanwältin, Beauvoir auf die Folterung und Verstümmelung von algerischen Frauen als Vergeltungsmaßnahme für die vermutete Unterstützung der nationalen Befreiungsfront FLN aufmerksam macht, engagiert sich Beauvoir sofort. Gisèle Halimi hatte die Verteidigung der 22-jährigen algerischen FLN-Freiheitskämpferin Djamila Boupacha übernommen, die der Spionage angeklagt, gefoltert und von französischen Soldaten vergewaltigt worden war: Zuerst war ihr Nahrung und Schlaf verweigert worden, später hatte man am ganzen Körper brennende Zigaretten ausgedrückt und sie mit Stromstößen gefoltert. Simone de Beauvoir berichtet darüber in einem Artikel für die Tageszeitung *Le Monde*, in dem das Gerichtsprotokoll wörtlich zitiert wird: »Dann wurde ihr eine Flasche in die Vagina gesteckt.« *Le Monde* weigert sich, das Wort Vagina abzudrucken. Statt dessen heißt es: »Dann wurde ihr eine Flasche in den Unterleib gesteckt.« *Le Monde* wird trotzdem beschlagnahmt, es ist der Auftakt eines spektakulären Prozesses. Ein Komitee für Djamila Boupacha wird gegründet, dessen Vorsitz Beauvoir übernimmt. Unter den Mitgliedern: der Dichter Louis Aragon und die Nichte de Gaulles, die Widerstandskämpferin und Ravensbrück-Deportierte Geneviève de Gaulle. Gisèle Halimi schreibt eine Dokumentation über den Fall, Simone de Beauvoir steuert das Vorwort bei, das sie sicherheitshalber in einer »Fluchtwohnung« verfasst – und riskiert damit ebenfalls die Inhaftierung. Als das Buch – *Ein Plädoyer gegen die Folter* – 1962 unter dem Titel *Djamila Boupacha* erscheint (Picasso hat das Deckblatt gestaltet)[7], ist Djamila dank einer Amnestie bereits frei. Beauvoir und Sartre bleiben weiter gefährdet – wegen ihres antikolonialistischen Engagements werden sie von der rechtsextremen Organisation OAS angegriffen: Bomben treffen Sartres Wohnung – bis mit den Verträgen von Evian im März 1962 die Unabhängigkeit Algeriens besiegelt ist.

In den 60er Jahren unternehmen Beauvoir und Sartre viele Reisen – von 1962 bis 1966 fahren sie jedes Jahr in die UdSSR. China hatten sie bereits 1955 besucht. (Beauvoirs Reisebericht *China – Das weitgesteckte Ziel*, den sie später als »flüchtigen Journalismus« abtut, erscheint 1957.) 1960 fliegt sie mit Sartre nach Kuba, gerade rechtzeitig um dort die »Flitterwochen der Revolution« (Sartre) zu erleben – immer auf der Suche nach einem Modell für den funktionierenden Sozialismus.

Beauvoirs Engagement, das sie im *Lauf der Dinge* u. a. »als nichts anderes als die totale Identifizierung des Schriftstellers mit dem, was er schreibt« bezeichnet, setzt sich fort, besonders als Widerstand gegen den Krieg in Vietnam. Sie beteiligt sich an Demonstrationen, nimmt an Friedenskongressen teil. »Der französisch-vietnamesische Krieg hatte mich persönlich sehr berührt, und ich hatte mich über den Sieg Hanois gefreut«, erzählt sie in *Alles in Allem*. »Die Einmischung der Amerikaner, die Tatsache, dass sie sich über das Selbstbestimmungsrecht des vietnamesischen Volkes hinwegsetzten, empörten mich.« Im Juli 1966 wird sie von einem jungen Amerikaner auf ein Projekt von Bertrand Russell, dem britischen Mathematiker, Philosophen und Friedensnobelpreisträger, angesprochen, der ein Tribunal initiiert hatte, das nach dem Vorbild des Nürnberger Gerichtshofs über die von den Amerikanern in Vietnam begangenen Straftaten urteilen und so die internationale und insbesondere amerikanische Öffentlichkeit wachrütteln sollte. Beauvoir und Sartre nehmen im Mai und November 1967 an den Sitzungen des Internationalen Russell-Tribunals gegen den Vietnam-Krieg in Stockholm und Kopenhagen teil – unter den Teilnehmern sind auch die Schriftsteller Peter Weiss und Günther Anders. Die USA werden wegen der Bombardierung rein ziviler Ziele und der Zivilbevölkerung wegen Völkermord verurteilt. Sartre und Beauvoir gelten für kurze Zeit als »das Gewissen Frankreichs, Europas, ja des Westens«.

1968 finden wir das Paar Sartre/Beauvoir an der Seite der demonstrierenden Studenten und Studentinnen. Beauvoir begrüßt den Mai-Aufstand 1968, nimmt an den Diskussionen in der von den Studenten besetzten Sorbonne und an Aktionen der Maoisten teil, erklärt sich solidarisch mit der Studentenbewegung und steckt noch einmal voller Hoffnungen: »Nie, weder in meiner Jugend, noch auch zu Beginn des Jahres 1968, hätte ich mir ein solches Fest vorstellen können. Die rote Fahne wehte über der Kapelle und über den Statuen großer Männer.«[8]

Beauvoirs Hauptwerke jener Zeit sind ihre autobiografischen Schriften, vier dicke Bände, die sie zwischen 1958 und 1972 veröffentlicht, Bücher, mit denen sie sich ihren Jugendwunsch, sich selbst in aller Genauigkeit zu beschreiben, verwirklicht: »Mit fünfzehn Jahren wünschte ich mir, dass die Leute eines Tages voller Mitgefühlt und Neugier meine Biografie lesen würden«, berichtet Beauvoir im *Lauf der Dinge*. »Ich wollte mich existent machen für die anderen, indem ich ihnen auf die unmittelbarste Weise mitteilte, wie ich mein eigenes Leben empfand.«[9] Die Memoiren geben ihr die Möglichkeit, das Leben »in seiner Willkür, seinen Zufällen, seinen zuweilen ungereimten Kombinationen, wie es der Wirklichkeit entspricht« wiederzugeben und Bilanz zu ziehen. Sie ist fünfzig Jahre alt, als sie im ersten Band, den *Memoiren einer Tochter aus gutem Hause* (1958), ihre (glückliche) Kindheit bis zur Agrégation, der Bekanntschaft mit Sartre und dem Tod ihrer Freundin Zaza (1929) Revue passieren lässt und dabei den Prozess der eigenen Emanzipation beschreibt. Die Memoiren werden überaus positiv aufgenommen und bewegen Beauvoir zu einer Fortsetzung. Der zweite Band, *In den besten Jahren* (1960), deckt die Zeit der 30er Jahre bis zur Befreiung von Paris 1944 ab, der dritte, *Der Lauf der Dinge* (1963), der bis 1962 reicht, endet mit Betrachtungen über das Alter. Der letzte Band *Alles in allem* (1972) folgt nicht mehr so streng dem chronologischen Ablauf und widmet sich allgemeinen thematischen Betrachtungen. Beauvoirs Biografin Toril Moi sieht in den Memoiren den Versuch »den Bildungsroman einer unabhängigen Frau zu schreiben.«[10] Dabei entsteht Beauvoirs autobiografisches Werk aus dem widersprüchlichen Wunsch, als Schriftstellerin arbeiten und doch das ganze Leben in vollen Zügen genießen zu wollen – immer auf der Suche nach der eigenen Person und mit der Freiheit als Ziel.

Anmerkungen

1 Claude Francis/Fernande Gontier, *Les écrits de Simone de Beauvoir*, Paris 1979, S. 345 f., zit. in: *Simone de Beauvoir, Auge um Auge. Artikel zu Politik, Moral und Literatur* 1945 – 1955, S. 235.

2 *Der Lauf der Dinge*, a.a.O., S. 256.

3 Interview mit Deirdre Bair im Januar 1982, in: *Deirdre Bair, Simone de Beauvoir*, a.a.O. S. 528f.

4 *Der Lauf der Dinge*, a.a.O., S. 307.

5 *Les écrits de Simone de Beauvoir*, Paris 1979, S. 345f.

6 *Der Lauf der Dinge*, a.a.O., S. 354f.

7 *Djamila Boupacha par Simone de Beauvoir et Gisèle Halimi*, Paris 1962.

8 *Alles in allem*, a.a.O., S. 431f.

9 *Der Lauf der Dinge*, a.a.O., S. 357.

10 Toril Moi, a.a.O., S. 337.

»Die Menschheit hängt ganz und gar in einer Leere, die sie durch das Nachdenken über ihre Fülle selbst schafft.«

Ein Mangel der intimen Tagebücher und der Autobiografien liegt darin, dass für gewöhnlich das, ›was selbstverständlich ist‹, nicht erwähnt wird und dass einem so das Wesentliche entgeht. Auch ich verfalle in diesen Fehler. In *Die Mandarins von Paris* habe ich zu zeigen versucht, wie viel die Arbeit meinen Helden bedeutete. Ich hatte gehofft, hier meine Arbeit deutlicher beschreiben zu können, aber das war ein Irrtum. Arbeit lässt sich nicht beschreiben. Man verrichtet sie, weiter nichts. Deshalb nimmt sie in diesem Buch einen so geringen Platz ein, während sie in meinem Leben einen so wichtigen Platz beansprucht: Sie ist der Mittelpunkt, um den sich alles gruppiert. Das betone ich deshalb, damit das Publikum sich einigermaßen einen Begriff davon macht, wie viel Zeit und Mühe ein Essay kostet. Aber für gewöhnlich glauben die Leute, dass der Roman oder die Lebenserinnerungen nur so aus der Feder flössen. »Das ist keine Kunst, das hätte ich auch gekonnt«, haben junge Frauen gesagt, nachdem sie die *Memoiren einer Tochter aus gutem Hause* gelesen hatten: dabei ist es kein Zufall, dass sie es nicht geschafft haben. Mit ein bis zwei Ausnahmen plagen sich alle Schriftsteller, die ich kenne, ungeheuerlich: das gilt auch für mich. Und entgegen der üblichen Annahme beschäftigen mich der Roman oder die Autobiografie viel intensiver als ein Essay. Sie machen mir auch mehr Freude. Ich beginne schon sehr früh, darüber nachzudenken. Ich habe von den Gestalten in den *Mandarins* so lange geträumt, bis ich an ihre Existenz glaubte. Was meine Memoiren betrifft, so habe ich Briefe, alte Bücher, meine Tagebücher, Tageszeitungen wieder durchgelesen, um mich mit meiner Vergangenheit vertraut zu machen. Wenn ich bereit zu sein glaube, schreibe ich hintereinander drei- bis vierhundert Seiten. Das ist eine beschwerliche Arbeit: Sie erfordert enorme Konzentration, und der Wortschwall, der sich anhäuft, ist mir zuwider. Nach ein bis zwei Monaten bin ich so angewidert, dass ich nicht weiterkann. Dann fange ich wieder beim Nullpunkt an. Obwohl sich so viel Stoff angesammelt hat, ist das Blatt Papier wieder weiß, und ich zögere, mich kopfüber in die Arbeit zu stürzen. Im Allgemeinen bringe ich aus Ungeduld am Anfang nichts Gutes zustande. Da ich gern alles auf einmal sagen möchte, wird die Schilderung plump, wirr und trocken. Ganz allmählich komme ich dann dahin, mir Zeit zu lassen. Dann kommt der Augenblick, da ich den Abstand, den Ton, den Rhythmus finde, die mich befriedigen. Jetzt erst beginne ich ernsthaft mit der

Arbeit. Mein Konzept benützend, entwerfe ich in großen Zügen ein Kapitel. Dann kehre ich zur ersten Seite zurück, und wenn ich sie wieder durchgelesen habe, schreibe ich sie Zeile für Zeile um. Dann korrigiere ich jede einzelne Zeile im Hinblick auf die ganze Seite, jede Seite im Hinblick auf das ganze Kapitel, und später jedes Kapitel, jede Seite, jede Zeile im Hinblick auf die Gesamtheit des Buches. Die Maler, sagte Baudelaire, entwickeln aus der Skizze das vollendete Werk, indem sie das ganze Bild in jedem Stadium malen: Dasselbe versuche ich zu tun. Deshalb brauche ich zu jedem meiner Werke zwei bis drei Jahre – bei den *Mandarins* waren es vier – und bringe dabei täglich sechs bis sieben Stunden an meinem Schreibtisch zu. Man macht sich oft eine romantischere Vorstellung von der Literatur. Aber sie erzwingt diese Disziplin gerade deshalb, weil sie etwas anderes ist als ein Beruf: nämlich eine Leidenschaft oder, sagen wir, eine Manie. Kaum wache ich auf, habe ich das Verlangen, sogleich nach der Füllfeder zu greifen. Nur in den finsteren Perioden, wenn ich an allem zweifle, füge ich mich abstrakten Ratschlägen, die dann sogar auf recht wackligen Füßen stehen mögen. Aber wenn ich nicht auf Reisen bin oder sich etwas Außerordentliches ereignet, hinterlässt ein Tag, an dem ich nicht geschrieben habe, einen Geschmack nach Asche.

Die Inspiration spielt natürlich eine Rolle: Ohne sie würde aller Fleiß nichts nützen. Auf recht launische Weise entsteht, erneuert, bereichert, wandelt sich der Plan, gewisse Dinge auf eine gewisse Art auszudrücken. Die innere Resonanz eines Vorfalls, einer Einsicht, das jähe Aufblitzen einer Erinnerung, kann ebenso wenig wie ein zufälliges Bild, ein zufälliges Wort säuberlich eingeordnet werden. Während ich genau nach meinem Plan verfahre, trage ich meinen Stimmungen Rechnung: Wenn mich plötzlich die Lust überkommt, eine Szene zu schildern, an ein Thema heranzugehen, tue ich's, ohne mich durch die festgelegte Reihenfolge stören zu lassen. Wenn erst einmal das Gerippe des Buches fertig ist, verlasse ich mich gern auf den Zufall: Ich träume, ich schweife ab, nicht nur vor dem Papier, sondern den ganzen Tag, ja sogar in der Nacht. Es passiert mir sehr oft, dass mir vor dem Einschlafen oder während ich schlaflos im Bett liege, eine Wendung durch den Kopf schießt und ich aufstehe, um sie zu notieren. Zahlreiche Seiten von der *Mandarins* und meiner Erinnerungen sind unter dem Einfluss einer Gemütsbewegung in einem Zuge niedergeschrieben worden: Manchmal überarbeite ich die Seiten am nächsten Tag, manchmal auch nicht.

Wenn ich schließlich nach sechs Monaten oder einem Jahr oder vielleicht sogar erst nach zwei Jahren das Ergebnis Sartre vorlege, bin ich noch nicht zufrieden, kann aber nicht mehr weiter: Ich brauche sein strenges Urteil und seinen

Zuspruch, um den Elan zurückzugewinnen. Zuerst versichert er mir: »Das ist ausgezeichnet … das wird ein gutes Buch.« Dann ärgert er sich über Kleinigkeiten: Das ist zu lang oder zu kurz geraten, das ist nicht richtig, das ist schlecht formuliert, das ist gestümpert, das ist verpfuscht. Wäre ich nicht seine scharfe Sprache gewöhnt – meine ist nicht sanfter, wenn ich ihn kritisiere –, würde mich diese Kritik niederdrücken. Eigentlich war ich nur ein einziges Mal ernsthaft beunruhigt, als ich nämlich Die *Mandarins* beendete. Für gewöhnlich wirkten seine Einwände stimulierend, weil sie mir einen Weg zeigten, die Fehler zu überwinden, deren ich mir mehr oder weniger bewusst war und die mir oft, wenn ich ihm nur beim Lesen zuschaute, in die Augen sprangen. Er schlägt mir Striche und Änderungen vor. Vor allem aber spornt er mich an, den Hindernissen zu trotzen und ihnen die Stirn zu bieten, statt ihnen auszuweichen. Seine Ratschläge entsprechen meist auch meinen Ideen, und ich brauche dann nur noch einige Wochen, höchstens einige Monate, um meinem Buch eine endgültige Gestalt zu geben. Sobald ich den Eindruck habe, dass mein Buch zwar nicht vollkommen ist, ich aber nichts weiter daran verbessern könnte, höre ich auf.

In den Jahren, von denen hier die Rede ist, bin ich oft in Urlaub gefahren: Im Allgemeinen bedeutet das aber nur, dass ich woanders weiterarbeitete. Ich habe aber lange Reisen unternommen, die mir keine Zeit ließen, eine Zeile zu schreiben – weil mein Wunsch, die Welt kennen zu lernen, aufs engste mit dem Wunsch verknüpft ist, sie auszudrücken. Meine Wissbegier ist weniger zügellos als in meiner Jugend, aber fast noch genauso anspruchsvoll. Man hört nie auf, zu lernen, weil man immer unwissend bleiben wird. Ich will nicht behaupten, dass ich mir nie eine freie Minute gegönnt hätte: Aber es kam mir kein Augenblick vergeudet vor, wenn er mir Freude bereitet hatte. Aber hinter dem Gewirr meiner Beschäftigungen, Zerstreuungen, dem Vagabundieren steckte der beharrliche Wille, mein Wissen zu bereichern.

Er begann sehr schnell zu sprechen; offenbar drückte es ihn schon seit langem: »Die Widerstandsbewegung war eine schöne Sache, eine Handvoll Leute reichte dafür aus; man wollte schließlich nichts weiter, als Bewegung schaffen; Bewegung, Sabotage und Widerstand, das war Sache einer Minderheit. Wenn es aber an den Wiederaufbau geht, ist es etwas anderes. Wir haben gemeint, wir brauchten nur unseren Elan weiterzutreiben: dabei klaffte ein tiefer Einschnitt zwischen der Besatzungszeit und der Zeit nach der Befreiung. Die Zusammenarbeit mit dem Feind abzulehnen, das hing von uns ab; das weitere ging uns nichts mehr an.«
»Das ging uns schon etwas an«, sagte Henri. Er sah sehr wohl, warum Dubreuilh das Gegenteil behauptete, der Alte wollte von dem Gedanken nichts wissen, dass Betätigungsmöglichkeiten bestanden hätten, die er nicht genügend genutzt hatte; er warf sich lieber einen Fehler in der Beurteilung vor, als dass er einen Misserfolg zugab. Henri blieb aber weiterhin überzeugt, dass im Jahre 45 die Zukunft noch offen lag: nicht zu seinem Vergnügen hatte er sich in die Politik gestürzt; er hatte das deutliche Gefühl gehabt, dass das, was rings um ihn vorging, ihn mit betraf: »Wir haben es nicht geschafft«, sagte er, »das beweist aber nicht, dass es falsch war, den Versuch zu wagen.«
»Oh! Wir haben niemand weh getan«, sagte Dubreuilh, »ob man sich mit der Politik beschäftigte oder sich betrank, das war sich gleich, ersteres war weniger schädlich für die Gesundheit. Das hindert aber nicht, dass wir ganz ordentlich auf dem Holzweg waren! Wenn man nachliest, was wir zwischen 44 und 45 geschrieben haben, ist es rein zum Lachen: probieren Sie es, Sie werden mir recht geben!«
»Ich vermute, wir waren zu optimistisch«, sagte Henri; »das ist verständlich ...«
»Ich billige Ihnen sämtliche mildernde Umstände zu, die Sie nur wollen!« sagte Dubreuilh. »Der Erfolg der Widerstandsbewegung, die Freude der Befreiung entschuldigen uns weitgehend; das gute Recht siegte, den Menschen, die guten Willens sind, stand die Zukunft offen; mit unserem alten, unerschütterlichen Idealismus wollten wir es nur zu gern glauben.« Er zuckte die Achseln: »Wir waren eben Kinder.«
Henri schwieg; er hielt an dieser Vergangenheit fest: genau wie man an Kindheitserinnerungen festhält. Ja, damals, als man ohne weiteres Freund und Feind, Gut und Böse unterschied, damals, als das Leben einfach und unkompliziert war, war

es wie eine Kindheit. Gerade seine Abneigung, es von sich zu weisen, gab Dubreuilh recht.
»Was hätten wir Ihrer Meinung nach tun sollen?« fragte er und lächelte: »Uns etwa bei der Kommunistischen Partei eintragen?«
»Nein«, sagte Dubreuilh. »Wie Sie neulich zu mir sagten, kommt man von seinen eigenen Gedanken nicht los: man kann einfach nicht aus seiner Haut. Wir hätten sehr schlechte Kommunisten abgegeben.« Heftig fuhr er fort: »Was haben sie übrigens gemacht? Rein nichts. Auch sie waren an die Wand gedrückt.«
»Na also?«
»Also nichts. Es war nichts zu machen.«
Henri füllte sein Glas von neuem. Dubreuilh mochte vielleicht Recht haben, aber dann war es das reine Narrenspiel. Henri erinnerte sich wieder an jenen Frühlingstag, als er sehnsüchtig den Anglern zusah; er sagte zu Nadine: »Ich habe einfach keine Zeit.« Nie hatte er Zeit: er hatte zu viel zu tun. Und in Wirklichkeit hatte er nichts zu tun gehabt.
»Schade, dass wir nicht früher dahintergekommen sind. Wir hätten uns manchen Ärger erspart.«
»Das konnten wir nicht früher merken!« sagte Dubreuilh. »Sich einzugestehen, dass man einer Nation fünften Ranges, einer überholten Epoche angehört, das gelingt einem nicht von heute auf morgen.« Er nickte mit dem Kopf: »Es ist keine leichte Sache, sich mit der Ohnmacht abzufinden.«
Henri betrachtete Dubreuilh voll Bewunderung: ein hübsches Taschenspielerkunststück! Es war kein Misserfolg gewesen, nur ein Irrtum; und selbst der Irrtum war gerechtfertigt, also erledigt. Die Vergangenheit lag offen zutage, und Dubreuilh war ein untadeliges Opfer des geschichtlichen Verhängnisses. Jawohl! Nun, Henri fand sich keineswegs damit ab; er konnte sich nicht an den Gedanken gewöhnen, dass er bei der ganzen Geschichte von Anfang bis zu Ende gelenkt worden sei. Er hatte große innere Auseinandersetzungen, Zweifel, Begeisterungen erlebt, und nach Dubreuilh lag das Spiel von vornherein fest. Er fragte sich oft, wer er sei; und nun erhielt er die Antwort: ein französischer Intellektueller, der sich am Sieg von 44 berauscht hatte, und dem die Ereignisse nun klar vor Augen führten, wie überflüssig er war.
»Sie sind ein schöner Fatalist geworden!» sagte er.
»Nein. Ich behaupte nicht, dass Handeln überhaupt unmöglich sei. Nur augenblicklich ist es für uns unmöglich.«
»Ich habe Ihr Buch gelesen«, sagte Henri. »Im Grunde denken Sie, man könne nur etwas tun, wenn man stur mit den Kommunisten geht.«

»Ja. Nicht, dass ihre Lage glänzend wäre; tatsächlich gibt es außer ihnen nichts.«
»Und dennoch gehen Sie nicht mit ihnen?»
»Ich kann mich nicht umkrempeln«, sagte Dubreuilh. »Ihre Revolution ist zu weit von der entfernt, die ich früher erhoffte. Ich täuschte mich; leider genügt es nicht, seine Fehler festzustellen, um mit einem Schlag ein anderer zu werden. Sie sind jung, vielleicht bringen Sie den Sprung fertig, ich nicht.«
»0 *ich*! Schon lange habe ich keine Lust mehr, mich irgendwie zu beteiligen«, sagte Henri. »Ich möchte mich aufs Land zurückziehen, meinetwegen mich sogar ins Ausland verziehen, und schreiben.« Er lächelte: »Ihrer Meinung nach hat man nicht einmal das Recht, zu schreiben.«
Dubreuilh lächelte ebenfalls: »Ich habe vielleicht etwas übertrieben. Schließlich ist die Literatur nicht gar so gefährlich.«
»Aber Sie finden, sie habe keinen Sinn mehr?«
»Finden Sie, dass sie einen hat?« fragte Dubreuilh.
»Ja, ich schreibe ja weiter.«
»Das ist kein Grund.«
Henri sah Dubreuilh argwöhnisch an: »Schreiben Sie noch oder schreiben Sie nicht mehr?«
»Manien sind noch nie durch den Nachweis geheilt worden, dass sie keinen Sinn haben«, sagte Dubreuilh. »Sonst ständen die Irrenhäuser leer.«
»Also gut!» sagte Henri. »Sie haben es nicht fertiggebracht, sich selbst zu überzeugen: so ist es mir lieber.«
»Vielleicht komme ich eines Tages so weit«, sagte Dubreuilh spöttisch. Bewusst brach er nun dieses Thema ab: »Ach, ich wollte Ihnen ja Bescheid sagen: gestern hatte ich einen komischen Besuch hier, den kleinen Sézenac. Ich weiß nicht, was Sie ihm getan haben, jedenfalls will er Ihnen nicht wohl.«
»Ich habe ihn aus dem *Espoir* hinausgesetzt, es ist schon lange her«, sagte Henri.
»Erst hat er mir einen Haufen Fragen kunterbunt durcheinander gestellt«, sagte Dubreuilh: »Ob ich einen gewissen Mercier kenne, ob Sie weiß Gott an welchem Tag 1944 in Paris gewesen seien. Zunächst erinnerte ich mich an nichts, und dann, was geht es ihn eigentlich an? Ich habe ihn ziemlich schroff abfahren lassen, dann hat er angefangen, eine erzlangweilige Geschichte zu erfinden.«
»Über mich?«
»Ja; er ist ein Hochstapler, der kleine Knopf; er kann gefährlich werden. Er hat mir erzählt, Sie hätten einen Meineid geschworen, um einen Gestapospitzel herauszupauken; über die kleine Belhomme seien Sie erpresst worden. Man muss aufpassen, dass er derlei Geschichten nicht weiterträgt.«

Erleichtert entnahm Henri dem Ton Dubreuilhs, dass dieser nicht einen Augenblick angenommen hatte, dass Sézenac die Wahrheit rede; er brauchte nur lächelnd irgend etwas daherzureden und die Sache war erledigt; aber es fiel ihm nichts ein.

Dubreuilh sah ihn etwas verwundert an: »Wussten Sie denn, dass er Sie derart verabscheut?«

»Er verabscheut mich nicht besonders«, sagte Henri. Unvermittelt fuhr er fort: »Die Geschichte stimmt nämlich.«

»Ach! Sie stimmt?« sagte Dubreuilh.

»Ja«, sagte Henri. Bei der Vorstellung, zu lügen, fühlte er sich plötzlich gedemütigt. Schließlich, da er sich doch mit der Wahrheit herumschlug, hatten die andern keinen Grund entrüstet zu sein: was für ihn gut genug war, war es auch für sie. In etwas herausforderndem Ton fuhr er fort: »Ich habe einen Meineid geschworen, um Josette zu retten, die mit einem Deutschen geschlafen hat. Sie haben mir ja oft genug meine moralische Haltung vorgeworfen, Sie sehen, ich mache Fortschritte«, setzte er hinzu.

»Dann stimmt es also, dass dieser Mercier ein Denunziant war?« fragte Dubreuilh.

»Es stimmt. Er verdiente unbedingt, erschossen zu werden«, sagte Henri. Er sah Dubreuilh an: »Sie finden, dass ich eine Schweinerei begangen habe? Ich wollte aber nur nicht, dass Josettes Leben verpfuscht wird. Wenn sie den Gashahn aufgemacht hätte, würde ich es mir nicht verzeihen. Ob es dagegen einen Mercier mehr oder weniger auf der Erde gibt, ich meine, das lässt mich ruhig schlafen.«

Dubreuilh zögerte: »Es ist schon besser, einer weniger als einer mehr«, sagte er.

»Gewiss«, sagte Henri. »Ich bin aber sicher, dass Josette sich umgebracht hätte: konnte ich sie verrecken lassen?« fragte er heftig.

»Nein«, sagte Dubreuilh. Er schien verwirrt: »Da haben Sie einen üblen Augenblick durchmachen müssen!«

»Ich habe mich fast augenblicklich entschlossen«, sagte Henri. Er zuckte mit den Achseln: »Ich will damit nicht sagen, dass ich stolz auf das bin, was ich getan habe.«

»Wissen Sie, was diese Geschichte beweist?« sagte Dubreuilh, plötzlich lebhafter werdend: »Dass es keine private Moral gibt. Schon wieder so ein Schwindel, an den wir geglaubt haben, der aber keinen Sinn hat.«

»Meinen Sie?« sagte Henri. Er liebte offensichtlich die Art Trost nicht, die ihm Dubreuilh eben spendete: »Ich war allerdings in die Enge getrieben«, fuhr er fort. »Im Augenblick blieb mir keine andere Wahl. Es wäre aber nicht so weit gekommen, wenn ich nicht das Verhältnis mit Josette gehabt hätte. Darin liegt vermutlich der Fehler.«

»Ach! Man kann sich nicht alles versagen«, sagte Dubreuilh etwas ungeduldig. »Askese ist gut, wenn sie von Innen kommt; aber dafür muss man sonstige positive Befriedigungen haben: in der Welt, wie sie nun einmal ist, hat man nicht viele. Ich will Ihnen etwas sagen: Hätten Sie nicht mit Josette geschlafen, dann hätten Sie Dinge zu bedauern, die Sie zu andern Dummheiten verleitet hätten.«

»Das ist durchaus möglich«, sagte Henri.

»In einem gekrümmten Raum lässt sich keine gerade Linie ziehen«, sagte Dubreuilh. »Man kann kein korrektes Leben in einer Gesellschaft führen, die nicht korrekt ist. Man stößt immer wieder an, auf der einen oder auf der andern Seite. Wieder so eine Illusion, die wir ablegen müssen«, schloss er. »Es gibt kein persönliches Heil.«

Henri sah Dubreuilh unsicher an. »Was bleibt uns dann noch übrig?«

»Nicht viel, glaube ich«, sagte Dubreuilh.

Es entstand eine Pause. Henri fühlte sich bei dieser generellen Nachsicht nicht befriedigt: »Das eine hätte ich gern gewusst: was Sie an meiner Stelle getan hätten«, sagte er.

»Das kann ich Ihnen nicht sagen, da ich ja nicht an Ihrem Platz war«, sagte Dubreuilh. »Sie müssten mir das Ganze in allen Einzelheiten erzählen«, fuhr er fort.

»Ich will Ihnen alles erzählen«, sagte Henri.

Soll man de Sade verbrennen?

Womit verdient er unser Interesse? Selbst seine Bewunderer geben freimütig zu, dass seine Schriften größtenteils unlesbar sind; zwar sind sie, philosophisch gesehen, nicht eben banal, doch dafür ohne jeden Zusammenhang. Auch seine Laster setzen keineswegs durch ihre Originalität in Erstaunen; in dieser Hinsicht hat Sade nichts erfunden, und in psychiatrischen Abhandlungen begegnet man zahlreichen mindestens ebenso merkwürdigen Fällen wie dem seinen. Sade verdient also besondere Beachtung weder als Schriftsteller noch als sexuell Pervertierter. Aufmerksamkeit verdient vielmehr die Beziehung, die er zwischen diesen beiden Aspekten seiner Person geschaffen hat. Die Anomalien Sades sind von dem Augenblick an interessant, da er, anstatt sie als etwas von der Natur Gegebenes hinzunehmen, ein umfassendes System ausarbeitet, um sie zu rechtfertigen; und umgekehrt fesseln uns seine Bücher, sobald wir erkennen, dass er mittels seiner ermüdenden Wiederholungen, klischeehaften Formulierungen und stilistischen Ungeschicklichkeiten eine Erfahrung mitzuteilen versucht, deren Eigenart es gerade ist, nicht mitteilbar zu sein. Sade hat sich bemüht, sein leibseelisches Schicksal in eine ethische Wahl zu verwandeln, und damit nahm er seine menschliche Vereinzelung auf sich, wollte Beispiel und Anruf sein. Darin liegt die allgemein menschliche Bedeutung seines Lebens. Können wir unser Streben nach Universalität befriedigen, ohne auf unsere Individualität zu verzichten? Oder müssen wir aufgeben, was uns unterscheidet, wenn wir uns in die Gemeinschaft einordnen wollen? Dieses Problem geht uns alle an. Was ihn von seiner Umwelt unterscheidet ist bei Sade zum Skandal gesteigert; andererseits beweist uns der gewaltige Umfang seines literarischen Œuvres, dass er sehnlichst danach verlangte, in die menschliche Gemeinschaft aufgenommen zu werden: der Konflikt, dem kein aufrichtiger Mensch ausweichen kann, findet sich bei ihm in seiner extremsten Form. Es ist das Paradoxe und, in gewisser Hinsicht, der Sieg Sades, dass er, weil er hartnäckig an seinen Besonderheiten festhielt, uns dazu verhelfen kann, das menschliche Drama allgemein zu definieren.

Gewöhnlich versteht man unter Sadismus Grausamkeit. Auspeitschungen, Gemetzel, Folterungen, Morde, die in Sades Schriften als erstes ins Auge springen, scheinen zu bestätigen, was die Tradition mit seinem Namen in Verbindung gebracht hat. Die Episode mit Rose Keller zeigt ihn, wie er sein Opfer mit einer

Gerte und einem verknoteten Seil auspeitscht, ihm sicherlich[1] auch mit einem Messer die Haut aufritzt und Wachs in die Wunden gießt; in Marseille zieht er eine aus Pergament geflochtene und mit krummen Nadeln versehene Peitsche aus der Tasche und lässt sich Ruten aus Heidekraut bringen. Sein ganzes Verhalten seiner Frau gegenüber bezeugt eine offensichtliche seelische Grausamkeit. Ausführlich hat er über die Lust geschrieben, die das Zufügen von Schmerzen bereitet; seine Ausführungen sind allerdings wenig aufschlussreich, da er sich damit begnügt, die klassische Lehre vom animalischen Nervenleben neu vorzubringen: »Es handelt sich lediglich darum, die Masse unserer Nerven durch einen möglichst heftigen Schock zu erschüttern; da nicht zu bezweifeln ist, dass der Schmerz weit intensiver wirkt als die Lust, sind die Schocks, die sich ergeben, wenn man anderen diese Empfindung zufügt, dementsprechend weit stärker.« Das Geheimnis, wie die Heftigkeit eines solchen Schocks als Wollust bewusst wird, lüftet Sade nicht. Glücklicherweise finden sich an anderen Stellen aufrichtigere Erklärungen. Die grundlegende Einsicht, auf der Sade seine ganze Sexualität und dementsprechend seine ganze Ethik aufbaute, ist die Erkenntnis, dass der Koitus und die Grausamkeit im Grunde identisch sind. »Wäre wohl der Höhepunkt der Wollust eine Art Raserei, wenn es nicht in der Absicht dieser Mutter des Menschengeschlechts (der Natur) gelegen hätte, dass die Ausübung des Koitus gleich sein sollte der der Wut? Welcher kraftvolle Mann … wünscht nicht … das Opfer seines Genusses zu quälen?« In der Beschreibung, die Sade vom Herzog von Blangis auf dem Höhepunkt der Lust gibt, muss man sicherlich eine Übertragung der sexuellen Gewohnheiten des Autors in die Welt der Dichtung sehen: »Schreckliche Schreie, lästerliche Flüche entflohen seiner geschwellten Brust, Flammen schienen ihm aus den Augen zu lodern, er schäumte und wieherte …« – und ging sogar so weit, sein Opfer zu würgen. Nach der Aussage von Rose Keller hat auch Sade »sehr schrille und sehr entsetzliche Schreie ausgestoßen«, ehe er die Fesseln seines Opfers durchschnitt. Der Brief *Vanille und Manille* beweist, dass er den Orgasmus wie einen epileptischen Anfall erlebte, aggressiv und mörderisch wie die Raserei eines Wutanfalls.

Wie erklärt sich diese eigenartige Heftigkeit? Man hat sich gefragt, ob Sade nicht unter sexueller Schwäche litt; viele seiner Helden – unter anderen der ihm teure Gernande – sind nicht sehr potent, haben große Schwierigkeiten, zur Erektion und Ejakulation zu gelangen. Sicherlich hat auch Sade diese Nöte gekannt, aber bei ihm scheinen sie eine Folge übermäßiger Ausschweifungen gewesen zu sein, was auch bei zahlreichen von ihm geschilderten Wüstlingen der Fall ist. Übrigens ist eine ganze Reihe dieser Helden mit enormen sexuellen Kräften begabt, und Sade spielt oft auf die Stärke seiner eigenen Sexualität an. Ich glaube jedoch, dass der Schlüssel zu seiner Erotik vielmehr in der Verbindung von heftiger sexueller Triebhaftigkeit mit einem vollkommenen »Isolationismus« des Gefühls zu suchen ist. Von seiner Jünglingszeit bis zur Einkerkerung hat Sade seine sexuelle Triebhaftigkeit sicherlich als drängendes, ja manisches Begehren erfahren. Eine andere Erfahrung hingegen scheint ihm völlig unbekannt geblieben zu sein: das Erlebnis echter Erschütterung. Nie erscheint in seinen Romanen die Wollust als Selbstvergessenheit, Ohnmacht, Hingabe; man vergleiche nur etwa die Ergüsse eines Rousseau mit den frenetischen Lästerungen eines Noirceuil oder Dolmancé oder die Erregungen der Superiorin in Diderots *Nonne* mit den grobschlächtigen Vergnügungen von Sades Lesbierinnen. Beim Helden Sades wird die männliche Aggressivität nicht durch die im Geschlechtsakt übliche Umwandlung des Leibes in reine Fleischlichkeit gemildert; nicht für einen Augenblick verliert er sich in seiner Animalität: sein Denken bleibt so klar, sein Verstand so rege, dass selbst philosophische Gespräche seine Lust nicht stören, sondern seine Erregung noch steigern können. Man versteht, dass in einem derart kalten, angespannten, sich gegen jedes Mitgerissenwerden anstemmenden Körper Begierde und Lust in einer Art von wütender Krise zum Ausbruch kommen: sie führen nicht zu einem Erleben der leibseelischen Einheit des Subjekts, sondern zerschmettern den Leib, einem organischen Zusammenbruch vergleichbar. Infolge dieser Maßlosigkeit erzeugt der Geschlechtsakt die Illusion eines höchsten Genusses, der in Sades Augen seinen einzigartigen Wert darstellt, aber es fehlt ihm eine wesentliche Dimension, für die Sade mit allen Kräften einen Ausgleich zu schaffen suchte. Durch die Erschütterung wird das Dasein in sich und im anderen gleichzeitig als Subjektivität und als Objektivität erfasst; in dieser mehrschichtigen Einheit verschmelzen die beiden Partner, jeder wird von seiner eigenen Gegenwart befreit und gelangt zu einer unmittelbaren Kommunikation mit dem anderen. Der auf Sade lastende Fluch, der sich nur aus seiner Kindheit erklären lassen könnte, ist diese ausschließliche Ichbezogenheit, die es ihm unmöglich macht, sich je zu vergessen und sich der Gegenwart anderer wirklich bewusst zu werden. Wenn er kalt veranlagt gewesen wäre, hätte sich daraus keinerlei Problem ergeben; aber er war von Trieben bestimmt, die ihn zwangsläufig zu jenen fremden Objekten hinführten, mit denen sich zu vereinen er unfähig war. Um ihrer habhaft zu werden, musste er ganz besondere Methoden erfinden. Auch später noch, als seine Begierden erloschen sind, lebt er weiterhin in dieser erotischen Welt, die er aus Sinnlichkeit, Langeweile, Trotz und Groll zur einzigen Welt gemacht hat, die in seinen Augen Wert besitzt; jetzt verfolgt er mit seinen Machenschaften das Ziel, zu Erektion und Orgasmus zu gelangen. Aber sogar zu einer Zeit, da er beides ohne Schwierigkeit zu erreichen vermochte, waren für Sade Umwege nötig, damit seine Sexualität jene Bedeutung erhielt, die sich in ihr abzeichnete, ohne je ganz verwirklicht zu werden: er wollte seinen Geist in sein Fleisch ausbrechen lassen, wollte den anderen durch das Fleisch als Bewusstsein erfassen.

Gewöhnlich erfasst jeder Mensch seine eigene Fleischlichkeit im Taumel, in dem er den anderen fleischlich erlebt. Wer sich in die Einsamkeit seines Bewusstseins einschließt, dem wird diese Erschütterung nicht zuteil, und nur in der Vorstellung vermag er dem anderen zu begegnen. Gierig belauert ein verstandesbestimmter, kalter Liebhaber den Genuss der Geliebten und muss sich als Urheber dieses Genusses bestätigen, denn für ihn gibt es keine andere Möglichkeit, selbst zu Fleisch zu werden: dieses Verhalten, das die menschliche Vereinzelung durch eine bewusste Tyrannei aufzuheben trachtet, kann man als sadistisch bezeichnen. Sade weiß, dass es ein aggressiver Akt sein kann, im anderen Lust zu erzeugen, und manchmal hat seine Herrschsucht diese Gestalt angenommen; aber sie vermag ihn nicht zu befriedigen. Zunächst einmal lehnt er jene Gleichheit ab, die durch gemeinsame Wollust geschaffen wird: »Wenn die uns zu Diensten stehenden Objekte genießen, sind sie von da an viel häufiger mit sich selbst als mit uns beschäftigt, und infolgedessen ist unser Genuss getrübt. Die Vorstellung, einen anderen wie man selbst genießen zu sehen, führt zu einer Art von Gleichheit, die den unaussprechlichen Reizen, die der Despotismus verschafft, Abbruch tut.« Noch deutlicher sagt er: »Jeder geteilte Genuss ist geminderter Genuss.« Zudem sind lustvolle Empfindungen für seinen Geschmack allzu mild: am dramatischsten enthüllt sich das Fleisch als Fleisch, wenn es geschunden, gequält wird. »Es gibt keine Empfindung, die kräftiger wäre und tiefer ginge als der Schmerz: er beeindruckt nachhaltig.« Damit aber durch die zugefügten Qualen auch ich zu Fleisch und Blut werde, muss ich in der Passivität des anderen meine eigene Lage erkennen, muss also erkennen, dass in ihm eine Freiheit und ein Bewusstsein vorhanden sind. Der Libertin »wäre zu beklagen, wenn er auf ein lebloses Objekt einwirkte, das nichts empfindet«. Deshalb braucht der Henker zu seinem Glück die Windungen und Klagen des Opfers, was Verneuil veranlasste, seiner Frau, wenn er sie quälte, eine Haube aufzusetzen, die ihre Schreie verstärkte. Indem sich das geschundene Objekt auflehnt, bestätigt es sich als meinesgleichen, und damit gelange ich durch seine Vermittlung zu jener Verschmelzung von Geist und Fleisch, die mir zuerst unmöglich gewesen war.

Von einem Menschen, der so sorgfältig seine Eigenart gepflegt hat, erwartet man eigentlich, dass er versucht, auch für die Mitteilung seiner Erfahrungen eine eigenständige Form zu finden, wie es beispielsweise Lautréamont getan hat. Aber zum ersten bot das 18. Jahrhundert hinsichtlich des lyrischen Ausdrucks wenig Variationsmöglichkeiten, und die abgeschmackte Gefühlsduselei, die damals in der Lyrik Mode war, verabscheute Sade; für einen »verdammten Dichter« im Stile Baudelaires oder Rimbauds war die Zeit noch nicht reif. Zudem brachte Sade keine der Voraussetzungen mit, die ein kühner Neuerer braucht: ein wirklich schöpferischer Dichter muss sich – zumindest auf einer bestimmten Ebene und in einem bestimmten Augenblick – ganz und gar vom Gegebenen lösen können und jenseits der anderen Menschen in völliger Einsamkeit auftauchen. In Sade hingegen gibt es einen wunden Punkt, den er auch durch seine Arroganz kaum verheimlichen kann: Er leidet unter Schuldgefühlen, und damit hat sich in seinem Innersten die Gesellschaft eingenistet; er verfügt weder über die Fähigkeit noch über die Zeit, um die Welt, den Menschen und sich selbst neu erstehen zu lassen. Zu sehr ist er gedrängt, gedrängt, sich zu verteidigen. Wie schon oben erwähnt, verfolgte er mit seinem Schreiben in erster Linie die Absicht, sein Gewissen zu beruhigen; um aber ein gutes Gewissen haben zu können, musste er seine Mitmenschen veranlassen, ihn freizusprechen, ja, sein Tun zu billigen. Er behauptet nicht in seinen Schriften, sondern plädiert, und um sich verständlich machen zu können, übernimmt er die seiner Gesellschaft geläufigen literarischen Formen und die anerkannten Meinungen. In einem rationalistischen Jahrhundert herangewachsen, hält er das folgerechte Denken für die wirksamste Waffe. Er, der geschrieben hat: »Jedes universale Moralprinzip ist ein vollkommenes Hirngespinst«, beugt sich fügsam den allgemeinen Konventionen der Ästhetik seiner Zeit und den Forderungen der allgemeinen Logik. Daraus erklären sich die Eigenheiten seines Stils und seines Denkens: wenn er eine Verantwortung auf sich nimmt, dann versucht er stets gleichzeitig sich zu entschuldigen. Sein literarisches Œuvre ist doppelsinnig: er treibt darin das Verbrechen auf die Spitze, bemüht sich jedoch dabei, sich von jeder Schuld freizusprechen.

Dementsprechend ist klarerweise Sades bevorzugtes Genre die Parodie. Er unternimmt nicht den Versuch, eine neue Welt zu schaffen, sondern beschränkt sich darauf, die ihm aufgezwungene Welt durch die Art und Weise, wie er sie nachahmt, lächerlich zu machen. Zuerst tut er so, als glaube er tatsächlich an die Gültigkeit der Trugbilder, die diese Welt bevölkern: die Unschuld, die Güte, die Hingabe, die Freigebigkeit, die Keuschheit. Wenn er in *Aline und Valcour*, in *Justine* und in den *Verbrechen der Liebe* salbungsvoll die Tugend beschreibt, dann handelt es sich nicht lediglich um einen von der Vorsicht gebotenen Kunstgriff; die »Schleier«, mit denen er *Justine* bekleidet, sind mehr als ein literarischer Kniff:

wenn man sich einen Spaß daraus machen will, die Tugend zu drangsalieren, dann muss man ihr zuerst Wirklichkeit verleihen. Auf die Anschuldigung, seine Schriften seien sittenlos, schreibt Sade zu seiner Verteidigung heuchlerisch: »Wer könnte sich schmeicheln, die Tugend hervortreten zu lassen, wenn nicht das sie umgebende Laster kräftig gezeichnet ist?« In Wirklichkeit verfolgt er genau die entgegengesetzte Absicht: Um dem Laster seinen ganzen Reiz zu geben, muss der Leser zunächst im Trugbild des Guten befangen sein. Es ist weit vergnüglicher, brave Bürger zum Narren zu halten, als sie zu schockieren; die Ausarbeitung zuckriger Umschreibungen verschafft Sade das lebhafte Vergnügen, das man empfindet, wenn man andere hinters Licht führt. Leider amüsiert er im Allgemeinen mehr sich selbst als den Leser; oft ist seine Sprache ebenso trocken und langweilig wie die der von ihm nachgeahmten erbaulichen Geschichtchen, und auch der Handlungsablauf weist die gleiche konventionelle Dürftigkeit auf. Dennoch sind diese Parodien Sades beste literarische Leistungen. Als Vorläufer des »Schauerromans« ist Sade, wie Maurice Heine aufgezeigt hat, zu tief im Rationalismus seiner Zeit verwurzelt, als dass er sich im Phantastischen frei entfalten könnte. Wenn er seiner überspannten Einbildungskraft freien Lauf lässt, weiß man nicht, was man mehr bewundern soll: seine epische Vehemenz oder seine Ironie. Erstaunlicherweise ist diese Ironie stets so fein, dass sie seinen phantastischen Episoden keinen Abbruch tut; im Gegenteil, sie verleiht ihnen eine Art von nüchterner Poesie, so dass sie irgendwie glaubhaft werden. Dieser düstere Humor, den er gelegentlich gegen sich selbst zu richten weiß, ist keineswegs ein einfaches literarisches Hilfsmittel; eine Mischung von Stolz und Scham, Wahrheit und Verbrechen, ist Sade vom Geist des Widerspruchs besessen. Wenn er Späße macht, meint er es am ernstesten, wenn seine Unaufrichtigkeit in die Augen springt, meint er es am aufrichtigsten. Oft sind in seinen Überspanntheiten einfache Wahrheiten verborgen, während er mit scheinbar wohlabgewogenen, vernünftigen Ausführungen Unsinn verzapft. Seine Gedankengänge sind darauf angelegt, den in die Irre zuführen, der sie festlegen will, und damit erreicht er, was er will: uns beunruhigen. Sogar seine formalen Ausdrucksmittel sind dazu angetan, uns zu verwirren. Er spricht mit monotoner, gehemmter Stimme, beginnt uns zu langweilen, aber plötzlich blitzt bitter, spöttisch, obszön eine Wahrheit auf, die diese Eintönigkeit erhellt und durch sie noch schärfer akzentuiert wird: dann wird Sades Stil in seiner Mutwilligkeit, Eindringlichkeit und arroganten Derbheit zum Stil eines großen Schriftstellers. Dennoch käme niemand auf den Gedanken, *Justine* neben *Manon Lescaut* oder die *Gefährlichen Liebschaften* zu stellen. Paradoxerweise sind die ästhetischen Grenzen von Sades literarischem Œuvre gerade durch seine Notwendigkeit bedingt: Sade hat seinem Werk gegenüber nicht den Abstand gewonnen, der für den Künstler unerlässlich ist; er wollte der Wirklichkeit dadurch die Stirn bieten, dass er sich vornahm, sie neu zu erschaffen, aber gerade deshalb gelang es ihm nicht, sich von ihr zu lösen. Er hat sich nicht mit sich selbst auseinander gesetzt, sondern sich darauf beschränkt, seine Phantasievorstellungen nach außen zu projizieren.

Es wäre ein Verrat an Sade, wollte man ihm allzu leichtfertig seine Sympathie schenken, denn schließlich will er mein Unglück, meine Unterwerfung, meinen Tod; und jedes Mal, wenn wir für ein von einem Sittlichkeitsverbrecher ermordetes Kind Partei ergreifen, stellen wir uns gegen Sade. Er verbietet mir auch keineswegs, mich zu verteidigen; einem Familienvater gesteht er das Recht zu, notfalls durch Mord eine Vergewaltigung seines Kindes zu verhindern oder zu rächen. Er verlangt aber, dass in dem Kampf, in dem sich unvereinbare Existenzen gegenüberstehen, jeder sich im Namen seiner eigenen Existenz einsetzt. Er billigt die Blutrache, nicht jedoch die Gerichte: man kann töten, aber nicht richten. Wer richtet, maßt sich noch mehr an als der Tyrann, denn während dieser sich darauf beschränkt, mit sich selbst übereinzustimmen, versucht jener, seine persönlichen Meinungen zum allgemeinen Gesetz zu machen. Ein solcher Versuch gründet jedoch auf einer Lüge, denn kein Mensch kann aus seiner Haut heraus, kann nicht zwischen voneinander getrennten Menschen vermitteln, von denen er seinerseits getrennt ist. Und aus der Tatsache, dass viele Menschen sich zusammenschließen und auf ihre Rechte zugunsten von Institutionen verzichten, über die keiner von ihnen mehr Macht hat, können sie keinerlei neue Rechte ableiten: auf die Zahl kommt es hier nicht an. Was inkommensurabel ist, lässt sich nicht mit gleichem Maß messen. Um den Konflikten des Daseins zu entgehen, flüchten wir in eine Welt der Erscheinungen, und damit entgleitet uns das Dasein; wir glauben uns zu verteidigen, und dabei vernichten wir uns. Sades nicht hoch genug einzuschätzendes Verdienst ist es, angesichts der Abstraktionen und Entfremdungen, die nichts anderes sind als Flucht, die Eigentlichkeit des Menschen gefordert zu haben. Niemand ist leidenschaftlicher dem Konkreten verhaftet als er. Niemals hat er dem Geschwätz Glauben geschenkt, mit dem sich die mittelmäßigen Geister träge begnügen; für ihn gelten nur die Wahrheiten, die ihm seine gelebte Erfahrung offenbart. Deshalb ist es ihm gelungen, den Sensualismus seiner Zeit zu überwinden und ihn in eine Moral der Eigentlichkeit umzuwandeln.

Das bedeutet allerdings nicht, dass wir uns mit der von ihm vorgeschlagenen Lösung zufrieden geben können, denn das, was Sades Größe ausmacht – dass er nämlich in seiner individuellen Situation das eigentliche Wesen des Menschseins erfassen wollte –, bedingt auch seine Grenzen. Er glaubte, dass der Weg, für den

er sich entschieden hatte, von allen Menschen begangen werden müsste und der allein gültige sei, aber damit hat er sich doppelt getäuscht. Trotz seines ganzen Pessimismus steht er gesellschaftlich auf Seiten der Privilegierten; er hat nicht begriffen, dass sich die soziale Ungerechtigkeit sogar auf die ethischen Möglichkeiten des Menschen auswirkt. Selbst die Auflehnung ist ein Luxus, der Kultur, Muße und einen gewissen Abstand gegenüber den Bedürfnissen des Daseins voraussetzt. Zwar haben Sades Helden ihre Auflehnung mit dem Leben bezahlt, aber zumindest gab diese zuvor ihrem Leben einen gültigen Sinn; für die überwiegende Mehrheit der Menschen hingegen würde eine Auflehnung einem törichten Selbstmord gleichkommen. Nicht durch das Verdienst, wie Sade es wunschte, sondern durch den Zufall würde eine kriminelle Elite zustande kommen. Wenn man dagegen einwendet, dass Sade niemals die Allgemeinheit im Auge hatte, sondern nur auf sein eigenes Heil bedacht war, wird man ihm nicht gerecht: die Leidenschaftlichkeit, mit der er seine Erfahrungen niedergeschrieben hat, beweist, dass er ein Beispiel sein wollte; wohl rechnete er ganz bestimmt nicht damit, dass sein Appell von allen Menschen gehört würde, aber niemals dachte er daran, sich ausschließlich an seine Standesgenossen zu wenden, deren Überheblichkeit er verabscheute. Er hatte eine demokratische Vorstellung von der Prädestination, an die er glaubte. Er war davon überzeugt, dass diese Art von Vorherbestimmung es den Menschen ermöglichen würde, ihrer ökonomischen Lage zu entgehen; die Entdeckung, dass sie von eben dieser Lage abhängig war, hätte in sein Konzept nicht gepasst.
Andererseits kam Sade gar nicht auf den Gedanken, dass es noch einen anderen Weg geben könnte als die individuelle Auflehnung. Für ihn gab es nur eine Alternative: entweder die abstrakte Moral oder das Verbrechen. Die Tat kannte er nicht. Dass eine konkrete Verbindung zwischen den Menschen durch ein Unterfangen möglich sein könnte, in dem sich alle Menschen in dem gemeinsamen Entwurf, Mensch zu sein, zusammenschließen würden, hat er zwar vielleicht geahnt, aber jedenfalls ist er dabei nicht stehen geblieben. Er verwehrte dem Menschen seine Transzendenz und überantwortete ihn einer Bedeutungslosigkeit, die erlaubt, ihm Gewalt anzutun; doch diese im Leeren angewandte Gewalt wird lächerlich, und der Tyrann, der sich durch sie zu bestätigen versucht, entdeckt also nur sein eigenes Nichts.
Indessen kann Sade diesem Widerspruch einen anderen entgegenstellen. Der vom 18. Jahrhundert geliebte Traum, die Menschen in ihrer Immanenz in Einklang zu bringen, ist ganz und gar undurchführbar; Sade selbst ist eine pathetische Verkörperung der Widerlegung dieses Traums durch die Schreckensherrschaft der Revo-

lution. Der Mensch, der nicht bereit ist, auf seine Eigenart zu verzichten, wird von der Gesellschaft ausgestoßen. Wenn man sich jedoch dafür entscheidet, in jedem Menschen nur die Transzendenz anzuerkennen, die ihn mit seinesgleichen verbindet, dann entfremdet man die Menschen zu neuen Idolen, und um so offensichtlicher wird ihre individuelle Bedeutungslosigkeit. Man opfert das Heute dem Morgen, die Minderheit der Mehrheit, die Freiheit des Einzelnen den kollektiven Verwirklichungen. Die logische Folge dieser Verleugnung sind das Gefängnis und die Guillotine. Vollendet wird diese verlogene Brüderlichkeit durch Verbrechen, in denen die Tugend ihr abstraktes Antlitz wiedererkennt. »Nichts gleicht der Tugend mehr als ein großes Verbrechen«, hat Saint-Just gesagt. Ist es da nicht besser, das Böse anzunehmen, als sich diesem Guten zu verschreiben, das zu abstrakten Massenopfern führt? Zweifellos lässt sich dieses Dilemma nicht umgehen. Wenn allen Menschen die Gesamtheit aller Menschen, die die Erde bewohnen, in ihrer ganzen Wirklichkeit gegenwärtig wäre, dann wäre überhaupt kein kollektives Tun mehr möglich, und für keinen Menschen wäre die Luft mehr zu atmen. In jedem Augenblick leiden und sterben Tausende von Menschen vergeblich, ungerechterweise, und doch rührt uns das nicht an: nur um diesen Preis ist unser Dasein überhaupt möglich. Sades Verdienst ist es nicht nur, mit lauter Stimme verkündet zu haben, was jeder Mensch sich verschämt eingesteht, sondern auch, sich damit nicht abgefunden zu haben. Um gegen die Gleichgültigkeit anzukämpfen, hat er sich für die Grausamkeit entschieden. Sicherlich findet er deshalb heute ein so starkes Echo, da sich der Einzelne als das Opfer weniger der Bosheit als des guten Gewissens seiner Mitmenschen weiß. Wer diesen erschreckenden Optimismus angreift, kommt dem Menschen unserer Zeit zu Hilfe. In der Einsamkeit der Verliese hat Sade entsprechend der »geistigen Nacht«, in die sich Descartes gesenkt hat, eine »ethische Nacht« verwirklicht; zwar ist ihm keine Gewissheit geworden, aber zumindest hat er alle allzu oberflächlichen Antworten in Abrede gestellt. Nur dann kann man hoffen, die Vereinzelung der Menschen jemals aufheben zu können, wenn man diese Vereinzelung nicht verkennt; andernfalls bergen alle Versprechungen auf Glück und Gerechtigkeit die schlimmsten Gefahren. Sade hat das Moment des Egoismus, der Ungerechtigkeit und des Unglücks in seinem Leben mit letzter Konsequenz verwirklicht. Der eigentliche Wert seines Beispiels besteht darin, dass es uns beunruhigt. Er zwingt uns dazu, uns dem wesentlichen Problem zu stellen, das in anderer Gestalt auch unsere Zeit bedrängt: die wahre Beziehung von Mensch zu Mensch.

Anmerkung

[1] Sades Geständnisse stimmen in diesem Punkt nicht mit den Aussagen von Rose Keller überein.

Der Konservative setzt nicht nur die Menschheit und jedes einzelne Individuum mit den Früchten der Erde gleich: sondern auch die Gesellschaft selbst. Es ist häufig auf das Vorherrschen organischer Bilder bei der Rechten hingewiesen worden.[1] Spengler und Toynbee sehen in den Gesellschaften Organismen: der Pluralismus und der entsprechende Begriff von substanzieller Form verlangen es. Allein die lebenden Organismen besitzen eine radikal von jeder anderen verschiedene und positiv vereinigte Individualität. Mit der Unterordnung der Menschen unter eine hierarchisierte Form, mit ihrer Unterwerfung unter eine prästabilierte Ordnung stellt die Ideologie der Rechten sie sich notwendig in der Abhängigkeit der Körperglieder vom Magen, der Bienen vom Bienenstock vor. Mit diesen Bildern leugnet sie die Autonomie der Individuen, ihre Fähigkeit, untereinander unmittelbare Solidarität zu üben, und vor allem leugnet sie die Kämpfe, die sie untereinander spalten; alle erscheinen gleichermaßen an der Erhaltung der Form interessiert, der sie angehören; die Gewalt verbirgt sich hinter der sanften Strenge einer vitalen Notwendigkeit.

Der naturalistische Optimismus will noch universeller sein: die Natur ist Harmonie, wie die Melone von Bernardin de Saint Pierre bewies; bei Claudel singt sie das Lob des Schöpfers; durch ihre Herrlichkeit verkündet sie, dass das, was ist, sein muss. Sie weist jedem seinen Platz in diesem Konzert an. An ihr hat sich unter anderem der Nationalismus berauscht: das Individuum verwirklicht sich nur dadurch, dass es sich nach seinem Heimatboden gestaltet. Die Substanz eines Landes, sagt uns Spengler, offenbart sich in seinen Landschaften. Barrès wollte, dass die jungen Franzosen sich von französischen Landschaften nähren: er zeigt uns, wie Sturel und Saint-Phlin mit dem Fahrrad entlang der Mosel die lothringische Realität entdecken. In Österreich, in Deutschland ließen die jungen Nazis Pogrome und Waldspaziergänge fröhlich aufeinanderfolgen. Die Neofaschisten von Südtirol pflücken noch heute gern Edelweiß.

Der Nationalismus zahlt sich nicht mehr aus. Wenn heute Heidegger durch die Wälder geht, sucht er nicht mehr eine Kommunion mit einem besonderen Land, sondern mit dem Sein. Aber das Sein ist heute das große Alibi des abendländischen Zivilisierten: dieser rechtfertigt seine Gleichgültigkeit gegenüber anderen Menschen mit seiner Berufung zum Transzendenten. Allenthalben einsam träumend, ist er davon überzeugt, sich mit dem Ganzen zu verbinden. Im Schweigen der Dinge begreift er die angenehme Bestätigung jener verborgenen Realität, die allein Wert hat.

Dieses friedliche Bild der Natur ist nicht das einzige, das sich anbietet: man kann in ihr auch einen chaotischen Dschungel sehen, wo die Ungleichheit der Vorstellung von Gerechtigkeit widerspricht, wo allein die Stärke jedes Recht zunichte macht. Der Mensch ist dem anderen ein Wolf, das Leben ein Kampf, in dem der Stärkere siegt. Wenn auch diese Vorstellung der vorherigen scheinbar widerspricht, leistet sie doch den Unterdrückern dieselben Dienste: sie ermöglicht ihnen, der Natur ihre eigene Verantwortung zu übertragen. Die Ungleichheiten sind nicht ungerecht, wenn sie gegeben sind; das Unglück der Menschen ist kein Verbrechen, wenn niemand sein Urheber ist. Den Utopisten, die den Lauf der Welt verändern möchten, setzt die Natur ihre unumstößliche Fatalität entgegen: »Man wird die Ungerechtigkeit, aus der diese Welt gemacht ist, nicht überwinden; die Gesellschaft wird wie die Natur immer ein Chaos von Abscheulichkeiten sein«, schreibt Chardonne in den *Lettres à Roger Nimier*.

Genau genommen macht es einem die Natur leicht: sie sagt, was man ihr diktiert. In der Stimme des Windes, des Meeres, einer sich wiegenden Palme hört der Mensch immer nur die eigene Stimme. Lothringen lehrt Barrès die Größe des Grundbesitzes: das kommt daher, wie Berl gezeigt hat[2], dass er lediglich ihre mit Weinbergen und Mirabellenbäumen bedeckten Hügel hat betrachten wollen; die Hochöfen, die in den Ebenen brennen, ignoriert er. Giono erklärt in einem jüngsten Interview, er könne den Wert eines Buches nur ermessen, wenn er es unter freiem Himmel lese; nur wenige, sagt er, halten jener Konfrontation mit Himmel und Erde stand. Das bedeutet im Grunde, dass von seinem Lebensstil her nur wenige Bücher Giono interessieren: der Widerspruch kommt nur von ihm und nicht von den Landschaften der Provence. In Wirklichkeit bietet die Natur ein bequemes Alibi für die Auserwählten, die sich angeblich nur von sich selbst herleiten; sie suchen bei ihr ein sinnliches Bild der Abstraktionen, die sie sich zurechtzimmern, und ihrer Seelenzustände. Sie ist eine der Gestalten jenes Transzendenten, auf das sie sich berufen, um den Menschen zu leugnen. Wer die Menschen liebt, dem ist die Liebe zur Natur natürlich nicht verboten, ganz im Gegenteil: aber man misstraue jedem, der aus ihr Lehren zieht.

Der Winter erzeugt den Sommer und der Sommer den Winter. Die Natur stellt das Leben dem Tod gleich. Bei Barrès sind der Kult des Bodens der Ahnen und der Totenkult unentwirrbar miteinander verknüpft: die Erde ist ein riesiger Friedhof. Dass die Natur von den Schriftstellern der Rechten dermaßen verehrt wird, liegt vor allein daran, dass sie ihnen dazu dient, den Vorrang des Todes gegenüber dem Leben zu behaupten. »Ein Revolver ist solide, er ist aus Stahl, er ist ein Gegenstand. Endlich die Herausforderung des Gegenstands«, schreibt Drieu am Schluss von *Feu follet*. Er liefert uns hier die tiefe Ursache der Faszination, die der Tod auf den Menschen der Rechten ausübt: er ist das einzige *reale* Ereignis, das innerhalb eines auf die eigene Immanenz zurückgezogenen Lebens, eines inhaltlosen Lebens, geschehen kann. Abgeschnitten von der Welt, abgeschnitten von seinesgleichen, die ihm alle fremd sind, ohne Liebe, ohne Ziel, ist der Mensch der Rechten in einer leeren Subjektivität eingeschlossen, wo außer in der Vorstellung nichts passiert; allein der Tod *geschieht* ihm und bleibt ihm zugleich innerlich; absolut einsam, ohne Beziehung zu anderen, ohne Gegenstand, ohne Zukunft, verwirklicht er die radikale Trennung. Man stirbt allein. Deshalb beschließt der Mensch der Rechten, im Tod die Wahrheit seines Lebens zu sehen; der Tod bestätigt ihm, dass jeder einzelne allein, getrennt lebt; in seinem Licht unterstehe ich nur noch mir selbst; dieses Ich ist all jenen fremd, die meinem Tod fremd sind: allen.

Wenn das Leben eine leere Form ist, deren einziger realer Inhalt der Tod ist, gilt es, den Vorrang des Todes zu bezeugen: der Lebende hat keine andere sinnvolle Beschäftigung, als mit ihm zu spielen, ihn herauszufordern, ihm zu entgehen, ihn zu akzeptieren. Man zelebriert Heldentum, weil es dazu dient, das Recht auf Egoismus zu begründen. Wer durch das Wagnis seines Lebens seine Gleichgültigkeit ihm gegenüber beweist, braucht sich nicht um das Leben Fremder zu kümmern.

Vanitas vanitatum. Asche bist du, und zur Asche sollst du zurückkehren. Die katastrophische Elite zieht diese Welt, die sie verurteilt, gern in die große letzte Nacht mit hinein. »Diese Welt, die eines Tages wie jeder Planet aufhören wird, eine bewohnbare Welt zu sein, betrifft sie uns tatsächlich?«, fragt sich Chardonne in den *Lettres Roger Nimier*. Der Privilegierte denkt lieber, dass er nicht betroffen ist: So kann er weiterhin angesichts von »Barbarei, Hunger und Armut« ungestört seinen Garten pflegen. Im Lichte der großen Friedhofsgleichheit wäre es äußerst frivol, ihm die vorübergehenden Vorteile, die er genießt, streitig machen zu wollen.

Die Meditation über den Tod ist die höchste Weisheit derer, die bereits tot sind.

Anmerkungen

[1] Debidour bemerkt in einem Artikel über Gustave Thibon: »Es ist kurios, festzustellen, dass die Denker der Rechten die sozialen Bande immer mit Bildern aus der Biologie gepriesen haben: die Glieder und der Magen, der Baum, der Bienenstock; Symbole der Ordnung.«

[2] Deshalb bemüht sie sich immer, Verwirrung zu stiften und jene Entscheidung des Denkens, die ein Urteil ist, abzulehnen. Berl bemerkt von ihr: »Die Reflexion ist nicht mehr das, was Urteile erlaubt, sondern was es ermöglicht, das Urteilen hinauszuschieben. Angesichts eines Problems geht es zunächst darum, den Dreh zu finden, mit dem man sich von dem lebendigen Zentrum entfernt, wo dieses Problem ein Ja oder ein Nein verlangt.«

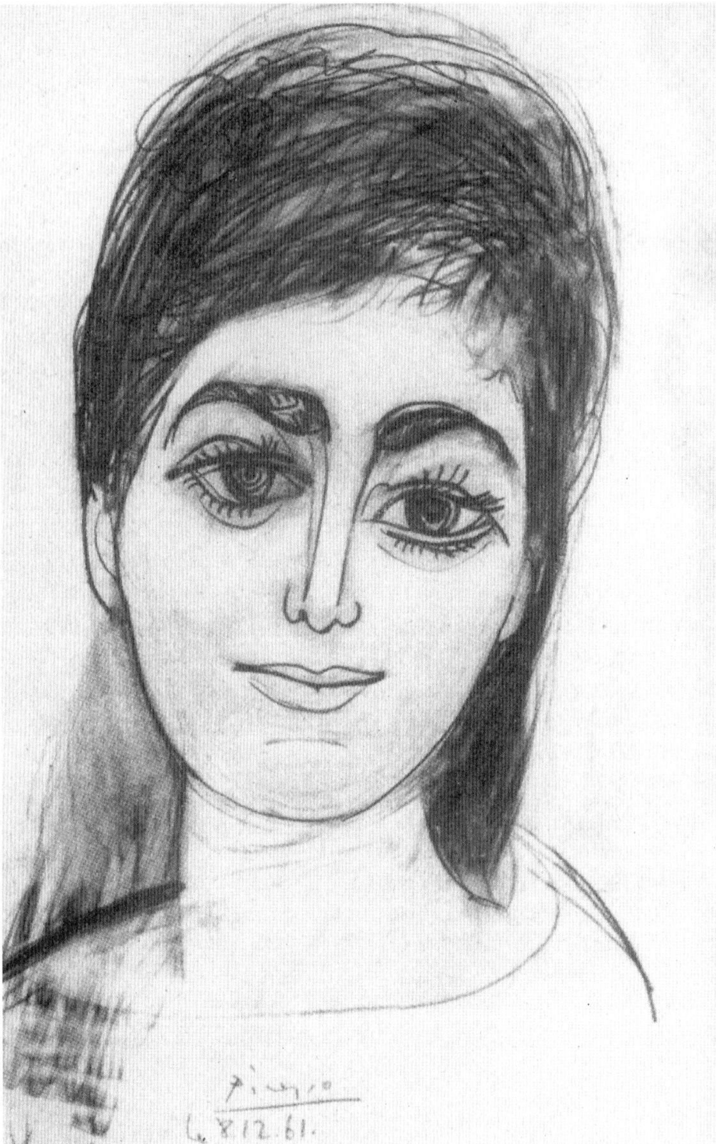

Djamila Boupacha

Im Februar 1962 erschien das Buch *Djamila Boupacha*, in dem sich die Rechtsanwältin Gisèle Halimi mit dem Fall der FLN-Agentin Djamila Boupacha auseinander setzte, die während des Algerienkrieges von französischen Soldaten gefoltert und vergewaltigt worden war. Simone de Beauvoir verfasste dafür das Vorwort, aus dem wir hier erstmals auf Deutsch Auszüge präsentieren.

Eine Algerierin, dreiundzwanzig Jahre, Agentin der FLN, wird von französischen Soldaten widerrechtlich interniert, gefoltert und mit einer Flasche vergewaltigt. So was passiert jeden Tag. Seit 1954 sind wir alle Komplizen eines Genozids, das zunächst im Namen der Unterdrückung und dann der Befriedung über eine Million Opfer gefordert hat: Männer, Frauen, Greise, Kinder. Bei Säuberungen erschossen, in ihren Dörfern bei lebendigem Leibe verbrannt, abgeschlachtet, erwürgt, aufgeschlitzt, zu Tode gequält. Ganze Stämme leiden an Hunger und Kälte, an unbehandelten Verletzungen und Epidemien. Sie leben in Sammellagern, den so genannten »Centres de Regroupement«, die in Wahrheit nicht anderes sind als Vernichtungslager und den Elitecorps ganz nebenbei auch noch als Bordelle dienen. Über eine halbe Million Algerier vegetieren dort vor sich hin. In den letzten Monaten hat uns die Presse, und nicht nur in den Sensationsblättern, mit Schreckensmeldungen überschüttet: Mord, Lynchjustiz, Menschenjagd, Gewalt in den Straßen von Oran. In Paris, entlang der Seine, in den Bäumen des Bois de Boulogne zig Kadaver, mit gebrochenen Händen und eingeschlagenen Schädeln. Das rote Allerheiligen von Algerien. Spielt da das Schicksal einer jungen Frau überhaupt noch eine Rolle?

/... /

Als man ihn aufforderte, etwas gegen die Folter zu unternehmen, bemerkte General de Gaulle zu Beginn des Jahres 1958 abschätzig, sie sei Teil des »Systems«. Abschaffen ließe sie sich nur zusammen mit der Vierten Republik. Nach dem 28. Mai verkündete Malraux öffentlich, sie seien nun tatsächlich beide abgeschafft. Nach zweieinhalb Jahren gaullistischer Herrschaft sichern nun der gaullistische Verteidigungsminister und der von de Gaulle ernannte Oberkommandeur der Streitkräfte in Algerien ihren Untergebenen Straffreiheit zu, ganz gleich was sie getan haben. Damit räumt man ihnen in aller Öffentlichkeit das Recht ein, völlig unbehelligt und »moralisch« unbekümmert vorzugehen. Lange haben wir brav differenziert: In der Armee wird gefoltert, aber es ist nicht die Armee, die foltert. Der Brief von General Ailleret verbietet uns nun, so sorgfältig zu unterscheiden. Indem er sich schützend vor die Verbrechen stellt, die mit Hilfe

der Armee begangen werden, bekennt er sich selbst schuldig: Es ist die Armee, die foltert.
Es hat keinen Sinn, empört zu sein. Heute im Namen der Moral gegen »Übertretungen« oder »Missbrauch« zu protestieren ist absurd und bedeutet fast schon zum Mittäter zu werden. Es gibt keine »Übertretungen« und keinen »Missbrauch«, sondern überall ein »System«. Ein Krieg wie dieser hat mit Moral nichts zu tun. Die Armee setzt ihr eine so schlüssige Logik entgegen, dass es nur einen Weg gibt, um die Folgen zu verhindern: der Armee die Macht zu entreißen.
Um uns zu beherrschen, war die Armee gar nicht auf irgendwelche Taktiken oder Trickserelen angewiesen. Der Mann, dem sie im Mai 1958 den Anstrich von Autorität verlieh, war trotz all seiner Winkelzüge, Ausflüchte und doppeldeutigen Aussagen nicht in der Lage, ihre absolute Macht zu brechen. Er ging vor ihr in die Knie und erwartet, dass wir dasselbe tun. Die Armee will aus Gründen, die nur sie betreffen – und auch nur sie interessieren – ein Volk in Knechtschaft halten, das eher bereit ist zu sterben, als auf seine Unabhängigkeit zu verzichten. Um diesen kollektiven und unbezwingbaren Willen zu brechen, sieht sie sich gezwungen, gegen alle geschriebenen und ungeschriebenen Gesetze zu verstoßen. Für dieses Problem kennt die Armee nur eine Lösung und die heißt: Auslöschung. »Et ubi solitudinem faciunt, id pacem appellant«, schrieb Tacitus über die Römer. Seine Worte bezeichnen genau das, was die Militärs mit Befriedung meinen: Befriedet sind Gebiete erst, wenn man sie in Wüsten verwandelt hat. Vollständige Befriedung ist erst erreicht, wenn alle Algerier tot sind oder hinter Stacheldraht dahinvegetieren. Eine andere Form des Sieges kann es nicht geben. Wenn es also um den Sieg geht, wie das von Generälen, Obersten, Elitetruppen und Legionären bestätigt wird, warum sich dann über Kleinigkeiten wie die eingesetzten Mitteln, streiten? Der Zweck rechtfertigt sie alle, und das mehr als einmal.
»Ich bin nur eine Internierte unter Tausenden«, ließ Djamila über ihren Anwalt verkünden. Und tatsächlich werden 14.000 Algerier in Lagern und Gefängnissen in Frankreich und 17.000 in Gefängnissen in Algerien festgehalten. Hunderttausende sind in algerischen Lagern eingepfercht. Die Unterstützung für Djamila würde ihr Ziel verfehlen, wenn sie nicht auch eine Revolte gegen die kaum bessere Behandlung ihrer Mitkämpfer auslösen würde. Aber diese Revolte wird nur dann Wirklichkeit, wenn sie die Form einer politischen Aktion annimmt. Es bleibt nur eine Alternative: Entweder stellen Sie sich, die Sie gerne und mit Recht die Verbrechen der Vergangenheit – Anne Frank oder das Warschauer Getto – beklagen, in eine Reihe mit den Schlächtern derer, denen heute Unrecht geschieht, und stimmen schweigend den Qualen zu, die Tausende von Djamilas und Ahmeds in Ihrem

Namen, sozusagen vor Ihren Augen ertragen müssen. Oder aber Sie lehnen nicht einfach bestimmte Methoden ab, sondern den Zweck, der nach ihnen verlangt und der sie legitimiert. Dann lehnen Sie diesen Krieg ab, der sich zu verstecken versucht, die Armee, die sich Leib und Seele an diesem Krieg stärkt, und die Regierung, die vor der Armee in die Knie geht. Dann setzen Sie alles in Bewegung, damit Ihre Ablehnung nicht ohne Wirkung bleibt. Einen dritten Weg gibt es nicht. Die Wahrheit begegnet Ihnen auf Schritt und Tritt, Sie können sich nicht mehr herausreden, indem Sie sagen, »Aber wir hatten ja keine Ahnung …«. Können Sie immer noch so tun, als ob Sie nichts wüssten, oder es bei ein paar trockenen Schluchzern bewenden lassen?

Ich hoffe nicht.

Und als ich an diesem Abend ihren Arm sah, in den ein Leben floss, das nur noch Leid und Qual war, fragte ich mich: warum?
In der Klinik hatte ich keine Zeit, mir Fragen zu stellen. Ich musste Mama beim Ausspucken helfen, ihr zu trinken geben, ihre Kopfkissen oder ihren Haarknoten in Ordnung bringen, ihr Bein umlegen, ihre Blumen gießen, das Fenster öffnen und schließen, ihr die Zeitung vorlesen, ihre Fragen beantworten und ihre Uhr aufziehen, die an einem schwarzen Bändchen auf ihrer Brust lag. Sie genoss diese Abhängigkeit und verlangte unaufhörlich nach unserer Fürsorge. Doch wenn ich wieder zu Hause war, fiel alle Traurigkeit und alles Grauen der vergangenen Tage auf meine Schultern. Und auch an mir fraß ein Krebs: das schlechte Gewissen. »Lassen Sie sie nicht operieren.« Und ich hatte nichts verhindert. Oft, wenn Kranke ein langes Martyrium erleiden mussten, hatte ich mich über die Trägheit ihrer Angehörigen entrüstet. »Ich würde ihn töten.« Bei der ersten Prüfung hatte ich versagt: von der gesellschaftlichen Moral besiegt, hatte ich meine eigene Moral verleugnet. »Nein«, hatte Sartre gesagt, »Sie sind von der Technik besiegt worden, und das war verhängnisvoll.« So ist es. Man gerät in ein Räderwerk, ohnmächtig gegenüber der Diagnose, den Vermutungen und Entscheidungen der Spezialisten. Der Kranke ist ihr Eigentum geworden: den soll ihnen erst mal jemand entreißen! Am Mittwoch gab es nur zwei Möglichkeiten: Operation oder Euthanasie. Da sie ein kräftiges Herz hatte und wieder stark belebt worden war, hätte Mama dem Darmverschluss lange Widerstand leisten können und dabei Höllenqualen ausgestanden, denn die Euthanasie hätten die Ärzte ihr verweigert. Um sechs Uhr morgens hätte ich mich einfinden müssen. Doch hätte ich selbst dann den Mut gehabt, zu Dr. N. zu sagen: »Lassen Sie sie hinüberdämmern«? Mit den Worten: »Quälen Sie sie nicht« hatte ich das andeuten wollen, und er hatte mich mit dem Dünkel eines pflichtbewussten Menschen angefahren. Hätte man mir gesagt: »Sie nehmen ihr vielleicht mehrere Jahre ihres Lebens«, dann hätte ich nachgeben müssen. Solche Erwägungen konnten mich nicht beschwichtigen. Mir graute vor der Zukunft. Als ich fünfzehn Jahre alt war, starb mein Onkel Maurice an Magenkrebs. Man hatte mir erzählt, er habe tagelang gebrüllt: »Macht ein Ende mit mir. Gebt mir meinen Revolver. Habt Erbarmen mit mir.« Würde Doktor P. sein Versprechen halten? »Sie wird nicht leiden.« Ein Wettlauf zwischen Tod und

Qual war im Gange. Ich fragte mich, wie man es fertig bringt weiterzuleben, wenn jemand, der einem nahe steht, einem vergeblich zugerufen hat: Erbarmen!

Und selbst wenn der Tod gewann, blieb eine abscheuliche Mystifikation! Mama glaubte uns ganz nahe bei sich, aber wir stellten uns bereits jenseits ihrer Geschichte. Als allwissender böser Geist wusste ich, was gespielt wurde, und sie kämpfte fern in menschlicher Einsamkeit. Ihr verbissener Wunsch, zu genesen, ihre Geduld, ihr Mut, alles war sinnlos. Für keine ihrer Qualen würde sie belohnt werden. Ich sah ihr Gesicht wieder: »… sie tut mir ja gut.« Verzweifelt litt ich an einer Schuld – meiner Schuld –, ohne dass ich für sie verantwortlich gewesen wäre oder sie jemals wieder hätte gutmachen können.

Was wäre geschehen, wenn Mamas Arzt den Krebs schon an Hand der ersten Symptome erkannt hätte? Wahrscheinlich hätte man ihn durch Bestrahlung bekämpft, und Mama hätte zwei oder drei Jahre länger gelebt. Aber sie hätte das Wesen ihrer Krankheit gekannt oder doch geahnt und hätte den Rest ihres Daseins in schrecklichen Qualen verbracht. Sehr bedauerlich fanden wir, dass der Irrtum des Arztes uns getäuscht hatte; sonst wäre uns Mamas Glück über alles gegangen. Dass Jeanne und Poupette sie im Sommer nicht bei sich aufnehmen konnten, hätte dann nichts ausgemacht. Ich hätte sie häufiger besucht und für Abwechslungen gesorgt.

Und soll man nun bedauern oder nicht, dass die Ärzte sie belebten und operierten? Sie, die keinen einzigen Tag ihres Lebens verlieren wollte, hat dreißig Tage »gewonnen«. Sie haben ihr Freuden, aber auch Angst und Schmerzen gebracht. Da sie der Marter entgangen ist, von der ich sie manchmal bedroht glaubte, vermag ich die Frage in ihrem Namen nicht zu entscheiden. Mama am selben Tage zu verlieren, an dem sie sie wiedersah, hätte für meine Schwester einen Schock bedeutet, von dem sie sich nur schwer erholt hätte. Und ich? Diese vier Wochen haben in mir Bilder, Albträume und traurige Gefühle hinterlassen, die ich nie kennen gelernt hätte, wenn Mama am Mittwoch morgen hinübergegangen wäre. Doch kann ich die Erschütterung, die ich darüber empfunden hätte, nicht abschätzen, da mein Schmerz in unvorhergesehener Weise zum Ausbruch kam. *Ein* Gutes hatte dieser Aufschub für uns ganz sicherlich: er hat uns vor Gewissensbissen bewahrt – oder doch fast bewahrt. Wenn jemand, der uns nahe steht, davongeht, büßen wir die Schuld des Überlebens mit tausend quälenden Gewissensbissen. Sein Tod enthüllt uns seine Eigenart und seine Einmaligkeit; er wird allumfassend wie die Welt, die seine Abwesenheit für ihn zunichte macht und der seine Anwesenheit volles Vorhandensein verlieh. Uns scheint, dass er in unserem Leben einen größeren Platz hätte einnehmen müssen: vielleicht sogar allen Platz.

Diesen schwindelerregenden Gedanken entreißen wir uns: er war ja nur einer unter vielen. Doch da man niemals – selbst nicht innerhalb der (anfechtbaren) Grenzen, die man sich gesetzt hat – sein Möglichstes für jemand tut, bleiben uns immer noch viele Selbstvorwürfe. Mama gegenüber hatten wir uns in den letzten Jahren vor allem Vernachlässigungen, Unterlassungen und Achtlosigkeiten zuschulden kommen lassen. Durch die ihr gewidmeten Tage, durch den Frieden, den unsere Anwesenheit ihr gab, und durch die Siege über Furcht und Schmerz hatten wir, so schien uns, all das wiedergutgemacht. Ohne unsere beharrliche Wachsamkeit hätte sie sehr viel mehr leiden müssen.

Denn vergleichsweise war ihr Tod wirklich sanft. »Liefert mich nicht den Bestien aus.« Ich musste an all diejenigen denken, die diese Bitte an niemanden richten können: wie entsetzlich muss es sein, sich als wehrloses Etwas zu fühlen, ganz der Willkür teilnahmsloser Ärzte und überlasteter Krankenschwestern ausgeliefert. Keine Hand auf der Stirn, wenn das Entsetzen sie packt; kein Beruhigungsmittel, wenn der Schmerz sie peinigt; kein trügerisches Geplapper, mit dem das Schweigen des Nichts übertönt wird. »Innerhalb von vierundzwanzig Stunden ist sie um vierzig Jahre gealtert.« Auch dieser Satz war mir nicht aus dem Kopf gegangen. Heute noch gibt es – warum? – grauenhafte Todeskämpfe. Und in den Gemeinschaftsräumen umstellt man, wenn die letzte Stunde naht, das Bett des Sterbenden mit einem Wandschirm; er hat denselben Wandschirm um andere Betten gesehen, die am nächsten Morgen leer waren: er weiß Bescheid. Ich stellte mir Mama vor, stundenlang geblendet von jener schwarzen Sonne, in die niemand hineinsehen kann: das Entsetzen ihrer weitaufgerissenen Augen, die geweiteten Pupillen. Sie hat einen sanften Tod gehabt, den Tod einer Privilegierten.

Biografie IV **»Nicht zu viel ans Alter denken«** (1969 – 1986)

Zwanzig Jahre nach dem *Anderen Geschlecht* engagiert sich Simone de Beauvoir aktiv in der Frauenbewegung. 1971 gehört sie zu den 343 so genannten Schlampen, die sich öffentlich des Schwangerschaftsabbruchs bezichtigen. Unter ihnen die Schriftstellerin Marguerite Duras, die Regisseurin Ariane Mnouchkine und die Schauspielerinnen Jeanne Moreau und Delphine Seyrig. Die Selbstbezichtigungserklärung stimme vollständig mit dem überein, was sie vor zwanzig Jahren in *Das andere Geschlecht* geschrieben habe, erklärt Beauvoir.

Das Beispiel wird von Alice Schwarzer wenige Monate später nach Deutschland übertragen. Im *Stern* erscheint unter dem Titel »Ich habe abgetrieben« eine Anzeige mit 371 Namen prominenter Frauen.

Beauvoir engagiert sich in der Gruppe »Choisir«, die sie 1972 u.a. zusammen mit der Rechtsanwältin Gisèle Halimi gegründet hatte und deren Vorsitzende sie zeitweilig wird. »Choisir« (wörtlich wählen) tritt für die Freigabe des Schwangerschaftsabbruchs ein und übernimmt den rechtlichen Schutz der Frauen, die das Manifest der 343 unterzeichnet haben. Beauvoir wird auch Vorsitzende der »Liga für Frauenrechte«, die sie 1974 zusammen mit Anne Zelensky gegründet hat, die sich gegen die Diskriminierung von Frauen in der Arbeit einsetzt und die Einrichtung von Häusern für misshandelte Frauen unterstützt. Sie beteiligt sich an spektakulären Aktionen der MLF-Frauenbefreiungsbewegung wie an der Pariser Demonstration für die Abschaffung des Abtreibungsverbots am 20. November 1971. Und sie tritt als Zeugin im Abtreibungsprozess gegen ein 17-jähriges Mädchen in Bobigny im November 1972 auf. Beauvoir schreibt auch das Vorwort der Dokumentation von »Choisir«.[1] In den *Temps modernes* begründet sie eine Kolumne über »alltäglichen Sexismus«. Mit Christine Delphy, einer Vertreterin des materialistischen Feminismus, gründet sie 1977 die theoretische Zeitschrift *Questions Féministes*. Beauvoir bringt ihre Überzeugung selbst in Frauenzeitschriften wie *Elle* und *Marie-Claire* zum Ausdruck. Anfang der 70er Jahre denkt sie auch daran, ein neues Buch über die aktuelle Situation der Frau zu schreiben, in dem der ökonomische Faktor stärker berücksichtigt werden sollte. In ihren Memoiren erklärt sie, dass sie heute »die Ablehnung und die Unterdrückung des Anderen nicht auf den Antagonismus der verschiedenen Arten des Bewusstseins, sondern auf die ökonomische Basis der ›Knappheit‹ gründen« würde.[2]

Das Engagement Beauvoirs in der Frauenbewegung verändert ihre Position zur Frauenfrage und zum Feminismus. »Man kommt nicht als Feministin zur Welt, man wird es« (Michelle Perrot auf dem Pariser Beauvoir-Kongress 1999). Im Gespräch mit Alice Schwarzer erklärt Beauvoir, die Feministinnen hätten sie in vielen ihrer Ansichten radikalisiert: »Ich war daran gewöhnt, in dieser Welt zu leben, wo die Männer so sind wie sie sind: nämlich Unterdrücker. Ich selbst habe, glaube ich, noch nicht einmal allzu sehr darunter gelitten. Ich bin den meisten typisch weiblichen Sklavenarbeiten entgangen, war nie Mutter und nie Hausfrau. Und beruflich gehörte ich zu den Privilegierten, denn zu meiner Zeit gab es noch weniger Frauen, die Lehrerin für Philosophie waren. Da wurde man auch von den Männern anerkannt. Ich war eine Ausnahmefrau, und – ich habe es akzeptiert. Heute weigern sich die Feministinnen, Alibi-Frauen zu sein. Und sie haben Recht! Man muss kämpfen. Was sie mir vor allem beigebracht haben, ist die Wachsamkeit. Nichts durchgehen lassen! Selbst nicht die banalsten Dinge, diesen alltäglichen Sexismus, den wir so gewöhnt sind. Das fängt schon bei der Sprache an.«[3]

Beauvoir, so überzeugt sie inzwischen von der eigenständigen Dimension der Frauenproblematik und der Notwendigkeit einer radikal autonomen Frauenbewegung ist, bezieht eine differenzierte Position. Im *Lauf der Dinge* betont sie noch 1963, dass die Veränderung der Frauensituation von der Zukunft der Arbeit und von einer Umwälzung der Produktion abhängt. Daher habe sie vermieden, sich im Feminismus einzuschließen. Der Kampf um die Veränderung der Situation der Frauen steht für Beauvoir in Verbindung mit dem Klassenkampf, zugleich auch außerhalb davon. In *Alles in allem* distanziert sie sich von ihren Ansichten bezüglich eines abstrakten Sozialismus sowie vom Vorrang des Klassenkampfs vor dem Geschlechterkampf: »Heute verstehe ich unter Feminismus dass man für die speziellen Forderungen der Frau kämpft – parallel zum Klassenkampf – und bezeichne mich selbst als Feministin.«[4] Beauvoir tritt zwar energisch für die Arbeit in Frauengruppen ein, bezeichnet sich selbst dabei aber als »absolute Gegnerin der Idee, die Frau in ein Weibergetto einzusperren«[5].

Als der Sozialist François Mitterrand im Mai 1981 zum Präsidenten gewählt wird, spielt Beauvoir auch am Rande der Regierungspolitik eine Rolle. So wird sie von der 1982 ernannten Ministerin für Frauenfragen Yvette Roudy mit der Berichterstattung der Kommission über Frauen und Kultur beauftragt, deren Aufgabe es ist, konkrete Vorschläge für Veränderungen zu erarbeiten. Einmal im Monat versammelt Roudy Feministinnen in der so genannten »Beauvoir-Kommission«, um mit ihnen die aktuellen Entwicklungen zu diskutieren. »Dadurch«, so Beauvoir, »wird dem Kampf der Frauen um ihre Rechte in der Gesellschaft Gewicht verliehen, er wird legitimiert.«[6] Und Yvette Roudy erklärt in aller Offenheit: »Hätte ich *Das andere Geschlecht* und andere Texte von Simone de Beauvoir nicht gelesen, hätte ich nicht die Zuversicht in die Fortsetzung meiner Aufgabe.«[7]

Beauvoir ist in den 70er und 80er Jahren eng in die politischen Ereignisse und die mit ihnen entstehenden politischen Bewegungen eingebunden und es ist ihr offenbar äußerst wichtig, Solidaritätsadressen zu schreiben oder alle möglichen Aktivitäten der Frauenbewegung zu unterstützen. Umso überraschender wirken ihre pessimistischen Feststellungen zum Alter, die nur durch einen ganz neuen Sarkasmus abgemildert werden, so beispielsweise an ihrem 75. Geburtstag im Jahr 1983: »Das Altwerden hat ja doch etwas für sich. Ich sage, was gesagt werden muss, und ich skizziere, was unternommen werden müsste, und weil ich inzwischen eben das ›monstre sacré‹ bin, übernehmen die Jüngeren dann die wirkliche Arbeit.«[8] Schon früh beginnt Beauvoir sich mit dem Phänomen des Alterns auseinanderzusetzen. Das Alter und der Tod sind in ihren Romanen und Memoiren stets gegenwärtig. Mit 55 Jahren erlebt sie dann selbst das Altern als Beginn des Sterbens, als Einengung, als Verzicht auf Glück: »Sich über sich selbst klar zu werden und sich beschränken.« Im *Lauf der Dinge* (1963) heißt es: »Jetzt ist der Augenblick gekommen, um zu sagen: Nie mehr! Nicht ich trenne mich von meinem Glück, sondern das Glück ist es, das sich von mir trennt. Die Gebirgswege versagen sich meinem Fuß. Ich werde nie mehr trunken vor Müdigkeit ins duftende Heu sinken. Ich werde nie mehr einsam über den morgendlichen Schnee gleiten. Nie mehr einen Mann ... Die Gewissheit, dass ich nie mehr neue Begierden in mir spüren werde, ist noch schmerzlicher als der Verzicht: In der dünnen Luft, in der ich von nun an lebe, verwelken sie, noch bevor sie aufblühen. Früher glitten die Tage ohne Hast dahin, ich war schneller als sie, weil meine Pläne mich fortrissen. Jetzt tragen mich die allzu kurzen Stunden mit hängenden Zügeln meinem Grab entgegen.«[9]

Während eines Aufenthalts in Prag 1963 erfährt sie von der Krebserkrankung ihrer Mutter Françoise de Beauvoir und kehrt nach Paris zurück. Einen Monat lang verfolgt sie das Dahinsiechen ihrer Mutter in einer Privatklinik und wird Zeugin des Verfalls. Der Tod der Mutter ist der entscheidende Anlass, die Auseinandersetzung mit der eigenen Vergänglichkeit, mit dem Altern und dem Tod fortzuführen; ihrer Mutter widmet sie das Buch *Ein sanfter Tod* (1964), in dem sie das Leiden und den Sterbensprozess mit berührender Offenheit und Genauigkeit protokolliert.

In ihrer Geschichtensammlung *Eine gebrochene Frau* (1967) greift sie die Einsamkeit, die Resignation und die Selbsttäuschung alternder Frauen auf. Danach widmet sie sich ihrem neuen großen Buchprojekt, das später *Das Alter* heißen wird. Auch hier hatte sie »in erster Linie die Idee einer Entmystifizierung verlockt. Als Frau wollte ich speziell die Situation der Frau erhellen; selbst an der Schwelle des Alters stehend, hatte ich Lust, zu wissen, wie die Situation des alten Menschen genau aussieht.«[10]

Das Alter erscheint 1970 und liefert eine nüchterne Analyse eines für die Autorin nicht nur biologischen, sondern kulturellen Zustands. »Das Alter lässt sich nur in seiner Gesamtheit erfassen«, schreibt Beauvoir im Vorwort.[11] Im ersten Teil »Von außen betrachtet« untersucht sie das Alter unter biologischen, ethnologischen und historischen Gesichtspunkten; im zweiten Teil, »Das In-der-Welt-Sein«, befasst sie sich mit der körperlich erlebten Erfahrung. Wie in *Das andere Geschlecht* untersucht sie mit Akribie die objektiven und subjektiven Seiten des Alterns sowie die davon handelnden Mythen, bezieht wieder gelebte Erfahrung und Politik mit ein und bietet zum Schluss mögliche Handlungsperspektiven an – neben einer besseren Integration der Alten in die Gemeinschaft und einer gesellschaftlichen Aufwertung des Alters vor allem Veränderungen hin zu einer insgesamt neuen Gesellschaft, die Alt und Jung nicht bloß als verwertbares Material versteht und die Alten daher zwangsläufig als nicht mehr profitabel aus ihrer »Maschinerie« ausspeit.

Rund zehn Jahre später veröffentlicht Beauvoir im Tagebuchstil eine persönliche Schilderung von Alter und Tod. In *Die Zeremonie des Abschieds und Gespräche mit Jean-Paul Sartre* (1981) beschreibt sie in der für sie so typischen schonungslosen Genauigkeit und Offenheit den Verfall ihres Lebensgefährten, der 1980 an Urämie stirbt, und zieht dabei Bilanz über ihre Jahrzehnte dauernden Liebe und Freundschaft: »Sein Tod trennt uns. Mein Tod wird uns nicht wieder vereinen. So ist es nun einmal. Schön ist, dass unsere Leben so lange harmonisch vereint sein konnten.« Sozusagen als zweiter Teil des Buchs spiegeln »Die Gespräche mit Jean-Paul Sartre« den Dialog wider, den beide Philosophen rund fünfzig Jahre lang miteinander führten. Die Kritiken nach Erscheinen des Buches sind geteilt, vor allem wirft man Beauvoir vor, dass sie den physischen Niedergang Sartres derart schonungslos dargestellt habe.

Nach Sartres Tod widmet sich Beauvoir der Herausgabe von Sartres Briefen (erschienen 1983) – einem Unternehmen, bei dem es zu vielen Auseinandersetzungen mit Arlette Elkaim kommt, einer algerischen Jüdin, seit 1965 »Adoptivtochter« Sartres, die die Rechte an den Manuskripten besitzt. Beauvoir adoptiert nun ihrerseits ihre Freundin, die Studienrätin und Philosophielehrerin Sylvie Le Bon (de Beauvoir), mit der sie in ihren letzten Jahren noch mehrere Reisen, u.a. in die USA, unternimmt.

Simone de Beauvoir stirbt am 14. April 1986 an einem Lungenödem. Rund 5.000 Menschen, Frauen aus aller Welt, begleiten den Trauerzug vom Krankenhaus Cochin zum Friedhof in Montparnasse. »Eine ›cérémonie de femmes‹«, lautet die Überschrift von *Le Monde*. Claude Lanzmann liest bei der Beerdigung aus den letzten Seiten von *Der Lauf der Dinge*.

Ein (Nach)Wort noch zur Bedeutung des Lebens für das Schreiben. Das Werk Beauvoirs ist von ihrem Leben nicht zu trennen. Nicht nur deshalb, weil ihr Schreiben stark autobiografisch geprägt ist und das persönliche Leben zum Kunstwerk verarbeitet wird, sondern auch weil ihr Leben und Lieben selbst eine Art Kunstwerk ist: Selbstentwürfe – und Versuche zur Emanzipation. Leben und Schreiben waren bei Simone de Beauvoir aus engste miteinander verbunden. Die unmittelbar gelebte Erfahrung – l'expérience vécue – ist die Grundlage für ihre Philosophie und ihre Weltanschauung.

Simone de Beauvoirs Leben war eines, das schwerer zu leben war, als es den Anschein hatte. Auf die Schwierigkeit, ein selbständiges, freies und verantwortungsvolles Leben zu führen, hatte Simone de Beauvoir selbst hingewiesen: »Die Menschen fürchten die Verantwortung über alles ... Sie haben solche Angst davor, ihre Freiheit zu benutzen, dass sie es vorziehen, sie aufzugeben.«[12]

Anmerkungen

1 Choisir. Avortement: *Une loi en procès. L'affaire de Bobigny*. Préface de Simone de Beauvoir, Paris 1973.

2 *Alles in allem*, a.a.O., S. 454.

3 Alice Schwarzer, *Simone de Beauvoir. Rebellin und Wegbereiterin*, Köln 1999, S. 85.

4 *Alles in allem*, a.a.O., S. 462.

5 Ebd. S. 464.

6 Deirdre Bair, a.a.O., S. 762.

7 Claude Francis/Fernande Gontier, a.a.O., S. 472.

8 Deirdre Bair, a.a.O., S. 763.

9 *Der Lauf der Dinge*, S. 622.

10 *Alles in allem*. A.a.O., S. 139f.

11 *Das Alter*, S. 14.

12 *Der Existenzialismus und die Volksweisheit*, in: *Auge um Auge*, a.a.O., S. 50Z

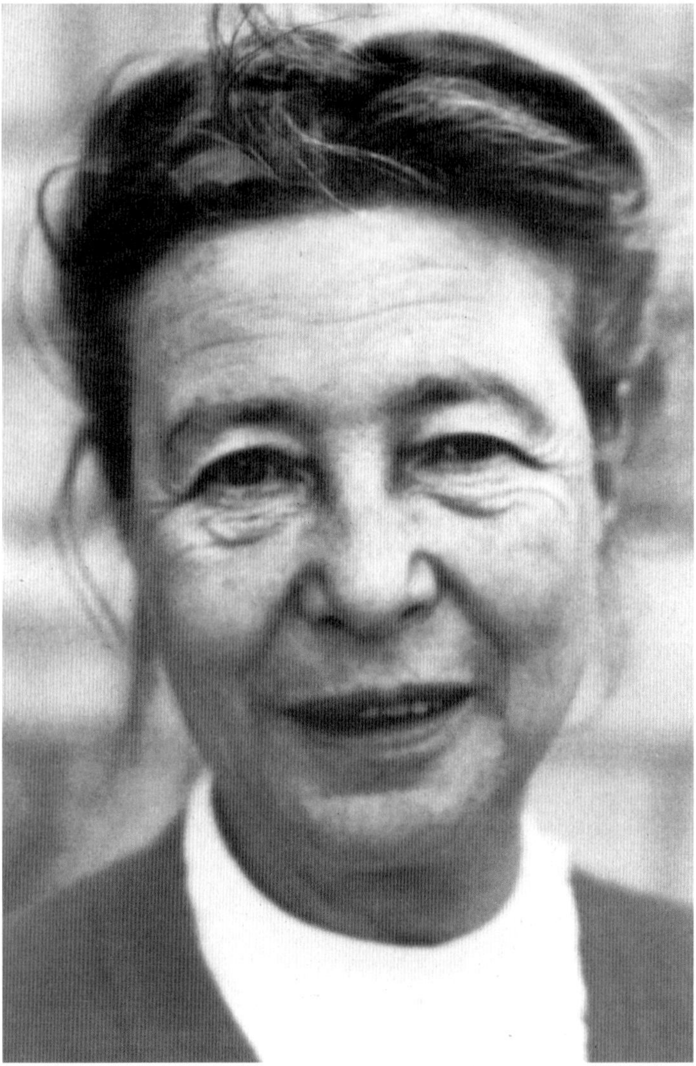

**»Sein Tod trennt uns.
Mein Tod wird uns
nicht wieder vereinen.«**

Im Allgemeinen sieht die Gesellschaft das Alter nicht als deutlich nach Jahren abgegrenzte Klasse. Die Pubertätskrise ermöglicht es, zwischen Jugendlichen und Erwachsenen eine Demarkationslinie zu ziehen, die nur in engen Grenzen willkürlich sein kann: mit 18, mit 21 Jahren werden die Jungen in die Gesellschaft der Menschen aufgenommen. Fast immer begleiten »Übergangsriten« diesen Aufstieg. Hingegen ist der Zeitpunkt, wann das Alter beginnt, schlecht definiert, er wechselt je nach Zeit und Ort. Man findet nirgends »Übergangsriten«, die einen neuen Status herstellen. (Die Feste, die in einigen Gesellschaften anlässlich des 60. oder 80. Geburtstages gefeiert werden, haben nicht den Charakter einer Einweihung.) Im staatlichen Leben behält der Mensch bis an sein Ende die gleichen Rechte und Pflichten. Das Bürgerliche Gesetzbuch macht keinerlei Unterschied zwischen einem Hundertjährigen und einem Vierzigjährigen. Die Juristen gehen davon aus, dass die alten Menschen, abgesehen von pathologischen Fällen, strafrechtlich die gleiche Verantwortung tragen wie die jungen.[1] Praktisch behandelt man sie nicht als eine eigene Kategorie, und im Übrigen würden sie es gar nicht wollen; es gibt Bücher, Veröffentlichungen, Filme, Fernseh- und Radiosendungen eigens für Kinder und Erwachsene: für Alte nicht.[2] Auf allen diesen Gebieten setzt man sie den jüngeren Erwachsenen gleich. Urteilt man jedoch über ihren wirtschaftlichen Status, so scheint man anzunehmen, sie gehörten einer fremden Gattung an: Offenbar haben sie weder die gleichen Bedürfnisse noch die gleichen Gefühle wie die anderen Menschen, wenn es genügt, ihnen ein erbärmliches Almosen zu geben, um sich ihnen gegenüber quitt zu fühlen. Diese bequeme Selbsttäuschung sanktionieren die Wirtschaft und die Gesetzgebung, wenn sie darüber klagen, welche Last die Nicht-Aktiven für die Aktiven darstellen: als ob diese nicht selber künftige Nicht-Aktive wären und als ob sie nicht ihre eigene Zukunft sicherten, indem sie die Sorge für die alten Menschen gesetzlich verankern. Die Gewerkschaften geben sich hier keinen Illusionen hin: wenn sie ihre Forderungen erheben, weisen sie dem Problem der Altersversorgung stets breiten Raum zu.

Die Alten, die keinerlei wirtschaftliche Kraft darstellen, haben nicht die Mittel, ihre Rechte durchzusetzen: das Interesse der Ausbeuter geht dahin, die Solidarität zwischen den Arbeitenden und den Unproduktiven zu brechen, so dass diese von niemand mehr vertreten werden. Die Mythen und Klischees, die das bürgerliche

Denken in Umlauf setzt, zielen darauf ab, den Alten als einen *anderen* zu zeigen. »Aus Jugendlichen, die eine ausreichende Anzahl von Jahren überdauern, macht das Leben Greise«, sagt Proust; sie behalten die Vorzüge und Fehler jenes Menschen, der sie ja weiterhin sind. Und das will die öffentliche Meinung nicht wahrhaben. Wenn die Alten die gleichen Wünsche, die gleichen Gefühle, die gleichen Rechtsforderungen wie in der Jugend bekunden, schockieren sie; bei ihnen wirken Liebe, Eifersucht widerwärtig oder lächerlich, Sexualität abstoßend, Gewalttätigkeit lachhaft. Sie müssen ein Beispiel für alle Tugenden geben. Vor allem fordert man von ihnen heitere Gelassenheit; man behauptet einfach, sie besäßen sie, was einem erlaubt, gleichgultig uber ihr Ungluck hinwegzusehen. Weichen sie von dem erhabenen Bild ab, das man ihnen aufnötigt, nämlich dem des Weisen mit einem Heiligenschein weißer Haare, reich an Erfahrung und verehrungswürdig, hoch über dem menschlichen Alltag stehend – so fallen sie tief darunter: diesem Bild steht das des alten Narren gegenüber, der dummes Zeug faselt und den die Kinder verspotten. Auf jeden Fall stehen die Alten, sei es dank ihrer Tugend, sei es durch ihre Erniedrigung, außerhalb der Menschheit. Man kann ihnen also ohne Skrupel jenes Minimum verweigern, das man für ein menschenwürdiges Dasein als unerlässlich erachtet.

Wir gehen in dieser Verfemung so weit, dass wir sie sogar gegen uns selbst anwenden: wir lehnen es ab, uns in dem Greis zu erkennen, der wir einmal sein werden: »Unter allen Realitäten ist es (das Alter) vielleicht diejenige, von der wir im Leben am längsten eine rein abstrakte Vorstellung bewahren«, schrieb Proust ganz richtig. Alle Menschen sind sterblich: daran denken sie. Viele von ihnen werden alt: diese Veränderung zieht fast niemand im Voraus in Betracht. Nichts sollte erwartungsgemäßer eintreten, aber nichts kommt unvorhergesehener als das Alter. Wenn man die Jungen nach ihrer Zukunft fragt, dann lassen sie, vor allem die jungen Mädchen, ihr Leben spätestens mit 60 Jahren enden. Manche sagen: »Ich werde nicht so alt, ich sterbe vorher.« Und einige sogar: »Ich bringe mich vorher um.« Der Erwachsene verhält sich so, als ob er nie alt würde. Oft ist der Arbeitende verblüfft, wenn die Stunde der Pensionierung schlägt: das Datum stand seit langem fest, er hätte sich darauf vorbereiten können. Doch in Wirklichkeit war ihm dieses Wissen bis zum letzten Augenblick fremd geblieben – es sei denn, das Thema ist ein ernstliches Politikum.

Zu gegebener Zeit, und schon wenn man sich ihm nähert, zieht man das Alter gewöhnlich dem Tod vor. Dennoch sehen wir diesen auf weite Sicht klarer vor uns. Der Tod ist eine unserer unmittelbaren Möglichkeiten, er bedroht uns in jedem Alter; gelegentlich streift er uns, oft haben wir Angst vor ihm. Dagegen wird man nicht von einem Augenblick zum anderen alt: jung oder in der Blüte der Jahre, denken wir nicht wie Buddha daran, dass das künftige Alter schon in uns wohnt: es ist durch eine so lange Zeitspanne von uns getrennt, dass es in unseren Augen mit der Ewigkeit verschmilzt; diese ferne Zukunft erscheint uns irreal. Und außerdem sind die Toten *nichts*; man mag einen metaphysischen Schauder vor diesem Nichts empfinden, aber in gewisser Weise beruhigt es, es stellt kein Problem dar. »Ich werde nicht mehr sein«: ich bewahre meine Identität bei diesem Verschwinden. (Diese Identität ist jenen um so mehr garantiert, die eine unsterbliche Seele zu besitzen glauben.) Wenn ich mit 20, mit 40 Jahren an mein Alter denke, dann sehe ich mich als jemand anderen. In jeder Metamorphose liegt etwas Erschreckendes. Als Kind war ich bestürzt, ja sogar entsetzt, als mir klar wurde, dass ich mich eines Tages in einen Erwachsenen verwandeln würde. Aber der Wunsch, man selbst zu bleiben, wird in jungen Jahren im Allgemeinen kompensiert durch die erheblichen Vorteile, die das Erwachsensein mit sich bringt. Wohingegen das Alter wie ein Unglück erscheint: selbst bei Leuten, die als »gesund und rüstig« gelten, springt der körperliche Verfall ins Auge. Denn beim Menschen sind die Veränderungen, die das Alter hervorruft, am auffallendsten. Tiere werden mager, schwach, aber sie machen keine Metamorphose durch. Wir hingegen schon. Es schnürt einem das Herz zusammen, wenn man neben einer schönen jungen Frau ihren Abglanz im Spiegel der Zukunft sieht: ihre Mutter. Die indischen Nambikwara, berichtet Lévi-Strauss, haben nur ein Wort, »um jung und schön« auszudrücken und auch nur eines für »alt und hässlich«. Vor dem Bild, das die alten Leute uns von unserer eigenen Zukunft zeigen, stehen wir ungläubig; eine Stimme in uns flüstert uns widersinnigerweise zu, dass uns dies nicht widerfährt: das sind nicht mehr wir, wenn es eintritt. Ehe es nicht über uns hereinbricht, ist das Alter etwas, das nur die anderen betrifft. So kann man auch verstehen, dass es der Gesellschaft gelingt, uns daran zu hindern, in den alten Menschen unseresgleichen zu sehen.

Hören wir auf, uns selbst zu belügen; der Sinn unseres Lebens ist in Frage gestellt durch die Zukunft, die uns erwartet; wir wissen nicht, wer wir sind, wenn wir nicht wissen, wer wir sein werden: erkennen wir uns in diesem alten Mann, in jener alten Frau. Das ist unerlässlich, wenn wir unsere menschliche Situation als Ganzes akzeptieren wollen. Dann werden wir das Unglück des Alters nicht mehr gleichgültig hinnehmen, wir werden uns betroffen fühlen: wir sind es. Eklatant liegt das System der Ausbeutung bloß, in dem wir leben. Der Greis, der unfähig ist, selbst für seine Bedürfnisse aufzukommen, stellt immer eine Bürde dar. Aber in Gesellschaften, in denen eine gewisse Gleichheit herrscht – in einer ländlichen Gemeinschaft,

bei einigen primitiven Völkern –, weiß der reife Mensch, auch wenn er es nicht wahrhaben möchte, dass seine Stellung morgen jene sein wird, die er heute dem Alten zuweist. Das ist der Sinn des Grimmschen Märchens, das in abgewandelter Form in fast allen Landstrichen vorkommt: Ein Bauer lässt seinen alten Vater abseits von der Familie aus einem kleinen Holznapf essen; er überrascht seinen Sohn, wie er Hölzchen zusammenträgt: »Das ist für dich, wenn du alt bist«, sagt das Kind. Sofort hat der Großvater seinen Platz am gemeinsamen Tisch wieder. Die aktiven Mitglieder der Gemeinschaft erfinden Kompromisse zwischen ihrem langfristigen und ihrem unmittelbaren Interesse. So zwingt die Knappheit der Nahrung manche primitive Völker, ihre alten Eltern zu töten, auch auf die Gefahr hin, später das gleiche Schicksal zu erleiden. In weniger extremen Fällen mildern Vorsorge und Kindesliebe den Egoismus. In der kapitalistischen Welt spielt das langfristige Interesse keine Rolle mehr: Die Privilegierten, die über das Schicksal der Masse entscheiden, fürchten nicht, es einmal teilen zu müssen. Was humanitäre Gefühle angeht, so treten sie, trotz scheinheiliger Lippenbekenntnisse, kaum noch auf. Die Wirtschaft beruht auf Profit, ihm ist praktisch die ganze Zivilisation untergeordnet: für das Menschenmaterial interessiert man sich nur insofern, als es etwas einbringt. Danach wirft man es weg. »In einer sich wandelnden Welt, in der die Lebensdauer von Maschinen nur sehr kurz ist, dürfen die Menschen nicht allzu lange arbeiten. Alles, was 55 Jahre überschreitet, muss ausgeschaltet werden«, sagte kürzlich Dr. Leach, Anthropologe aus Cambridge, auf einem Kongress.[3]
Das Wort »ausgeschaltet« macht deutlich, was das heißt. Man macht uns weis, der Ruhestand wäre die Zeit der Freiheit und Muße; Dichter priesen einst »die Wonnen des Hafens«[4]. Das sind schamlose Lügen. Die Gesellschaft zwingt der überwiegenden Mehrheit der Alten einen so erbärmlichen Lebensstandard auf, dass der Ausdruck »arm und alt« fast ein Pleonasmus ist; die meisten Bedürftigen sind Alte. Der Ruhestand eröffnet dem Pensionierten keine neuen Möglichkeiten; in dem Augenblick, da der Mensch endlich befreit ist von den Zwängen, nimmt man ihm die Mittel, seine Freiheit zu gebrauchen. Er ist dazu verurteilt, in Einsamkeit und Langeweile dahinzuvegetieren, ein purer Nichtsnutz. Dass ein Mensch während der letzten 15 oder 20 Jahre seines Lebens nur noch Ausschuss ist, offenbart das Scheitern unserer Zivilisation. Dieser Sachverhalt würde uns die Kehle zusammenschnüren, wenn wir die Alten als Menschen, die ein Leben als Mensch hinter sich haben, ansähen, und nicht als wandelnde Leichname. Jene, die unser verstümmelndes System anprangern, müssten diesen Skandal aufdecken. Nur wenn man seine Anstrengungen auf das Schicksal der am meisten Benachteiligten konzentriert, vermag man eine Gesellschaft zu erschüttern. Gandhi hat die Stel-

lung der Parias als Angriffspunkt genommen, um das Kastensystem zu zerschlagen; das kommunistische China hat die Frau emanzipiert, um die feudalistische Familienstruktur aufzubrechen. Die Forderung, dass Menschen im Alter Menschen bleiben müssen, würde eine radikale Umwälzung implizieren. Aber unmöglich ist dieses Ergebnis durch ein paar begrenzte Reformen zu erreichen, die das System unangetastet lassen: die Ausbeutung der Arbeiter, die Atomisierung der Gesellschaft, das Elend einer Kultur, die einem Mandarinat vorbehalten ist – das alles führt zu diesem entmenschlichten Alter. Und es zeigt, dass alles neu zu regeln ist – von Grund auf. Deshalb wird dieses Problem so beflissentlich mit Schweigen übergangen; deshalb ist es nötig, dieses Schweigen zu brechen: ich bitte meine Leser, mir dabei zu helfen.
/…/
Vorzeitig sterben oder altern – eine andere Wahl haben wir nicht. Und dennoch überkommt uns das Alter überraschend, so hat es auch Goethe empfunden. Jeder ist für sich das einzige Subjekt, und oft wundert man sich, wenn das allgemeine Schicksal – Krankheit, Trennung, Trauer – zum eigenen wird. Ich erinnere mich noch an mein Erstaunen, als ich zum ersten Mal in meinem Leben ernstlich krank wurde und mir sagte: »Diese Frau, die man da auf der Bahre transportiert, bin ich.« Indes vermögen wir die unvorhersehbaren Unglücksfälle leicht in unsere Lebensgeschichte einzubeziehen, da sie uns in unserer Eigenart betreffen; das Alter hingegen ist schicksalhaft, und wenn es sich unseres eigenen Lebens bemächtigt, sind wir bestürzt. »Was ist denn geschehen? Das Leben – und ich bin alt geworden«, schreibt Aragon. Dass das Verstreichen der Zeit schließlich auch zu einer persönlichen Veränderung geführt hat – das bringt uns aus der Fassung. Schon mit 40 Jahren konnte ich es nicht glauben, wenn ich mir, vor einem Spiegel stehend, sagte: »Ich bin 40 Jahre alt.« Das Kind und der Jugendliche leben wirklich ihr Alter; all die Verbote und Pflichten, denen sie unterworfen sind, das Benehmen anderer ihnen gegenüber, lassen es sie nie vergessen. Als Erwachsene denken wir kaum daran: diese Vorstellung scheint für uns nicht zu gelten. Sie setzt voraus, dass man sich der Vergangenheit zuwendet und sich Rechenschaft ablegt, während wir, der Zukunft zugewandt, unmerklich von einem Tag zum andern, von einem Jahr zum andern gleiten. Das Alter ist besonders schwer zu bewältigen, weil wir es immer als etwas Fremdes betrachtet haben: bin ich denn wirklich eine andere geworden, da ich doch ich selbst blieb?
»Gar kein Problem«, bekomme ich zu hören, »solange Sie sich jung fühlen, sind Sie es auch.« Das aber bedeutet, die komplexe Wahrheit des Alters zu verkennen: das Alter ist ein dialektischer Bezug zwischen meinem Sein in den Augen anderer,

so wie es sich objektiv darstellt, und dem Bewusstsein meiner selbst, das ich durch das Alter gewinne. Es ist der andere in mir, der alt geworden ist, das heißt jener, der ich für die anderen bin: und dieser andere – bin ich. Gewöhnlich erscheint unser Sein den anderen so vielfältig, wie diese selbst sind. Jede Meinung über uns kann im Namen eines anderen Urteils verworfen werden. In diesem Fall aber ist kein Widerspruch erlaubt: der Begriff ›ein Sechziger‹ hat für alle dieselbe Bedeutung. Er bezeichnet biologische Erscheinungen, die eine ärztliche Untersuchung bestätigen würde. Unsere persönliche Erfahrung hingegen zeigt uns die Zahl unserer Jahre nicht an. Keine körperliche Empfindung enthüllt uns die Regressionsvorgänge des Alterns. Das ist eines der Merkmale, durch die sich Alter und Krankheit voneinander unterscheiden. Die Krankheit macht sich bemerkbar, und der Organismus wehrt sich gegen sie auf eine Weise, die manchmal sogar schädlicher ist als die Ursache; die Krankheit tritt für das Individuum, das sie befällt, klarer zutage als für die Umgebung, die oft die Schwere des Leidens verkennt. Das Alter hingegen ist offensichtlicher für die anderen als für den Betroffenen selbst; es ist ein neuer Zustand des biologischen Gleichgewichts: geht die Anpassung ohne Schwierigkeiten vonstatten, so merkt der alternde Mensch kaum etwas davon. Gewohnheiten gestatten es ihm, die psychomotorischen Mängel lange Zeit zu überspielen.

Selbst wenn uns der Körper Anzeichen liefert, so sind diese zweideutig. Oft ist man versucht, eine heilbare Krankheit mit einem unabänderlichen Altersprozess zu verwechseln. Trotzki, der ganz für seine Arbeit und seinen Kampf lebte, fürchtete das Alter sehr. Beklommen erinnerte er sich an einen Satz von Turgenjew, den Lenin oft zitierte: »Wissen Sie, welches das größte aller Laster ist? Älter sein als 55 Jahre.« 1933, genau mit 55 Jahren, klagte Trotzki in einem Brief an seine Frau über Müdigkeit, Schlaflosigkeit, Gedächtnisschwund; es schien ihm, als nähmen seine Kräfte ab, und beunruhigt fragte er sich: »Ist es das Alter, das nun im Ernst beginnt, oder handelt es sich um einen vorübergehenden, wenngleich jähen Verfall, von dem ich mich wieder erhole? Wir werden sehen.« Traurig beschwor er die Vergangenheit: »Ich habe große Sehnsucht nach deiner alten Fotografie, nach unserer Fotografie, die uns zeigt, als wir jung waren.« Trotzki wurde wieder gesund und nahm alle seine Tätigkeiten wieder auf.

Umgekehrt kann es geschehen, dass Unpässlichkeiten, die mit dem Altersprozess zusammenhängen, kaum wahrgenommen und schweigend übergangen werden. Man hält sie für harmlose und heilbare Störungen. Man muss sich bereits seines Alters bewusst sein, um die körperlichen Anzeichen deuten zu können. Und selbst dann hilft uns das nicht immer, uns mit unserem Zustand innerlich vertraut zu

machen. Rheumatismus und Arthritis sind Folgen des Alterns, das wissen wir; und doch bringen wir es nicht fertig, in ihnen einen neuen Status zu erkennen. Wir bleiben, was wir waren, nur dass wir nun außerdem Rheumatismus haben.
/.../
Ob wir wollen oder nicht, wir fügen uns endlich und teilen den Standpunkt der anderen. Jouhandeau gelangt mit 70 Jahren zu der Einsicht: »Fast ein halbes Jahrhundert hindurch bin ich unveränderlich ein Zwanzigjähriger geblieben. Jetzt ist die Zeit gekommen, dieser Anmaßung zu entsagen.« Dieses ›Entsagen‹ ist jedoch nicht so einfach. Wir stoßen uns da an einem intellektuellen Ärgernis: wir müssen uns einer Realität stellen, die unzweifelhaft wir selber sind, während sie uns doch von außen erfasst und unbegreiflich für uns bleibt. Es besteht ein unüberwindbarer Widerspruch zwischen der inneren Evidenz, die unser Fortdauern verbürgt, und der objektiven Gewissheit unserer Verwandlung. Wir können lediglich von einer zu andern schwanken, ohne jemals beide fest zusammenhalten zu können.
Der Grund dafür liegt darin, dass das Alter zu jener Kategorie gehört, die Sartre[5] die Unrealisierbaren genannt hat. Ihre Zahl ist unendlich, denn sie stellen die Kehrseite unserer Situation dar. Was wir für die anderen bedeuten, können wir unmöglich in der Art des *Für-sich-Seins* erleben. Das Unrealisierbare ist «ein Sein in Entfernung, das alle meine Wahlen begrenzt und ihre Kehrseite ausmacht». Ich mag Französin, Schriftstellerin, eine 60-Jährige sein: diese Situation, die ich *erlebe*, ist inmitten der Welt eine objektive Form, die mir entgeht. Aber das Unrealisierbare enthüllt sich als solches nur im Licht eines Entwurfs, der darauf abzielt, es zu realisieren. Wenn ich als Französin in Frankreich lebe, veranlasst mich nichts dazu, mich nach der Bedeutung dieser Eigenschaft zu fragen; sobald ich mich in einem fremden oder feindlichen Land befinde, existiert meine Nationalität für mich, muss ich eine bestimmte Haltung ihr gegenüber einnehmen: sie bekunden, verhehlen oder vergessen usw. In unserer Gesellschaft wird der alte Mensch durch seine Lebensweise, durch die Verhaltensweisen der Umwelt und sogar durch das Vokabular als solcher gekennzeichnet: diese Realität hat er auf sich zu nehmen. Es gibt unendlich viele Arten und Weisen, dies zu tun – keine jedoch wird mir erlauben, mit der Realität, die ich auf mich nehme, übereinzustimmen. Das Alter ist etwas, das jenseits meines Lebens liegt, etwas, wovon ich keine innere Gesamterfahrung haben kann. Allgemeiner gesehen ist mein *ego* ein transzendentes Objekt, das nicht in meinem Bewusstsein lebt und das nur aus der Entfernung anvisiert werden kann.
Dies geschieht mittels eines Bildes: wir versuchen uns vorzustellen, wie wir in der Sicht der anderen sind. Es handelt sich nicht um ein im Bewusstsein vorhandenes

Bild, sondern vielmehr um ein Bündel von Intentionalitäten, die durch ein Analogon auf ein abwesendes Objekt gerichtet sind. Es ist ein generisches, widersprüchliches und vages Bild. Immerhin gibt es Perioden, in denen dieses Bild genügt, uns unserer Identität zu versichern: das gilt zum Beispiel für Kinder, wenn sie genug Liebe erhalten. Sie sind zufrieden mit diesem Widerschein ihrer selbst, den sie in den Worten und dem Verhalten ihrer Nächsten entdecken; sie gleichen sich ihm an und bedienen sich seiner wiederum. An der Schwelle der Jugend zerbricht das Bild: das linkische Betragen während der Pubertät rührt daher, dass man nicht sogleich weiß, wodurch man es ersetzen kann. Es kommt zu einem Schwebezustand analog dem an der Schwelle des Alters. In beiden Fällen sprechen die Psychiater von einer ›Identitätskrise‹. Dennoch bestehen große Unterschiede. Der heranwachsende junge Mensch ist sich bewusst, dass er eine Übergangsperiode durchmacht; sein Körper verändert sich und stört ihn. Der gealterte Mensch fühlt sich alt auf Grund der anderen, ohne entscheidende Veränderungen erfahren zu haben[6]; innerlich ist er nicht einverstanden mit dem Etikett, mit dem man ihn versehen hat – er weiß nicht mehr, wer er ist. In *Leere Spiegel* hat Aragon diese Unkenntnis und die daraus entstehende Verwirrung symbolisch dargestellt: der Held erblickt im Spiegel nicht mehr sein Bild, er ist nicht mehr fähig, sich zu sehen.
Der tiefere Grund für diese Asymmetrie ist im Unbewussten zu suchen. Freud hat das ausgeführt: das Unbewusste unterscheidet nicht Wahres und Falsches; es ist eine Gesamtstruktur von Trieben; es ist unreflektiert und kann zum Hindernis für die Reflexion werden. Der Übergang von der Jugend zum Erwachsenenalter wird durch das Unbewusste nicht gestört. Vielmehr ist die Sexualität des Erwachsenen in der des jungen Menschen, ja sogar in der des Kindes bereits vorweggenommen. Das Erwachsensein erscheint ihnen im Allgemeinen als wünschenswert, weil es die Befriedigung ihrer Triebe verspricht. Der Junge lebt in männlichen Phantasievorstellungen, das kleine Mädchen träumt von künftiger Weiblichkeit. Mit Vergnügen nehmen sie in Spielen und in Geschichten, die sie sich erzählen, diese Zukunft vorweg. Im Gegensatz dazu assoziiert der Erwachsene das hohe Alter mit Kastrationsvorstellungen. Und unser Unbewusstes weiß nichts vom Alter, wie der Psychoanalytiker Grotjahn unterstreicht; es nährt die Illusion von einer ewigen Jugend. Wenn diese Illusion zerstört wird, entsteht bei vielen Menschen ein von Narzissmus geprägtes Trauma, das zu einer depressiven Psychose führt.
Man sieht, wie diese ›Überraschung‹ zustande kommt, diese Ungläubigkeit, diese Entrüstung, die den alternden Menschen befällt, wenn er sich seines Alters bewusst wird. Unter dem Unrealisierbaren, das uns umgibt, ist es diese Offenbarung, die wir am dringlichsten realisieren müssten und die zu akzeptieren wir, bewusst

oder unbewusst, den stärksten Widerwillen hegen. Denn so könnten wir die Verhaltensweisen des alten Menschen, die im Verhältnis zu seinen Lebensbedingungen auf den ersten Blick oft unangemessen erscheinen, besser verstehen.

/.../

Das Altern ist nicht ein *notwendiger* Abschluss der menschlichen Existenz. Es stellt nicht einmal wie der Körper das dar, was Sartre die »Notwendigkeit unserer Kontingenz« genannt hat. Sehr viele Tiere – so die Ephemeriden, die Eintagsfliegen – sterben, nachdem sie sich fortgepflanzt haben, und machen kein Verfallsstadium durch. Doch ist es eine empirische und allgemeingültige Wahrheit, dass der menschliche Organismus nach einer bestimmten Anzahl von Jahren einer Involution unterliegt. Dieser Vorgang ist unvermeidlich. Er bewirkt nach einer gewissen Zeit eine Reduktion der Aktivität des Individuums und sehr oft auch die Verminderung seiner geistigen Fähigkeiten sowie eine Veränderung seiner Weltsicht.

Zuweilen ist das hohe Alter aus politischen oder gesellschaftlichen Gründen aufgewertet worden. Manche Menschen – so zum Beispiel die Frauen im alten China – fanden in ihm eine Zuflucht vor der Härte der normalen Lebensbedingungen. Andere finden auf Grund einer Art Lebenspessimismus Gefallen daran: wenn das Leben-wollen als Quelle des Unglücks erscheint, ist es nur logisch, einem Halbtot-sein den Vorzug zu geben. In der überwiegenden Mehrzahl jedoch erwarten die Menschen das Alter in Traurigkeit oder voller Auflehnung. Es flößt ihnen noch mehr Widerwillen ein als der Tod.

Und tatsächlich muss man das Alter, mehr noch als den Tod, als Gegensatz zum Leben betrachten. Es ist die Parodie des Lebens. Der Tod verwandelt das Leben in Schicksal, und in gewisser Hinsicht rettet er es, indem er ihm die Dimension des Absoluten verleiht: »So wie die Ewigkeit in sich das Leben endlich ändert.« Er hebt die Zeit auf. Die letzten Tage eines Menschen, den man zu Grabe trägt, haben nicht mehr Wahrheit besessen als alle anderen Tage; seine Existenz ist nun zu einer Gesamtheit geworden, in der alle Teile gleichermaßen anwesend sind – insofern sie vom Nichts ergriffen wurden. Victor Hugo ist für alle Zeiten ein 30-Jähriger und zugleich ein 80-Jähriger. Als er jedoch tatsächlich 80 Jahre alt war, verwischte bei ihm die gelebte Gegenwart die Vergangenheit. Es ist deprimierend, wenn – wie fast immer – die Gegenwart einer Herabsetzung oder sogar einer Widerlegung dessen, was gewesen ist, gleichkommt. Die früheren Ereignisse, das erworbene Wissen behalten ihren Platz in einem erloschenen Leben: sie sind gewesen. Sobald die Erinnerung zerbröckelt, versinken sie in höhnischem Dunkel: das Leben löst sich Masche um Masche auf, wie ein abgetragenes Trikot, so dass der greise Mensch am Ende nur noch Fasern in den Händen hält. Schlimmer

noch: die Gleichgültigkeit, die ihn überkommt, leugnet seine Leidenschaften, seine Überzeugungen, sein ganzes Tun; so, wenn Monsieur de Charlus mit einem Hutabnehmen den aristokratischen Hochmut, der sein Seinsgrund gewesen ist, zerstört; oder wenn Anna Petrowna sich mit dem verhassten Sohn aussöhnt. Wozu hat man so viel gearbeitet, wenn man feststellen muss, wie Rousseau sagte, dass die Mühe vergeblich war, da man den erzielten Resultaten nicht mehr den geringsten Wert beimisst? Michelangelos Verachtung für seine ›Hampelmänner‹ ist herzzerreißend; wenn wir ihn durch seine letzten Jahre begleiten, empfinden wir traurig mit ihm die Vergeblichkeit seiner Anstrengungen. Im Tod aber vermögen solche Augenblicke der Entmutigung nichts gegen die Größe seines Werks.
Nicht alle Greise danken ab, entsagen. Im Gegenteil, viele zeichnen sich durch ihre Hartnäckigkeit aus. Dann aber werden sie oft zu Karikaturen ihrer selbst. Ohne Grund oder sogar gegen jeden Grund bleibt ihr Wille kraft einer Art Trägheitsgesetz bestehen. Anfangs *wollten* sie im Hinblick auf ein bestimmtes Ziel. Jetzt wollen sie, weil sie gewollt *haben.* Ganz allgemein treten bei ihnen Gewohnheiten, Automatismen und verschiedene Formen der Verkalkung an die Stelle der Erfindungskraft. Es ist schon etwas Wahres daran, wenn Émile Faguet[7] sagt: »Das Alter ist eine fortwährende Komödie, die der Mensch spielt, um den anderen und sich selbst etwas vorzumachen – komisch vor allem deshalb, weil er sie so schlecht spielt.«
Die Moral predigt das gelassene Hinnehmen der Übel, denen Wissenschaft und Technik nicht abzuhelfen vermögen: Schmerz, Krankheit, Alter. Ja, das beherzte Ertragen eines solchen Zustands, der uns vermindert, verleihe uns, so behauptet sie, innere Größe. Und mangels anderer Pläne solle der alte Mensch dies zu seinem Vorhaben machen. Das ist ein Spiel mit Worten: Pläne, Entwürfe beziehen sich nur auf unser Tun. Das Alter ertragen ist keine Tätigkeit. Wachsen, reifen, altern, sterben – die Vergänglichkeit der Zeit ist ein Verhängnis.
Wollen wir vermeiden, dass das Alter zu einer spöttischen Parodie unserer früheren Existenz wird, so gibt es nur eine einzige Lösung, nämlich weiterhin Ziele zu verfolgen, die unserem Leben einen Sinn verleihen: das hingebungsvolle Tätigsein für einzelne, für Gruppen oder für eine Sache, Sozialarbeit, politische, geistige oder schöpferische Arbeit. Im Gegensatz zu den Empfehlungen der Moralisten muss man sich wünschen, auch im hohen Alter noch starke Leidenschaften zu haben, die es uns ersparen, dass wir uns nur mit uns selbst beschäftigen. Das Leben behält einen Wert, solange man durch Liebe, Freundschaft, Empörung oder Mitgefühl am Leben der anderen teilnimmt. Dann bleiben auch Gründe, zu handeln oder zu sprechen. Es wird den Menschen oft geraten, sich auf ihr Alter ›vorzubereiten‹. Wenn es sich aber nur darum handelt, Geld auf die Seite zu legen,

einen Alterssitz zu wählen oder Hobbies anzufangen, dann wird einem, wenn es so weit ist, wenig geholfen sein. Besser ist es, nicht zu viel ans Alter zu denken, sondern ein möglichst engagiertes und möglichst gerechtfertigtes Menschenleben zu leben, an dem man auch dann noch hängt, wenn jede Illusion verloren und die Lebenskraft geschwächt ist.
Nur werden diese Möglichkeiten lediglich einer Handvoll von Privilegierten eingeräumt, und gerade im hohen Alter vertieft sich noch der Graben zwischen ihnen und der riesigen Mehrheit der Menschen. Wenn wir die einen mit den anderen vergleichen, können wir die am Anfang dieses Buches gestellte Frage beantworten: Was ist am Verfall des Individuums unvermeidlich? In welchem Maße ist die Gesellschaft dafür verantwortlich?
Wir haben gesehen: Das Lebensalter, in dem der Altersabbau einsetzt, hängt seit jeher davon ab, welcher Klasse man angehört. Heute ist ein Bergarbeiter mit 50 Jahren ein erledigter Mann, während man unter den Privilegierten viele muntere und rüstige 80-Jährige trifft. Beim Arbeiter setzt der Verfall nicht nur früher ein, sondern er vollzieht sich auch schneller. In den Jahren des »Überlebens« ist sein zerrütteter Körper für Krankheiten und Gebrechen anfällig. Dagegen kann ein Greis, der immer die Möglichkeit hatte, auf seine körperliche Verfassung Rücksicht zu nehmen, sich bis zu seinem Tod eine nahezu unversehrte Gesundheit erhalten.
Die Ausgebeuteten sind im Alter, wenn nicht zu Elend, so doch zumindest zu großer Armut verurteilt, zu unbequemen Unterkünften, zur Einsamkeit. All das ruft bei ihnen ein Gefühl der Herabsetzung und eine allgemeine Angst hervor. Sie versinken in einer Stumpfheit, die sich auf den ganzen Organismus auswirkt; selbst die Geisteskrankheiten, die bei ihnen auftreten, sind zu einem großen Teil ein Produkt des Systems.
Auch wenn der Rentner oder Pensionär sich seine Gesundheit und seinen klaren Verstand erhalten hat, ist er dennoch einer schrecklichen Plage ausgesetzt: der Langeweile. Er hat seinen Einfluss auf die Welt verloren und vermag keinen wiederzugewinnen, da die Beschäftigungen, denen er in seiner Freizeit nachgegangen ist, entfremdet waren. Dem Handarbeiter gelingt es nicht einmal, die Zeit totzuschlagen. Sein verdrossener Müßiggang mündet in eine Apathie, die das, was ihm an physischem und geistigem Gleichgewicht noch bleibt, in Gefahr bringt.
Der Schaden, den er im Verlauf seiner Existenz erlitten hat, ist noch sehr viel radikaler. Wenn der Rentner an der Sinnlosigkeit seines gegenwärtigen Lebens verzweifelt, so deshalb, weil ihm die ganze Zeit hindurch der Sinn seiner Existenz gestohlen worden ist. Ein Gesetz, ebenso unerbittlich wie das eherne Gesetz, hat ihm nur gestattet, sein Leben zu reproduzieren, und ihm die Möglichkeit, Recht-

fertigungen dafür zu finden, verwehrt. Wenn er nun den Zwängen seines Berufes entrinnt, sieht er um sich her nur Wüste; es war ihm nicht vergönnt, sich Entwürfen zu widmen, die die Welt mit Zielen, Werten, Seinsgründen bereichert hätten. Und hier liegt das Verbrechen unserer Gesellschaft. Ihre »Alterspolitik« ist ein Skandal. Skandalöser aber noch ist die Behandlung, die sie der Mehrzahl der Menschen in ihrer Jugend und im Erwachsenenalter angedeihen lässt. Dadurch bereitet sie schon früh den Boden für die verstümmelten und elenden Lebensbedingungen dieser Menschen in ihren letzten Jahren. Es ist Schuld der Gesellschaft, wenn sich der rasch und vorzeitig einsetzende Altersabbau, dem sie mit leeren Händen gegenübersteht, bei ihnen auf eine so physisch schmerzhafte und seelisch grauenvolle Weise vollzieht. Als ausgebeutete, entfremdete Individuen werden sie, wenn ihre Kräfte sie verlassen, zwangsläufig zum »Ausschuss«, zum »Abfall« der Gesellschaft.

Deshalb sind alle Mittel, die zur Linderung der Not der Alten empfohlen werden, so unzulänglich: keines davon vermag die systematische Zerstörung, der manche Menschen während ihrer gesamten Existenz ausgesetzt sind, wieder gutzumachen. Auch wenn man sie pflegt – ihre Gesundheit kann man ihnen nicht zurückgeben. Damit, dass man ihnen menschenwürdige Altersheime baut, kann man ihnen nicht die Bildung, die Interessen und die Verantwortung vermitteln, die ihrem Leben einen Sinn gäben. Ich sage nicht, dass es vergeblich wäre, ihre Lebensbedingungen heute verbessern zu wollen; doch trägt dies in keiner Weise zu einer Lösung des eigentlichen Problems bei: wie müsste eine Gesellschaft beschaffen sein, damit ein Mensch auch im Alter ein Mensch bleiben kann?

Die Antwort ist einfach: er muss immer schon als Mensch behandelt worden sein. Das Schicksal, das sie ihren nicht mehr arbeitsfähigen Mitgliedern bereitet, enthüllt den wahren Charakter der Gesellschaft; sie hat sie immer als Material betrachtet. Sie gesteht damit ein, dass für sie nur der Profit zählt und dass ihr ›Humanismus‹ reine Fassade ist. Im 19. Jahrhundert haben die herrschenden Klassen das Proletariat ausdrücklich der ›Barbarei‹, der ›Unkultur‹ zugeordnet. Durch ihre Kämpfe haben die Arbeiter es erreicht, das Proletariat der Menschheit zu integrieren. Doch nur, soweit es leistungsfähig ist. Von den *gealterten* Werktätigen kehrt sich die Gesellschaft wie von einer fremden Gattung ab.

Und hier haben wir den Grund, warum die Frage in konzertiertem Schweigen übergangen wird. Die Situation der alten Menschen zeigt deutlich das Scheitern unserer Zivilisation auf. Der ganze Mensch muss erneuert werden, alle zwischenmenschlichen Beziehungen müssen neu geschaffen werden, wenn die Lebensbedingungen des alten Menschen annehmbar werden sollen. Der Mensch dürfte seinem Lebensende nicht einsam und mit leeren Händen entgegensehen. Wenn Bildung nicht ein lebloses, ein für allemal erworbenes und dann vergessenes Gut, sondern ein praktisches und lebendiges Wissen wäre, und wenn der Mensch dank dieses Wissens einen ständigen und sich im Laufe der Jahre immer wieder erneuernden Einfluss auf seine Umwelt hätte, dann wurde er in jedem Alter ein aktives, nützliches Mitglied der Gesellschaft sein. Wenn er nicht von Kindheit an »atomisiert« wäre, abgesondert und isoliert unter anderen Atomen, wenn er an einem kollektiven Leben teilhätte, das ebenso selbstverständlich und wesentlich für ihn wäre wie sein eigenes Leben, dann würde er nie das »Exil« kennen lernen. Nirgendwo und zu keiner Zeit ist dieser Zustand je geschaffen worden. Die sozialistischen Länder kommen ihm zwar etwas näher als die kapitalistischen Länder, sind aber noch weit davon entfernt.

In der idealen Gesellschaft, die ich hier beschworen habe, würde, so kann man hoffen, das Alter gewissermaßen gar nicht existieren: der Mensch würde, wie es bei manchen Privilegierten vorkommt, durch Alterserscheinungen unauffällig geschwächt, aber nicht offenkundig vermindert, und eines Tages einer Krankheit erliegen; er stürbe also, ohne zuvor Herabwürdigung erfahren zu haben. Das letzte Lebensalter entspräche dann wirklich dem, als was es gewisse bürgerliche Ideologien definieren: eine Existenzphase, die sich von der Jugend und dem Erwachsenenalter unterscheidet, aber ihr eigenes Gleichgewicht besitzt und dem Menschen eine weite Skala von Möglichkeiten offen lässt.

Davon sind wir weit entfernt. Die Gesellschaft kümmert sich um den Einzelnen nur in dem Maße, indem er ihr etwas einbringt. Die Jungen wissen das. Ihre Angst in dem Augenblick, da sie in das soziale Leben eintreten, entspricht genau der Angst der Alten in dem Augenblick, da sie aus dem sozialen Leben ausgeschlossen werden. In der Zwischenzeit werden die Probleme durch die Routine verdeckt. Der junge Mensch fürchtet sich vor dieser Maschinerie, die nach ihm greift, und manchmal versucht er, sich mit Steinwürfen zu wehren; der alte Mensch, von der gleichen Maschinerie ausgespieen, erschöpft und nackt, hat noch seine Augen zum Weinen, sonst nichts. Zwischen beiden läuft die Maschinerie und zermalmt Menschen, und die Menschen lassen sich zermalmen, weil sie sich nicht einmal vorstellen, dass sie ihr entrinnen könnten. Wenn man begriffen hat, was die Lebensbedingungen der alten Menschen bedeuten, wird man sich nicht damit begnügen, eine großzügigere ›Alterspolitik‹, eine Erhöhung der Renten, gesunde Wohnungen und Freizeitgestaltung zu fordern. Es geht um das ganze System, und die Forderung kann nur radikal sein: das Leben verändern.

Anmerkungen

[1] Generalstaatsanwalt Mornet eröffnete seine Anklage gegen Pétain mit der Feststellung, dass die Justiz keinerlei Rücksicht auf das Alter nehme. Seit einigen Jahren können die »Feststellungen zur Person« wohl das Alter des Angeklagten hervorheben: aber nur als eine Besonderheit unter vielen.

[2] *La Bonne Presse* bringt seit kurzem eine Veröffentlichung für alte Leute: Sie beschränkt sich darauf, Informationen und praktische Ratschläge zu geben.

[3] Im Dezember 1968 geschrieben.

[4] Die Formulierung stammt von Racan (1589 – 1670).

[5] In: *Das Sein und das Nichts*.

[6] Die Wechseljahre sind für die Frau eine physische Erfahrung, treten aber lange vor dem Alter ein.

[7] Er schrieb einen wütenden kleinen Essay gegen das Alter: *Les dix Commandements de la vieillesse* [Die Zehn Gebote des Alters].

»Die Meditation über den Tod ist die höchste Weisheit derer, die bereits tot sind.«

Als ich mich am Morgen des 15. April, einem Dienstag, wie gewöhnlich erkundigte, ob Sartre gut geschlafen habe, hat die Krankenschwester mir geantwortet: »Ja. Aber ...« Ich bin sofort hingegangen. Er schlief und atmete ziemlich schwer: offensichtlich lag er im Koma. So lag er schon seit dem Vorabend. Ich bin viele Stunden bei ihm geblieben und habe ihn angesehen. Gegen sechs Uhr habe ich Arlette den Platz überlassen und habe sie gebeten, mich anzurufen, wenn etwas geschehe. Um neun Uhr hat das Telefon geklingelt. Sie hat mir gesagt: »Es ist zu Ende.« Ich bin mit Sylvie hingegangen. Er sah aus wie immer, aber er atmete nicht mehr.

Sylvie hat Lanzmann, Bost, Pouillon, Horst benachrichtigt, die herbeigeeilt sind. Uns wurde erlaubt, bis fünf Uhr morgens im Zimmer zu bleiben. Ich habe Sylvie gebeten, Whisky zu holen, wir haben ihn getrunken und haben über Sartres letzte Tage, über vergangene Tage und über die notwendigen Maßnahmen gesprochen. Sartre hatte mir mehrmals gesagt, dass er nicht auf dem Père-Lachaise-Friedhof zwischen seiner Mutter und seinem Stiefvater beerdigt werden wollte. Er wünschte, eingeäschert zu werden. Es wurde beschlossen, ihn vorübergehend auf dem Friedhof Montparnasse zu bestatten, von wo er zur Einäscherung auf den Père-Lachaise überführt werden sollte. Seine Asche sollte in einem endgültigen Grab auf dem Friedhof Montparnasse beigesetzt werden. Während wir Totenwache bei ihm hielten, belagerten Journalisten das Gebäude. Bost und Lanzmann haben sie aufgefordert wegzugehen. Sie haben sich versteckt. Aber es ist ihnen nicht gelungen hineinzugelangen. Als Sartre eingeliefert wurde, hatten sie auch versucht, Fotos zu machen. Zwei von ihnen versuchten, sich als Pfleger verkleidet ins Zimmer zu schmuggeln, aber sie wurden vertrieben. Die Krankenschwestern waren darauf bedacht, die Rollos herunterzuziehen und Gardinen an die Türen zu machen, um uns abzuschirmen. Trotzdem ist ein Foto, wahrscheinlich von einem benachbarten Dach aus aufgenommen, das den schlafenden Sartre zeigte, in *Paris-Match* erschienen.

Irgendwann habe ich gebeten, man möge mich mit Sartre allein lassen, und habe mich neben ihn unter die Decke legen wollen. Eine Krankenschwester hat mich zurückgehalten: »Nein. Vorsicht ... die Gangrän.« Erst da habe ich begriffen, was sein »Schorf« wirklich war. Ich habe mich auf die Decke gelegt und habe ein

wenig geschlafen. Um fünf Uhr sind Pfleger gekommen. Sie haben ein Tuch und eine Art Hülle über Sartres Leichnam gebreitet, und sie haben ihn fortgebracht.
Ich bin für den Rest der Nacht zu Lanzmann gegangen, wo ich auch die Nacht zum Donnerstag verbracht habe. Die folgenden Tage habe ich bei Sylvie gewohnt, wo ich besser vor den Anrufen und den Journalisten geschützt war als bei mir zu Hause. Tagsüber traf ich meine Schwester, die aus dem Elsass gekommen war, und Freunde. Ich sah die Zeitungen und auch die Telegramme durch, die sofort in Unmengen eintrafen. Lanzmann, Bost, Sylvie erledigten alle Formalitäten. Die Beerdigung ist zuerst auf Freitag, dann auf Sonnabend festgesetzt worden, damit mehr Menschen daran teilnehmen könnten. Giscard d'Estaing hat mitteilen lassen, er wüsste, dass Sartre kein Staatsbegräbnis gewünscht hätte, machte aber den Vorschlag, die Beerdigung zu bezahlen. Wir haben abgelehnt. Er hat es sich nicht nehmen lassen, einen Moment der Besinnung vor Sartres sterblichen Überresten zu verbringen.
Am Freitag habe ich mit Bost zu Mittag gegessen. Ich wollte Sartre vor der Beerdigung noch einmal sehen. Wir sind in den Hörsaal des Krankenhauses gegangen. Man hat Sartre in seinem Sarg hereingebracht, in der Bekleidung, die Sylvie ihm für den Opernbesuch gekauft hatte: es war die einzige, die in meiner Wohnung war. Sie hatte nicht zu ihm gehen wollen, um etwas anderes zu holen. Er war ruhig wie alle Toten und, wie die meisten, ausdruckslos.
Am Samstagmorgen haben wir uns im Hörsaal versammelt, wo Sartre aufgebahrt lag, das Gesicht entblößt, streng und starr in seinem schönen Anzug. Auf meine Bitte hin hat Pingaud ein paar Aufnahmen von ihm gemacht. Nach einer Weile haben Männer Sartres Gesicht wieder mit dem Tuch bedeckt, den Sarg verschlossen und weggetragen.
Ich bin mit Sylvie, meiner Schwester, Arlette in den Leichenwagen gestiegen. Vor uns fuhr ein mit prunkvollen Blumengebinden und Kränzen beladener Wagen. In einem Kleinbus saßen bejahrte Freunde oder solche, die nicht so weit gehen konnten. Eine unübersehbare Menschenmenge folgte: etwa fünfzigtausend Personen, vor allem junge Leute. Etliche klopften an die Scheiben unseres Wagens: das waren hauptsächlich Fotografen, die ihre Objektive gegen die Fenster drückten, um ein Bild von mir zu erwischen. Freunde von *Les Temps Modernes* haben hinter dem Wagen eine Sperre gebildet, und um den ganzen Wagen herum haben Unbekannte spontan eine Kette gebildet, indem sie sich an den Händen fassten. Insgesamt ist die Menschenmenge auf dem ganzen Weg diszipliniert und teilnahmsvoll gewesen. »Das ist die letzte Demo von '68«, hat Lanzmann gesagt. Ich nahm nichts wahr. Ich war mehr oder weniger betäubt von Valium und gestrafft in dem

Willen, nicht zusammenzubrechen. Ich sagte mir, dass die Beerdigung genau so war, wie Sartre sie wünschte, und dass er es nicht erfahren würde. Als ich aus dem Wagen gestiegen bin, war der Sarg bereits im Grab. Ich hatte um einen Stuhl gebeten und bin mit leerem Kopf am Rand der Grube sitzen geblieben. Ich habe Menschen auf Mauern, auf Gräbern sitzen sehen, ein wirres Gewühl. Ich bin aufgestanden, um zum Auto zurückzugehen: es stand nur zehn Meter entfernt, aber das Gedränge war so groß, dass ich glaubte, erdrückt zu werden. Ich bin irgendwie in Lanzmanns Wohnung gelangt, zusammen mit Freunden, die einer nach dem anderen vom Friedhof zurückgekommen sind. Ich habe mich eine Weile ausgeruht, und da wir uns nicht trennen wollten, haben wir zusammen bei Zeyer in einem Nebenraum zu Abend gegessen: ich erinnere mich an nichts. Anscheinend habe ich so viel getrunken, dass ich die Treppe hinunter fast getragen werden musste. Georges Michel hat mich nach Hause gebracht.

Die folgenden drei Tage habe ich bei Sylvie verbracht. Am Mittwochmorgen fand die Einäscherung auf dem Père-Lachaise statt, und ich war zu erschöpft, um hinzugehen. Ich habe geschlafen und bin – ich weiß nicht wie – aus dem Bett gefallen und auf dem Teppich sitzen geblieben. Als Sylvie und Lanzmann von der Einäscherung zurückkamen, haben sie mich delirierend vorgefunden. Sie haben mich ins Krankenhaus einliefern lassen. Ich hatte eine leichte Lungenentzündung, die nach zwei Wochen überstanden war.

Sartres Asche ist auf den Friedhof Montparnasse zurückgebracht worden. Jeden Tag legen unbekannte Hände frische Blumensträußchen auf sein Grab.

Es gibt eine Frage, die ich mir in Wahrheit nicht gestellt habe. Vielleicht wird der Leser sie sich stellen: Hätte ich Sartre nicht über seinen bevorstehenden Tod aufklären müssen? Als er im Krankenhaus lag, geschwächt, kraftlos, war ich nur darauf bedacht, ihm den Ernst seines Zustands zu verheimlichen. Und vorher? Er hatte mir immer gesagt, dass er bei Krebs oder einer anderen unheilbaren Krankheit *Bescheid wissen* wolle. Aber sein Fall war nicht eindeutig. Er war »in Gefahr«, aber würde er es noch zehn Jahre durchstehen, wie er es wünschte, oder wäre in einem oder in zwei Jahren alles zu Ende? Das wusste kein Mensch. Er hätte keine Vorkehrung treffen, hätte sich nicht mehr schonen können. Und er liebte das Leben. Es war ihm schon schwer genug gewesen, seine Blindheit, seine Gebrechen hinzunehmen. Hätte er die Bedrohung, in der er schwebte, genauer gekannt, so hätte sie seine letzten Lebensjahre nur unnötig verdunkelt. Auf jeden Fall schwankte ich wie er zwischen Angst und Hoffnung. Mein Schweigen hat uns nicht getrennt.

Sein Tod trennt uns. Mein Tod wird uns nicht wieder vereinen. So ist es nun einmal. Schön ist, dass unsere Leben so lange harmonisch vereint sein konnten.

Bibliographie

Werke von Simone de Beauvoir

Romane/Erzählungen/Theater

Sie kam und sie blieb, Paris 1943, Reinbek 1972
Das Blut der anderen, Paris 1945, Reinbek 1963
Les bouches inutiles, Paris 1945
Alle Menschen sind sterblich, Paris 1945, Reinbek 1970
Die Mandarins von Paris, Paris 1954, Reinbek 1965
Ein sanfter Tod, Paris 1964, Reinbek 1968
Eine gebrochene Frau, Paris 1967, Reinbek 1972
Die Welt der schönen Bilder, Paris 1966, Reinbek 1971
Marcel, Chantal, Lisa ... ein Roman in Erzählungen, Paris 1979, Reinbek 1981

Essays

Das andere Geschlecht. Sitte und Sexus der Frau, Paris 1949, rororo Hamburg 1992
Soll man de Sade verbrennen? Drei Essays zur Moral des Existenzialismus, Reinbek 1983
Auge um Auge. Artikel zu Politik, Moral und Literatur 1945 – 1955, Reinbek 1992
China – das weitgesteckte Ziel, Paris 1957, Hamburg 1958
Djamila Boupacha par Simone de Beauvoir et Gisèle Halimi, Paris 1962
Das Alter, Paris 1970, Reinbek 1977
Die Zeremonie des Abschieds und Gespräche mit Jean-Paul Sartre, Paris 1981, Reinbek 1986

Autobiografisches

Kriegstagebuch September 1939 – Januar 1941, Hg. von Sylvie Le Bon de Beauvoir, Paris 1990, Reinbek 1994
Amerika – Tag und Nacht, Reisetagebuch 1947, Reinbek Neuausg. 1988
Memoiren einer Tochter aus gutem Hause, Paris 1958, Reinbek 1968
In den besten Jahren, Paris 1960, Reinbek 1969
Der Lauf der Dinge, Paris 1963, Reinbek 1970
Alles in allem, Paris 1972, Reinbek 1976
Briefe an Sartre, Hg. von Sylvie Le Bon de Beauvoir, Paris 1990, Reinbek 1997, 2Bde
Eine transatlantische Liebe. Briefe an Nelson Algren 1947 – 1964, Hg. von Sylvie Le Bon de Beauvoir, Paris 1997, Reinbek 1999.

Biografien

Deirdre Bair, Simone de Beauvoir. Eine Biografie, München 1990.
Claude Francis und Fernande Gontier, Simone de Beauvoir. Die Biografie, Weinheim/Berlin 1986.
Toril Moi, Simone de Beauvoir. Die Psychographie einer Intellektuellen, Frankfurt/M., 1997.
Walter van Rossum, Simone de Beauvoir und Jean-Paul Sartre. Die Kunst der Nähe, Berlin 1997.
Alice Schwarzer, Simone de Beauvoir. Rebellin und Wegbereiterin, Köln 1999.
Christiane Zehl Romero, Simone de Beauvoir, mit Selbstzeugnissen und Bilddokumenten, Rowohlt Monographie Hamburg 1998.

Sammlungen, Artikel:
Christine Delphy et Sylvie Chaperon, Cinquantenaire du deuxième sexe. Colloque international Simone de Beauvoir. Collection Nouvelles Qestions féministes. Éditions Syllepse 2002.
Die Philosophin, Forum für feministische Theorie und Philosophie: Simone de Beauvoir. 50 Jahre Das andere Geschlecht, Tübingen Oktober 1999.
Ingrid Galster / Hélène Rouche (eds), Pour une édition critique du 'Deuxième Sexe'. [Akten des interdisziplinären Eichstätter DFG-Kolloquiums 10. – 13. November 1999]. Erscheint in der Reihe »Bibliothèque du féminisme«bei L'Harmattan, Paris; dies.: (ed) Beauvoir. ›Le Deuxième Sexe‹. [Anthologie der frühen Kritiken 1949/50; erscheint in der Reihe »Mémoire de la critique« der Presses Universitaires de Paris-Sorbonne].
Eva Gothlin, Sexe et existence. La philosophie de Simone de Beauvoir. Ed. Michalon 2001;
lendemains, Cinquante ans après le Deuxième Sexe: Beauvoir en débats, Berlin 24. Jg. 1999/94.
Alice Schwarzer (Hrsg.), Man wird nicht als Frau geboren. 50 Jahre nach dem »Anderen Geschlecht« ziehen Schriftstellerinnen und Politikerinnen gemeinsam Bilanz: Wo stehen die Frauen heute? Köln 2000.

Allgemeines
Christine Bard (Hg.), Un siècle d'antiféminisme, Paris 1999.
Sylvie Chaperon, Les Années Beauvoir 1945 – 1970. Paris 2000.
Marieluise Christadler/Florence Hervé, Bewegte Jahre, Frankreichs Frauen, Düsseldorf 1994.
Ingrid Galster, »Positionen des französischen Feminismus«. In: Hiltrud Gnüg/Renate Möhrmann (Hg.), Frauen Literatur Geschichte. 2. Auflage , Stuttgart 1999.

Textnachweise

Interview mit John Gerassi. In Society, Januar-Februar-Ausgabe 1976. Erstübersetzung Deutsch von Helene Greubel.

Biografie. Die biografischen Teile wurden von Florence Hervé als Originalbeitrag für dieses Buch verfasst.

Kriegstagebuch September 1939 – Januar 1941, Hg. von Sylvie Le Bon de Beauvoir, Paris 1990, Reinbek 1994, gekürzt.

Pyrrhus und Cineas 1944. In: Soll man de Sade verbrennen? Drei Essays zur Moral des Existenzialismus,. Reinbek 1983, gekürzt.

Der Existentialismus und die Volksweisheit, Paris 1945, In: Auge um Auge. Artikel zu Politik, Moral und Literatur 1945 – 1955, Reinbek 1992, gekürzt.

Für eine Moral der Doppelsinnigkeit, Paris 1947. In: Soll man de Sade verbrennen? Drei Essays zur Moral des Existenzialismus. Reinbek 1983, gekürzt.

Memoiren einer Tochter aus gutem Hause, Paris 1958. Reinbek 1960, gekürzt.

Amerika – Tag und Nacht, Reisetagebuch 1947, Paris 1948. Hamburg 1950, gekürzt.

Eine transatlantische Liebe. Briefe an Nelson Algren 1947 – 1964. Hg. von Sylvie Le Bon de Beauvoir, Paris 1997, Reinbek 1999

Das andere Geschlecht. Sitte und Sexus der Frau (1949). Reinbek 2000, gekürzt.

Der Lauf der Dinge, Paris 1963, Reinbek 1966, gekürzt.

Die Mandarins von Paris, Paris 1954, Auge um Auge. Artikel zu Politik, Moral und Literatur 1945 – 1955, Reinbek 1990, gekürzt.
Soll man de Sade verbrennen? Drei Essays zur Moral des Existenzialismus, Paris 1955. Reinbek 1983, gekürzt.
Rechtes Denken, 1955, In: Auge um Auge. Artikel zu Politik, Moral und Literatur 1945 – 1955, Reinbek 1987, gekürzt.
Djamila Boupacha, Paris 1962. Erstübersetzung Deutsch von Martin Baltes.
Ein sanfter Tod 1964, Reinbek 1968, gekürzt.
Das Alter 1970, Reinbek 1972, gekürzt.
Die Zeremonie des Abschieds 1981, Reinbek 1986, gekürzt.

Dank

Die Herausgeber und der Verlag danken Silvie Le Bon de Beauvoir und dem Rowohlt Verlag für die freundliche Überlassung der Texte und Fotos sowie Mauricette Berne des Département des Manuscrits der Bibliothèque Nationale in Paris für die Überlassung der Manuskripte.
Unser besonderer Dank gilt der Professorin Ingrid Galster, die durch ihre Veröffentlichungen über Sartre und Beauvoir sowie mit ihren kritischen Anmerkungen und wichtigen Anregungen zu diesem Buch beigetragen hat.

Die Herausgeber/in

Florence Hervé, geb. 1944 in Paris, Studium der Germanistik in Bonn und Paris (Dr. Phil.). Lebt in Düsseldorf und ist als Dozentin, freie Journalistin und Autorin tätig. Mitredakteurin der Zeitschrift *Wir Frauen* und des Kalenders *Wir Frauen* (edition ebersbach). Zahlreiche Veröffentlichungen (darunter: *Geschichte der deutschen Frauenbewegung, Das Weiberlexikon, Lexikon der Rebellinnen, Baskenland/Bretagne/Schweiz: Frauengeschichten*).
Rainer Höltschl, Studium der Germanistik, Geschichte und Philosophie in Wien und Freiburg/Br. Veröffentlichungen zur Medientheorie und Literaturwissenschaft; Übersetzungen. Lebt in Freiburg.

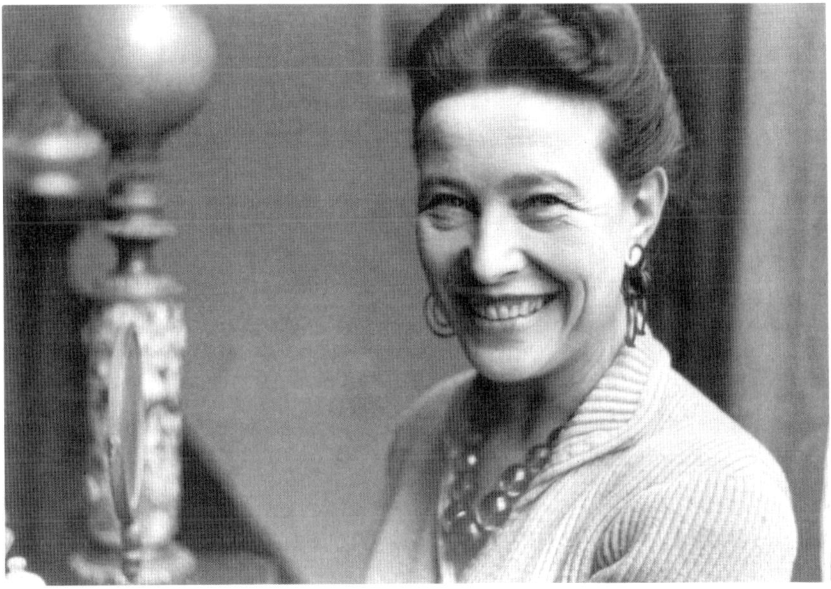

Personenregister